国家文化产业资金支持媒体融合重大项目

高等职业教育教学改革特色教材·经济贸易类

Waimao Danzheng Shiwu Jiaocheng

外贸单证实务教程

◉ 李 虹 主 编

东北财经大学出版社
Dongbei University of Finance & Economics Press

大连

图书在版编目（CIP）数据

外贸单证实务教程 / 李虹主编. —大连：东北财经大学出版社，2022.11
（高等职业教育教学改革特色教材·经济贸易类）
ISBN 978-7-5654-4383-1

Ⅰ.外…　Ⅱ.李…　Ⅲ.进出口贸易-原始凭证-高等职业教育-教材
Ⅳ.F740.44

中国版本图书馆CIP数据核字（2022）第210632号

东北财经大学出版社出版
（大连市黑石礁尖山街217号　邮政编码　116025）
网　　址：http：//www.dufep.cn
读者信箱：dufep@dufe.edu.cn

大连天骄彩色印刷有限公司印刷　　东北财经大学出版社发行

幅面尺寸：185mm×260mm　　　字数：412千字　　　印张：18.75
2022年11月第1版　　　　　　　2022年11月第1次印刷

责任编辑：张晓鹏　孟　鑫　　　　　　责任校对：石建华
　　　　　孙　越　赵宏洋

封面设计：原　皓　　　　　　　　　　版式设计：原　皓

定价：46.00元

富媒体智能型教材出版说明

"财经高等职业教育富媒体智能型教材开发系统工程"入选国家新闻出版广电总局新闻出版改革发展项目库，并获得文化产业专项资金支持，是"国家文化产业资金支持媒体融合重大项目"。项目以"融通""融合""共建""共享"为特色，是东北财经大学出版社积极落实国家推动传统媒体与新媒体融合发展的重要举措之一。

"财济书院"智能教学互动平台是该工程项目建设成果之一。该平台通过系统、合理的架构设计，将教学资源与教学应用集成于一体，具有教学内容多元呈现、课堂教学实时交互、测试考评个性设置、用户学情高效分析等核心功能，是高校开展信息化教学的有力支撑和应用保障。

富媒体智能型教材是该工程项目建设成果之二。该类教材是我社供给侧结构性改革探索性策划的创新型产品，是一种新形态立体化教材。富媒体智能型教材秉持严谨的教学设计思想和先进的教材设计理念，为财经职业教育教与学、课程与教材的融通奠定了基础，较好地避免了传统教学模式和单一纸质教材容易出现的"两张皮"现象，有助于教学质量的提高和教学效果的提升。

从教材资源的呈现形式来说，富媒体智能型教材实现了传统纸质教材与数字技术的融合，通过二维码建立链接，将VR、微课、视频、动画、音频、图文和试题库等富媒体资源丰富呈现给用户；从教材内容的选取整合来说，其实现了职业教育与产业发展的融合，不仅注重专业教学内容与职业能力培养的有效对接，而且很好地解决了部分专业课程学与训、训与评的难题；从教材的教学使用过程来说，其实现了线下自主与线上互动的融合，学生可以在有网络支持的任何地方自主完成预习、巩固、复习等，教师可以在教学中灵活使用随堂点名、作业布置及批改、自测及组卷考试、成绩统计分析等平台辅助教学工具。

富媒体智能型教材设计新颖，一书一码，使用便捷。使用富媒体智能型教材的师生首先下载"财济书院"App或者进入"财济书院"（www.idufep.com）平台完成注册，然后登录"财济书院"输入教材封四学习卡中的激活码建立或找到班级和课程对应教材，就可以开启个性化教与学之旅。

"重塑教学空间，回归教学本源！""财济书院"平台不仅仅是出版社提供教学资源和服务的平台，更是出版社为作者和广大院校创设的一个自主选择和自主探究的教与学的空间，作者和广大院校师生既是这个空间的使用者和消费者，也是这个空间的创造者和建设者，在这里，出版社、作者、院校共建资源，共享回报，共创未来。

最后，感谢各位作者为支持项目建设所付出的辛劳和智慧，也欢迎广大院校在教学中积极使用富媒体智能型教材和"财济书院"平台，东北财经大学出版社愿意也必将陪伴广大职业教育工作者走向更加光明而美好的职教发展新阶段。

东北财经大学出版社

前　言

　　2021年，中共中央办公厅、国务院办公厅印发了《关于推动现代职业教育高质量发展的意见》，提出职业教育是国民教育体系和人力资源开发的重要组成部分，肩负着培养多样化人才、传承技术技能、促进就业创业的重要职责。在全面建设社会主义现代化国家的新征程中，职业教育前途广阔、大有可为。要坚持党的领导，坚持正确办学方向，坚持立德树人，优化类型定位，深入推进育人方式、办学模式、管理体制、保障机制改革，切实增强职业教育适应性，加快构建现代职业教育体系，建设技能型社会，弘扬工匠精神，培养更多高素质技术技能人才、能工巧匠、大国工匠，为全面建设社会主义现代化国家提供有力人才和技能支撑。《外贸单证实务教程》是贯彻意见精神，以及培养学生应用能力、实践能力和创新能力的要求，依照"原理先行、实务跟进、案例同步、实训到位"的原则，结合"以能力为本位、以就业为导向"的思想和理念，在注重培养学生外贸单证业务实践应用能力的同时，结合最新外贸政策改革和具体企业实践编写而成的。

　　本教材涵盖9个项目、36个任务。在结构安排上，以外贸单证具体操作过程为导向构建教材体系，采用"项目引领、任务驱动、技能演练"的编写方式，力求结构严谨、层次分明；在表述上，力求语言平实凝练、通俗易懂；在内容安排上，考虑到高职院校财经类专业不同层次的不同需求，每一个项目都设有"知识目标""技能目标""思政目标""项目引例""同步案例""拓展阅读""职场指南"；课后编排了"应知考核"（包括单项选择题、多项选择题、判断题）、"应会考核"（包括观念应用、技能应用、案例分析）、"项目实训"（包括实训项目、实训情境、实训任务）。其中，应知和应会考核结合每个项目的实际工作技能要求而编写，以使读者在学习每一个项目内容时做到有的放矢，增强学习效果。

　　本教材力求体现以下特色：

　　（1）内容全面，体系规范。教材以外贸单证业务具体工作过程为内涵展开编写，涉及外贸单证业务中最基本和核心的内容，并进行了深入细致的阐述，图文并茂；同时，利用二维码技术呈现动漫视频、拓展阅读、职场指南等内容，以体现教材形式更加活泼、载体更加丰富的"富媒体"特色。本教材以工作过程为导向，对实践应用的具体方法做了系统而全面的介绍，以便读者进行比较、分析，增强其发现问题、分析问题和解决问题的能力。

（2）结构新颖，栏目丰富。为便于读者学习，本教材力求在结构上有所突破，激发读者的学习兴趣和学习热情，每一个项目中都有清晰的"知识目标""技能目标""思政目标""项目引例""拓展阅读"等栏目；课后编排了单项选择题、多项选择题、判断题、观念应用、技能应用、案例分析、项目实训，以呼应本教材实践性、应用性的特色。为更好地满足信息化条件下课堂教改、创新的需要，本书在提供教学使用的教学资源的基础上，还为相关内容制作了二维码。

（3）与时俱进，紧跟政策。本教材及时反映"关检合一、单一窗口报关单"、外贸单证业务中涉及的出口退税及增值税税率、《UCP600》、《INCOTERMS 2020》等最新动态，并将相关内容融入所涉及的项目及任务中，做到了与国家的相关政策规定同步，内容所涉及的政策调整截至出版前当月。

（4）学练结合，学以致用。鉴于本课程实践应用性较强的特点，为了便于学生及时复习所学的知识，提高学习效率，本教材在课后安排了应知考核、应会考核、项目实训，主要引导学生"学中做"和"做中学"，一边学理论，一边将其加以应用，充分体现应用型外贸人才的培养目标，遵循"以应用为目的，以够用为原则"，实现理论和实训一体化。

（5）校企合作，接近实际。为培养应用技能型人才，践行知行合一，本教材以校企为依托，把实践教学作为深化教学改革的关键环节，推动校企共同开发课程。为此，教材对接了最新的职业标准、行业标准和岗位规范，内容以职业岗位所需的知识、技能为主。

（6）课证融合，双证融通。本教材以国际商务单证员资格考试认证为目标，在注重实践操作的同时，为与国际商务单证员考证内容相配套，在每个项目后都设计了与考证对接的相关习题及实训题目，从而为资格认证奠定了基础。

（7）教辅资源，配备齐全。为方便教师教学，本教材还配有微课、视频、教学大纲、电子教学课件、习题参考答案、模拟试卷，同时提供外贸业务中常用的电子单据、最新相关政策等，读者可登录东北财经大学出版社"财济书院"（www.idufep.com）下载。

本教材由李虹副教授主编，赵昂、美荣等人负责全书教学资源包的制作以及写作过程中的资料收集、整理。本教材既适合国际经济与贸易、物流管理、跨境电商、商务英语、国际贸易实务等财经类专业方向的高等职业和应用技能型院校使用，也适合外贸行业的培训、职业技能大赛、从事国际交流和对外贸易的从业人员自学等。

本教材在编写过程中参阅了参考文献中的教材、著作及相关法律、法规和相关网站，在此向各位作者表示感谢。同时，本教材的出版还得到了校企合作单位和出版单位的大力支持，在此表示衷心的感谢！

由于编写时间仓促，加之编者水平有限，本教材难免存在一些不足之处，恳请专家、学者批评指正，以便我们不断地更新、改进与完善。

编 者
2022 年 9 月

目 录

目　录

■ 技能目标 131
■ 思政目标 131
■ 知识精讲 132
任务一　制作商业发票 132
任务二　制作包装单据 140
任务三　申请产地证明书 143
任务四　填制商检证书 156
任务五　填制租船订舱单据 159
任务六　填制海运单据 164
任务七　填制保险单据 176
任务八　制作汇票 184
任务九　出具受益人证明 189
任务十　办理出口许可证 190
■ 关键术语 194
■ 应知考核 195
■ 项目实训（一） 197
■ 项目实训（二） 200
■ 应会考核 202
■ 项目实训 203

项目七　关检融合、单一窗口 204
■ 知识目标 204
■ 技能目标 204
■ 思政目标 204
■ 知识精讲 205
任务一　进出口货物报关单认知 205
任务二　关检融合、统一申报业务准备 208
任务三　关检融合、单一窗口报关单填制规范 215
■ 关键术语 252
■ 应知考核 252
■ 应会考核 255
■ 项目实训 256

项目八　外贸单证审核 258
■ 知识目标 258
■ 技能目标 258
■ 思政目标 258
■ 知识精讲 259
任务一　出口单证审核 259

003

项目一

外贸单证概述

知识目标

理解：外贸单证工作的发展趋势。

熟知：外贸单证岗位；外贸单证流程。

掌握：外贸单证工作环节和要求、作用及分类。

技能目标

能够在理解外贸单证概念及分类的基础上，初步掌握与外贸业务相关的国际贸易惯例；能够运用所学知识研究相关案例，培养和提高学生在特定业务情境中分析与解决问题的能力。

思政目标

能够正确地理解"不忘初心"的核心要义和精神实质；树立正确的世界观、人生观和价值观，做到学思用贯通、知信行统一；通过外贸单证概述知识，开启外贸单证岗位职业生涯，提升自己的审美素养、创新能力、职业认知、职业成就感和职业素养。

项目引例 制单工作疏漏导致大损失

2022年3月，辽宁自由贸易试验区大连片区A进出口公司向加拿大出口一批纺织品，信用证内规定商品的规格是13″×36″，货物实际出运时与信用证和合同的描述完全相符。但是在制单时，由于单证员小李的疏忽，误将36″写成33″。单证到了国外后，因市场行情不好，无利可图，进口商B公司抓住A公司在发票上的一字之错，拒付货款。经过磋商，A公司只能将货物运回，因而造成了巨大的损失。

引例评析：本案例告诉我们，制单工作上的任何疏忽都有可能给公司或个人造成巨大损失。工作责任心强，可减少或杜绝差错事故的发生，避免带来不必要的经济损失。

知识精讲

任务一 外贸单证工作岗位认知

一、外贸单证员岗位说明

外贸单证员是近些年才形成的专业岗位名称，又称国际商务单证员。2001年12月11日，中国正式加入WTO，在加入WTO以前，大多数外贸公司的业务，从寻找客户、交易洽谈、履行合同到制单结汇，基本上都是由外贸业务员"一条龙"式完成的。加入WTO以后，为了与国际接轨，国际贸易业务开始实行专业分工，由此出现了许多专业性岗位，如单证员、跟单员、报关员、报检员、国际货运代理员等。许多缺乏这方面实践的人，包括刚刚步入社会的大学生，通常都搞不懂这些岗位是干什么的，相互间有何区别。为了弄清楚它们之间的关系，我们以示意图的方式明确外贸业务中的各专业岗位，并对单证员做个定位，如图1-1所示。

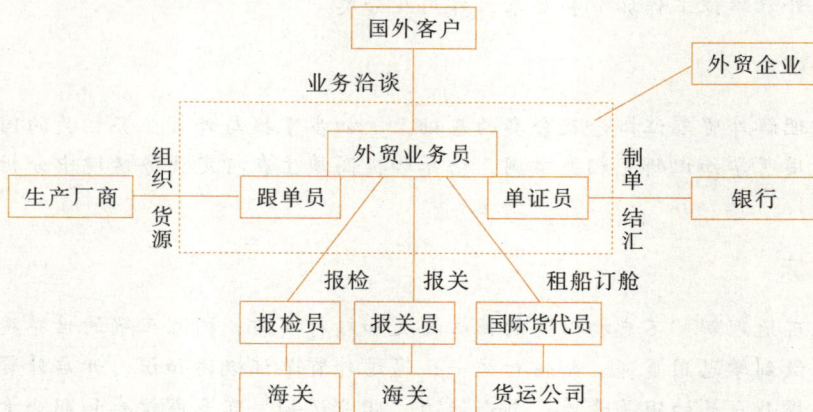

图1-1 外贸业务中的各专业岗位

在外贸行业，核心是从事产品进出口的外贸企业，其他单位都是为外贸企业提供相关服务的。外贸企业里的核心业务人员有外贸业务员、跟单员和单证员，报关员、报检员和国际货运代理员等都是为外贸业务人员提供服务的。

在外贸企业中，外贸业务员居于核心地位。在出口业务中，外贸业务员负责寻找国外客户、洽谈业务、签订合同以及全程履约；跟单员和单证员辅助业务员，相当于业务员在履行合同过程中的左膀右臂。业务员签订合同后，跟单员负责联系生产厂商（在此种情况下，该外贸企业属于流通型的贸易公司），组织货源；单证员负责缮制相关单据，向银行办理结汇。

在国际贸易结算业务中，根据销售合同或信用证条款，缮制和出具各种对外贸易结算单据和证书，提交给银行办理议付手续或委托银行收款的人员叫单证员。单证工作的质量如何，往往取决于单证员的专业知识、技能和职业素质。

1）单证员应具备国际贸易方面的专业知识和良好的外语水平

（1）熟悉进出口业务知识，能审核信用证、外文合同，能看懂和起草英文函电。

（2）掌握进出口的各项基础知识，包括价格条件、各种支付方式。

（3）熟悉国际贸易惯例和规则，如国际商会《URC522》《UCP600》，以及与我国有贸易关系的国家（地区）的贸易惯例、有关法令和对单证的要求，并能实际应用。

（4）掌握国际贸易地理和有关装运概况，包括航线、港口、运输方式、运费计算等。

（5）了解中国人民保险公司及伦敦保险协会的保险险别和有关条款，以及商检法、海关法等。

2）单证员应具有较强的沟通和协调能力

外贸单证业务中涉及的单位与部门很多，如银行、保险公司、海关、货运代理公司等，在与各部门的工作联系中，会遇到各方面的问题，这就要求单证员具备一定的沟通和协调能力。

3）单证员要有为国家、为企业默默奉献的高尚职业道德

国际贸易单证工作的质量如何，不仅关系到能否安全收汇和顺利接货，在一定程度上也代表着一个国家和一个企业对外贸易的技术水平。因此，外贸单证员要熟悉和掌握国家有关外贸的方针、政策，遵守外贸纪律和本企业的规章制度；热爱本职工作，责任心强，不计较个人得失，努力学习专业知识，充实自己，在新的外贸形势和环境下，不断掌握新的国际法规和惯例，不断更新相关知识。

拓展阅读 1-1

外贸业务中相关部门及其业务关系

4）单证员应具有一丝不苟、踏实细致的工作作风

单证工作内容烦琐，工作量大，时间性强，所以单证员必须具备一丝不苟、踏实细致的工作作风和认真负责的工作态度；否则，一单之错甚至一字之差都有可能给合同的履行造成障碍和困难，给国家和企业造成经济损失。

二、外贸单证缮制的依据与要求

（一）外贸单证缮制的依据

外贸单证是进出口业务中使用的各种单据和证书，如信用证、商业发票、装箱单、原产地证明书、保险单、检验检疫证书、报关单、提单、装运通知和汇票等，买卖双方凭借这些单证来办理货物的交付、运输、保险、商检、报关和结汇等手续。外贸制单是指按信用证、合同和其他有关要求，并根据货物与运输等实际情况缮制有关单据，它是单证工作的基础。

出口外贸单证的缮制主要包括审证、制单、审单、交单和归档五个方面，贯穿于出口贸易合同履行的整个过程中。其基本要求是做到单证一致、单单一致、单同一致和单货一致。"四个一致"是相互独立、互为依存的有机关系，在审证、制单、审单、交单和归档的具体工作中，要合理把握。

出口单据缮制的主要依据有：①信用证支付条件下的单据，必须按信用证有关条

款的内容制单，如未规定，可参照合同条款的有关内容；②托收、汇付条件下的单据，必须以买卖合同的有关内容作为缮制的依据；③如有特殊要求，应参照相应文件或资料。

进口单据缮制的主要依据是：根据贸易合同条款的有关内容开立信用证，依据不同的贸易术语和买方的义务备齐各类空白单据，并按信用证和贸易合同的要求缮制订舱委托书、入境货物报检单、预约保险合同和进口货物报关单等单据。

（二）外贸单证缮制的要求

外贸单证的缮制应做到以下五个方面：

1. 正确

在制单工作的各项要求中，正确是最重要的一条。正确是单证工作的前提，不管是托收还是信用证项下，单据不正确，买方都有拒付货款的权利。

"正确"至少包括两个方面的内容：一是要求各种单据必须做到"三相符"，即单据与信用证相符、单据与单据相符、单据与贸易合同相符；二是要求各种单据必须符合有关国际惯例和进口国的有关法令和规定。从银行角度来说，它们负责控制"单证相符"和"单单相符"；而对外贸出口企业来说，除以上三个"相符"外，还有"单货相符"同样需要严密控制，这样单证才能真实代表出运货物，不致错发、错运。

2. 完整

单证的完整，是指信用证规定的各项单据种类必须齐全，不能短缺。单证完整的另一层含义是每种单据本身的内容必须完备齐全，每种单据的特殊作用都通过特定的格式、栏目、文字和签章得以体现；如果格式使用不当、项目漏填、内容不完整、签章不符合要求，就不能构成有效文件，就会招致银行拒收。此外，单证的完整还要求出口人所提供的各种单据的份数要按照合同或信用证的有关规定如数交齐，不能短缺。

3. 及时

进出口单据的时效性极强，必须在信用证规定的期限内提交，以保证整套单据的完整无缺。有一些单据需要办一定的手续，必须及时催办，防止误期。

（1）出单及时。各种单据的出单日期必须合理可行，不能超过信用证规定的有效期或按商业习惯的合理日期。保险单日期必须早于或等于提单的签发日期，提单日期不得迟于装运期，装运通知书必须在货物装运后立即发出。

各单据日期早晚次序：①发票日期——检验证书日期或保险单日期；②提单装船日期——信用证最迟装运日期；③汇票出票日期——信用证最迟交单日期或信用证有效期。

（2）结汇及时。向银行交单议付的日期不能超过信用证规定的交单有效期。按照国际商会《跟单信用证统一惯例》的规定，"除交单到期日以外，每个要求运输单据的信用证还应该规定一个运输单据出单日期后必须交单付款、承兑或议付的特定期限，如果信用证未规定交单期，银行将拒收迟于运输单据出单日期21天后提交的单据，但单据也不得迟于信用证到期日提交"。

做中学 1-1　　　　　　　　　　外贸业务中的有效期、交单期、装运期

　　提单签发日期为 2022 年 6 月 4 日，信用证议付有效期为 2022 年 6 月 27 日。问卖方最迟的交单期为哪一天？

　　案例精析：有效期：根据《UCP600》的规定，一切信用证均需规定一个到期日和一个交单付款、承兑的地点。规定的付款、承兑或议付的到期日，将被解释为信用证的有效期。

　　交单期：信用证还应规定一个运输单据出单日期后必须提交符合信用证条款的单据的特定期限，即"交单期"。

　　装运期：是指卖方将货物装上运往目的港的运输工具或交付给承运人的日期。信用证可以没有装运期，只有有效期，在实际业务中叫作"双到期"。

　　本例中，卖方最迟的交单期为 6 月 25 日。

　　4. 简明

　　单证的内容应力求简洁，不要画蛇添足，弄巧成拙。国际商会《跟单信用证统一惯例》指出："为了防止混淆和误解，银行应劝阻在信用证或其任何修改书中加注过多细节的内容。"其目的就是避免单证的复杂化。

　　5. 整洁

　　整洁是指单证表面的清洁、整齐、美观、大方；单证内容的清楚易认、一目了然。单证内容的表述应简明，从某种角度上来说，它反映了一个企业的业务水平。单证是否整洁，不但反映出制单人制单的熟练程度和工作态度，而且会直接影响出单效果。因此，在制作单据时，单据格式的设计和缮制应力求标准化和规范化，单证内容的排列要行次整齐、主次有序、重点突出、字迹清晰、语法和文句流畅、词句简明扼要、恰如其分。制作单据时，不能在一份单上多次涂改，如有更改，一定要盖校对章或手签。如涂改过多，应重新缮制单据。

三、外贸单证工作的基本环节

　　外贸单证工作的基本环节包括制单、审单、交单和归档。在信用证支付方式下，在制单环节前还有审证环节。

　　（1）制单。它是指依据买卖合同、信用证、有关商品的原始资料、相关国际惯例、相关国内管理规定和相关国外客户的要求等缮制单证。

　　买卖合同是制单和审单的首要依据，商品名称、规格、数量、价格条件以至运输方式、支付方式等均应符合买卖合同的规定。另外，买卖双方往来的业务函电也可作为制单和审单的依据。在信用证支付方式下，信用证取代买卖合同而成为主要的制单依据，因为银行的付款原则是"只凭信用证而不问合同"，各种单据必须完全符合信用证的规定，银行才承担付款责任。如果信用证的条款与买卖合同互相矛盾，应该修改信用证，以求得"证单一致"；否则，应以信用证为准，才能达到安全收汇的目的。有关商品的原始资料，一般包括生产单位提供的交货单和货物出厂装箱单等，以显示货物具体的数

量、重量、规格、尺码等。

相关国际惯例主要指国际商会的《跟单信用证统一惯例》（即《UCP600》）、《跟单信用证项下银行间偿付统一规则》（即《URR725》）、《关于审核跟单信用证项下单据的国际标准银行实务》（即《ISBP681》）、《托收统一规则》（即《URC522》）、《国际贸易术语解释通则》（即《INCOTERMS 2020》）等。

制单的主要内容包括：①核对出仓单或提单上的货物与信用证或合同的规定是否相符；②核算单据中的计算数字，如 FOB 价、佣金、保险费等；③备齐信用证或合同要求出具的全部空白单证，从发票缮制入手，并将其作为其他单据的参照。

（2）审单。它是指审核已经缮制完成的各种单证是否符合买卖合同、信用证、有关商品原始资料、相关国际惯例、相关国内管理规定、相关国外客户的要求等。如发现不符，应进一步采取修改、重新缮制或更换等措施。

审单依据：信用证支付方式下的单据必须以信用证条款为准，托收支付方式下的单据则应以合同条款为准，其他因素只能作为参考。

审单方法：审单的目的是保证收汇的安全与及时。审单方法因人而异，通常做法是：对照信用证、合同条款逐条逐字审核；再以发票为依据，审核相同栏目的内容是否一致。应该指出，审单的手段应不断更新，要善于利用现代计算机技术来提高审单的准确性和效率。

审单的具体要求：审单要做到内容准确、格式完整、单据齐全、份数不缺、单证相符和单单相符，还要保证各种单据的签发日期无逻辑、惯例和条款规定上的瑕疵。

同步案例 1-1　　　　　　　　　　信用证品名与合同品名不符能行吗？

同步案例 1-1

分析提示

中国某食品公司出口苹果酒一批，合同品名为"Cider"，标签纸由客户免费提供，但信用证货名为"Apple Wine"，于是我方所有单证均用"Apple Wine"为品名。不料货物到达后遭到进口国海关扣留，因为苹果酒的内外包装上均是"Cider"。结果进口商要求该食品公司赔偿其罚款损失。

问：我方对此有无责任？

（3）交单。它是指在合同、信用证规定的时间内，以正确的方式，将符合要求的单证交给正确的当事人。通常，在托收和信用证方式下，应到银行交单；在汇付方式下，应直接向进口人交单。在收到运输单据前，先将其他各种单据备齐，并进行审核；一收到运输单据，便可立刻审毕，及时送至银行议付。此做法一般可提前 2～3 天收汇，从而增加外汇利息，加快资金周转。

交单应做到单据齐全、内容准确、提交及时。

（4）归档。它是指在合同履行过程中，随时注意将那些我方已经缮制好的单证留底、存档（如商业发票、装箱单）；将那些由他人缮制并经我方审核无误的单证妥善保存，必要时复印备份，留待交单或事后备查（如海运提单、商检证书）；随时跟踪那些已经交给有关部门办理业务、应退回但尚未退回的单证（如报关单核销联），一旦退回，立刻归档或进入下一业务环节。

（5）审证。它是指银行和受益人合理谨慎地审核信用证，针对发现的问题区别其性质，根据合同条款的规定及履行合同各个环节中出具单据的各当事人的具体做法和意见，做出是否修改信用证的决定。审核进口商开来的信用证的主要依据是买卖双方签订的贸易合同，并参照国际贸易惯例和《UCP600》的有关规定。审证由通知行和出口企业分别审核。通知行着重审核信用证的真伪、开证行的资信和付款责任及索汇路线等；出口企业则着重审核信用证的内容与合同条款是否一致、能否接受。重点关注信用证的金额与货币名称、信用证规定的装运期和对货物情况的描述，以及单据的要求。对于不能接受的条款或不符点，应及时向开证人提出改证要求。

任务二　外贸单证的概念、作用及分类

一、外贸单证的概念和作用

外贸单证的使用与进出口贸易程序密切相关，单证工作贯穿于进出口企业的外销、进货、运输、收汇的全过程，工作量大、时间性强、涉及面广，除了进出口企业内部各部门之间的协作和配合外，还必须与银行、交通运输部门、保险公司、海关、检验检疫机构以及有关的行政管理机关发生多方面的联系，环环相扣、互有影响、互为条件。

广义的外贸单证（International Trade Documents）是国际贸易中使用的各种单据、文件与证书的统称。通常，凭借外贸单证来处理进出口货物的支付、运输、保险、检验、检疫、报关、结汇等业务。狭义的外贸单证通常指结算单证，特别是信用证支付方式下的结算单证。

外贸单证的作用体现在以下几个方面：

（1）外贸单证是合同履行的必要手段。国际贸易是跨国进行的商品买卖，由于这种跨国交易的特殊性，即买卖双方分处不同国家，相距遥远，在绝大多数情况下，货物与货款不能进行简单的直接交换，而只能以单证作为交换的媒介、手段。国际贸易单证使得货物买卖通过单证买卖来实现，卖方交货不仅要将实际货物装运出口，而且要向买方提交包括货物所有权凭证在内的全套单证，以表示让渡物权。卖方交单意味着交付了货物，而买方付款则以得到物权凭证代表买到了商品，双方的交易不再以货物为核心，而是以单证为核心。

（2）外贸单证是对外贸易经营管理的重要工具。外贸单证是由参与国际贸易的进出口企业和相关国家的政府管理机构签发的。从进出口企业的角度看，国际贸易单证工作是进出口业务的一个重要环节。实际业务中，不论是合同内容、信用证条款，还是落实货源、控制交货品质和数量，以及运输、保险、检验检疫、报关、结汇等诸多业务经营管理环节，最后都会在单证工作上集中反映出来。单证也是合同履行后期处理争议与纠纷的重要依据。

（3）外贸单证（工作）是进出口企业提高经济效益的重要保证。外贸单证工作与进出口企业的经济效益密切相关，单证管理工作的加强、单证质量的提高，不仅可以有效地防止差错事故的发生，弥补经营管理上的缺陷，还可以加速资金回笼，提高进出口企业的经济效益。

（4）外贸单证是进出口企业形象的重要内涵。外贸单证不仅是商务和法律文件，而且能起到塑造和完善进出口企业对外形象、对外扩大宣传的作用。美观、整洁、清楚的单证，能够展示进出口企业高水平的业务素质、高质量的工作成果、一流水准的管理规范，从而为企业塑造良好的形象，有利于业务的开展。

二、外贸单证的分类

1）《托收统一规则》（《URC522》）的分类

《URC522》总则与定义的第2条B款将单据分为金融单据（Financial Documents）和商业单据（Commercial Documents）两大类，这是根据国际贸易单证性质所做的分类。金融单据具有货币属性，如汇票、本票、支票及其他用于取得付款资金的类似凭证。

商业单据具有商品属性，如商业发票。商业单据可以进一步细分为基本单据和附属单据。基本单据在实际业务中使用频率很高，通常包括商业发票、海运提单和保险单。附属单据通常根据约定由买方要求、卖方提供，可分为两类：一类是进口国官方要求的单据，如领事发票、海关发票、原产地证明等；另一类是买方要求说明货物及相关情况的单据，如装箱单、重量单、品质证书、寄单证明、寄样证明、装运通知、船龄证明等。

2）《跟单信用证统一惯例》（《UCP600》）的分类

《UCP600》将信用证项下的单据分为四大类：①运输单据（Transport Documents）。它包括海运提单，非转让海运单，租船合约提单，多式联运单据，空运单据，公路、铁路和内陆水运单据，快递和邮包收据，运输代理人的运输单据等。②保险单据（Insurance Documents）。它包括保险单、保险凭证、承保证明、预保单等。③商业发票（Commercial Invoice）。它是出口贸易结算中最重要的单据之一，其他所有单据都以它为中心来缮制。④其他单据（Other Documents）。它包括装箱单、重量单、产地证明书、普惠制单据、检验检疫证书、受益人证明或受益人声明等。

3）UN/EDIFACT的分类

联合国欧洲经济委员会从事国际贸易程序简化工作的第四个工作组（UN/ECE/WP4）将EDI国际标准分为3个领域：行政、商业、运输，并于1986年发布了EDI国际通用标准——UN/EDIFACT（United Nations/Electronic Data Interchange for Administration，Commerce and Transport）。

UN/EDIFACT标准将国际贸易单证分为九大类：①生产单证；②订购单证；③销售单证；④银行单证；⑤保险单证；⑥货运代理服务单证；⑦运输单证；⑧出口单证；⑨进口和转口单证。

4）按照单证形式分类

国际贸易单证按照单证的形式分为纸面单证和电子单证。根据国际商会《国际贸易术语解释通则》，纸面单证和电子单证具有同等效力，在实际业务中，出口商既可以使用纸面单证，也可以使用电子单证。在外贸单证缮制业务中，要注意如下基本缮制规范：

（1）"国家和地区名称代码"采用两字母代码。例如，中国 CN、美国 US、德国 DE、法国 FR、英国 GB、俄罗斯 RU、日本 JP。

（2）"中华人民共和国口岸及相关地点代码"前两位为国家代码，后三位为地点代码。

（3）《国际贸易用标准化运输标志》由收货人（买方）、参考号、目的地、件号4个数据元依次组成，分4行，每行限17个字母或数字（使用大写英文字母、数字，不允许使用几何图形或其他图案，不允许用彩色编码作为运输标志）。

运输标志（Shipping Mark）习惯上称为"唛头"或"唛"（如图1-2所示）。它通常由4行内容组成：①收货人名称的英文缩写（代号）或简称；②参考号（如合同号、订单号、发票号码、信用证号码等）；③目的港（地）名称；④件号，包括顺序件号和总件数。

ABC., LTD.	收货人名称
S/C：1234	合同号码（或信用证号码）
Singapore	目的港
No.6-80	件号（顺序号和总件数）

图1-2　运输标志

（4）货币采用三字母代码，如人民币 CNY、美元 USD、欧元 EUR、英镑 GBP、卢布 RUB、日元 JPY。

（5）日期、时间和时间期限采用数字表示法。例如，2022年9月16日表示为"20220916"。

（6）《国际贸易计量单位代码》采用国际公制计量单位，如千克（kg）、米（m）、小时（h）。

（7）中国及世界主要海运贸易港口代码（见表1-1）。

三、与单证相关的国际贸易惯例

（1）《UCP600》，即《跟单信用证统一惯例》（The Uniform Customs and Practice for Documentary Credit）2007年修订版，国际商会第600号出版物，由国际商会（International Chamber of Commerce，ICC）起草，于2006年10月在国际商会巴黎年会上通过，新版本自2007年7月1日起实施。

该惯例是信用证领域最权威、影响最广泛的国际贸易惯例，包括39个条款。它对信用证项下各当事人的职责、权利和义务，以及主要信用证单据填写、提交的要求和一些有关单据的特殊规定等都做了比较详尽的规定，对统一、规范信用证支付的操作起着不可替代的重要作用。

表1-1 中国及世界主要海运贸易港口代码

中文名称	英文名称	代码
中国	CHINA	CN
中国丹东	Dandong	CNDDG
中国大连	Dalian	CNDLC
中国营口	Yingkou	CNYIK
中国香港	HongKong	HKHKG
新加坡	Singapore	SGSIN
釜山	Busan	KRPUS
仁川	Incheon/Inchon	KRICH
汉堡	Hamburg	DEHAM
洛杉矶	Los Angeles	USLSA
大阪	Osaka	JPOSK
东京	Tokyo	JPTYO
鹿特丹	Rotterdam	NLRTM
科威特	Kuwait	KWKWI

（2）《ISBP681》，即《关于审核跟单信用证项下单据的国际标准银行实务》（版本681），英文全称是International Standard Banking Practice for the Examination of Documents under Documentary Credits，简称ISBP。

ISBP是国际商会在信用证领域编纂的国际惯例，不仅是各国银行、进出口公司信用证业务单据处理人员工作中的必备工具，也是法院、仲裁机构和律师在处理信用证纠纷案件时的重要依据，对各国的金融界、企业界、法律界具有重要影响。

为配合《UCP600》的实施，国际商会在2007年对《ISBP645》的相关条文也做了相应的更新，更新后的出版物即《ISBP681》。它已经成为《UCP600》的必要伴侣，用以审核单据和信用证的相符性。《ISBP681》就像一部通俗化了的《UCP600》，它也是信用证单据业务中不可或缺的国际惯例。

（3）《URC522》，即《托收统一规则》（The Uniform Rules for Collection，URC）国际商会第522号出版物。国际商会为统一托收业务的做法，减少托收业务各有关当事人可能产生的矛盾和纠纷，曾于1958年草拟了《商业单据托收统一规则》。为了适应国际贸易发展的需要，国际商会在总结实践经验的基础上，1978年对该规则进行了修订，改名为《托收统一规则》，1995年再次修订，即《URC522》，自1996年1月1日起实施。《托收统一规则》自公布实施以来，被各国银行所采用，已成为托收业务的国际惯例。

《托收统一规则》（《URC522》）共7部分26条，包括总则及定义，托收的形式和结构，提示方式，义务与责任，付款，利息、手续费和其他费用，其他规定。根据《托收统一规则》的规定，托收是指银行根据所收到的指示，处理金融单据和/或商业单据，目的在于取得付款和/或承兑，凭付款和/或承兑交单，或按其他条款及条件交单。上述定义中所涉及的金融单据是指汇票、本票、支票或其他用于付款或取得款项的类似凭证；商业单据是指发票、运输单据、物权单据或其他类似单据，或除金融单据之外的任何其他单据。

（4）《INCOTERMS》，即《国际贸易术语解释通则》（International Rules for the Interpretation of Trade Terms，INCOTERMS）。它是国际商会为统一对各种贸易术语的不同解释于1936年制定的，随后，为适应国际贸易实践发展的需要，国际商会先后于1953年、1967年、1976年、1980年、1990年、2000年、2010年和2020年对其进行了多次修订和补充。其最新版本是《2020年国际贸易术语解释通则》（以下简称为《2020年通则》或《INCOTERMS 2020》）。它是国际商会根据国际货物贸易的发展对《2010年国际贸易术语解释通则》（以下简称《2010年通则》或《INCOTERMS 2010》）的修订，于2019年9月10日公布，自2020年1月1日起实施。《2020年通则》将在项目二的任务二进行具体阐述。

任务三　外贸单证工作流程及业务发展趋势

由于国际贸易中所使用的单据极为复杂，种类繁多，因此，经常发生由于单证工作差错而造成延迟收款或收不到款的情况。由此可见，传统的制单方式已经成为影响国际贸易发展的障碍，要扫清这些障碍，外贸单证和外贸业务程序必须走国际化与电子化的道路。

一、外贸单证工作发展趋势

（一）制单设计国际化

降低单据制作费用和差错率的一种有效方法是制作"套合一致"的单据。瑞典在1957年最早创造了这种单据格式。"套合一致"的具体做法是：统一各种单据的大小，并将各种单据上的相同项目放在同一位置上；制单时，只需用打字机将各项内容全部打印在一张总单据上，也称母子单据上，然后根据业务制出所需要的单据。

（二）单证传输电子化

外贸企业能够利用电子商务运作的各种手段开展国际贸易活动，它反映的是现代信息技术所带来的国际贸易过程的电子化，主要表现形式包括互联网（Internet）、传真（Fax）、国际电话（IDD）、电子数据交换（EDI）、电子邮件（E-mail）、电子公告牌、电子转账、安全认证等技术的广泛应用。

国际电子商务的发展使国际贸易伙伴之间以及贸易伙伴与相关银行、运输部门、保险部门、海关和政府部门等之间传输订单及相关单据与文件实现了电子化，这就大大简化了单证处理程序，提高了国际贸易活动的效率。目前，单证发展过程中最引人注目的是制单中EDI方式的出现及信用证业务中大量使用的SWIFT方式。

EDI（Electronic Data Interchange），即电子数据交换，是利用计算机和网络技术在部门之间乃至世界范围内进行贸易信息和资料交换，也就是将传统的有效信息转变为无形的电子信息，从而使贸易信息数据交换的效率大大提高。EDI单证被人们称为"无纸单证"。SWIFT是环球银行金融电信协会（Society for Worldwide Interbank Financial Telecommunication）的简称。该组织于1973年在比利时的首都布鲁塞尔成立，目前全世界已有1 000多家银行参加了该协会，并采用该协会的自动化国际金融电信网，办理成员银行间的资金调拨、汇款结算和信用证资料传递手续。SWIFT使得国际结算更加便捷、迅速且安全可靠。

（三）作业通关无纸化

外贸实操1-1

作业通关无纸化

作业通关无纸化适应了信息社会的发展趋势，满足了进出口企业国际贸易、商业交接电子化的实际需要，现在只要在办公室花3~5分钟，通过互联网就可以完成所有申报、通关流程，不需要企业到海关现场提交纸质单证，可以节省企业一整天的时间，从而可以使企业多产出。

二、外贸单证流程

外贸业务流程中涉及的单证见表1-2。外贸单证流程如图1-3所示。

表1-2　　　　　　　　　　　外贸业务中涉及的单证

前期单证	出口流程	结汇单证
出口许可证	备货、落实信用证	—
—	租船订舱	发票、装箱单
报检单	报检、检验	商检证书、产地证
报关单、核销单	报关	—
投保单	办保险	保险单
托运单	装船	海运提单
—	制单、交单	汇票
—	结汇	—
—	核销、退税	—

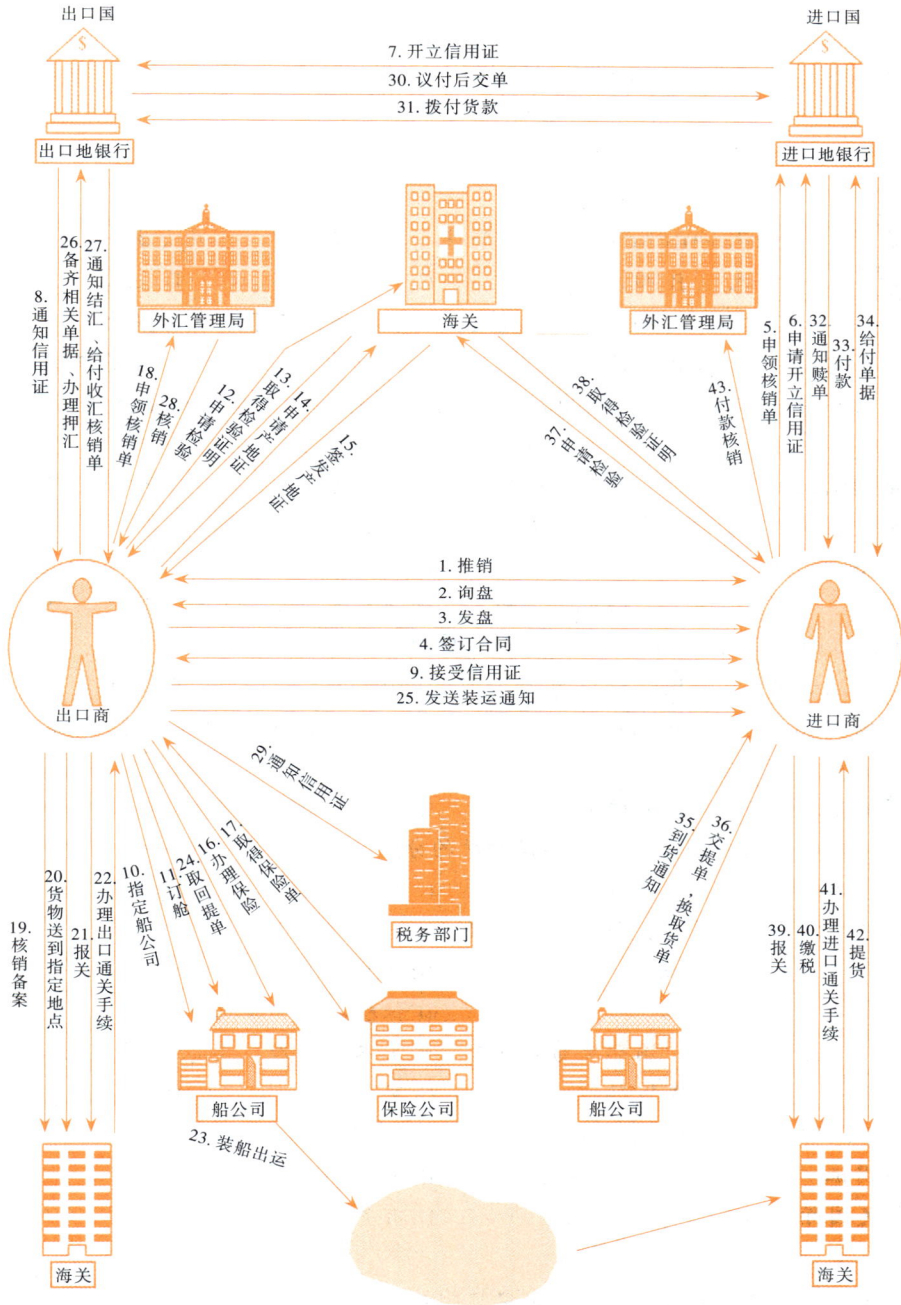

图1-3 外贸单证程序

■ 关键术语

单证　金融单据　商业单据

■ 应知考核

随堂测1

一、单项选择题

1. UN/EDIFACT标准将国际贸易单证分为（　　）大类。

A.九　　B.四　　　　　　　C.两　　　　　　　　D.五

2. 根据《URC522》的规定，以下单据不属于基本单据的是（　　）。

A.商业发票　　　　B.海运提单　　　C.保险单　　　　D.船龄证明

3. 与国际贸易单证常用代码中的"日期、时间和时间期限的数字表示"相符的是（　　）。

A.Sep.16，2022　　　B.Sept.16，2022　　　C.20220916　　　D.2022，09，16

4. 各种进出口单证原则上应该做到（　　）。

A.完整、及时、无差错　　　　　　B.完整、简洁、清晰

C.及时、正确、完整、无差错、清晰　　D.正确、完整、及时、简洁、整洁

5. 根据《URC522》的分类，（　　）不属于进口国官方要求的单据。

A.原产地证明　　　B.船龄证明　　　C.领事发票　　　D.海关发票

6. 根据《URC522》的分类，（　　）不属于进口方要求说明货物及相关情况的单据。

A.装箱单或重量单　　B.装运通知　　C.原产地证明　　D.寄单或寄样证明

7. 《UCP600》对信用证项下的单据所做的分类不包括（　　）。

A.包装单据　　　B.保险单据　　　C.运输单据　　　D.商业发票

8. 按照单证形式，国际贸易单证分为（　　）。

A.金融单据和商业单据　　　　　　B.纸面单据和电子单据

C.基本单据和附属单据　　　　　　D.保险单据和保证单据

9. 信用证支付方式下，国际贸易单证工作除基本环节外，还有（　　）环节。

A.制单　　　　　B.审单　　　　　C.交单　　　　　D.审证

10. 信用证支付方式下，制单和审单的首要依据是（　　）。

A.信用证　　　　　　　　　　B.买卖合同

C.相关国际惯例　　　　　　　D.有关商品的原始资料

二、多项选择题

1. 国际贸易单证通常用于处理进出口货物的（　　）。

A.交付　　　　　　B.运输与保险　　　C.检验检疫　　　D.报关

2. 国际贸易单证工作可能涉及的部门包括（　　）。

A.银行　　　　　　　　　　B.海关

C.交通运输部门和保险公司　　D.进出口企业内部各部门

3.下列单证中具有商品属性的有（　　　　）。

A.商业发票　　　　　B.本票　　　　　　　C.装箱单　　　　　　　D.支票

4.下列单证中具有货币属性的有（　　　　）。

A.质量检验证书　　　B.本票　　　　　　　C.原产地证明书　　　　D.汇票

5.《UCP600》将信用证项下的单据分为（　　　　）。

A.运输单据　　　　　B.保险单据　　　　　C.包装单据　　　　　　D.其他单据

6.根据《UCP600》对信用证项下的单据的分类，（　　　　）属于运输单据。

A.快递和邮包收据　　B.非转让海运单　　　C.空运单据　　　　　　D.租船合约提单

7.国际贸易单证工作的基本环节包括（　　　　）。

A.归档　　　　　　　B.审单　　　　　　　C.审证　　　　　　　　D.交单

8.外贸单证缮制的基本要求有（　　　　）。

A.正确　　　　　　　B.完整　　　　　　　C.及时　　　　　　　　D.简明

9.信用证支付方式下，出口企业制单必须做到（　　　　）。

A.单据与进口国有关法令和规定相符　　　　B.单据与信用证相符

C.单据与单据相符　　　　　　　　　　　　D.单据与贸易合同相符

10.信用证支付方式下，银行处理单据时主要关注（　　　　）。

A.单据与货物相符　　　　　　　　　　　　B.单据与贸易合同相符

C.单据与单据相符　　　　　　　　　　　　D.单据与信用证相符

三、判断题

1.根据《2020年通则》，纸质单据和电子单据具有同等效力。（　　　）

2.买卖双方往来的业务函电不可以作为制单和审单的依据。（　　　）

3.在审证环节，如果发现信用证条款与买卖合同条款彼此矛盾，应提出修改信用证。（　　　）

4.信用证条款与买卖合同条款彼此矛盾时，如果不能修改或同意接受信用证的条件，则必须以买卖合同为制单和审单的依据，这样才能达到安全收汇的目的。（　　　）

5.由生产、制造厂商提供的货物出厂装箱单中显示的货物具体规格、型号、数量、毛重、净重、尺码等是缮制装箱单的基本依据。（　　　）

6.单证员在处理信用证项下的单据时，不仅需要熟悉《UCP600》，还要了解《ISBP681》和《URR725》。（　　　）

7.按照《UCP600》的规定，除交单到期日以外，信用证还应该规定一个运输单据出单日期后必须交单付款、承兑或议付的特定期限，如未规定该限期，银行将拒收迟于运输单据出单日期21天后提交的单据，但无论如何，单据也不得迟于信用证到期日提交。（　　　）

8.在CIF交易中，卖方向买方提供的单证至少应有发票、装箱单和保险单。（　　　）

9.交单是指在合同、信用证规定的时间，以正确的方式，将符合要求的单证交给正确的当事人。通常，在后T/T方式下，出口企业应到银行交单。（　　　）

10.根据《UCP600》，公路、铁路和内陆水运单据，快件和邮包收据，以及装箱单、

重量单都属于其他单据。						（　　）

应会考核

观念应用

某外贸公司接到国外开来的信用证，证内规定："数量共6 000箱，1—6月分6批装运，每月装运1 000箱。"该公司在1—3月每月装运1 000箱，银行已分批议付了货款。对于第四批货物，原定于4月25日装船出运，但由于受台风影响，该批货物延至5月1日才装船，当该公司凭5月1日的装船提单向银行议付时，却遭银行拒付。该公司曾以"不可抗力"为由要求银行通融，也遭银行拒绝。

试问：在上述情况下，开证行有无拒付的权利？为什么？

技能应用

我国A公司以CIF条件向巴基斯坦B公司出口货物一批。国外来证中单据条款规定："商业发票一式两份；全套（Full Set）清洁已装船提单，注明运费预付，做成指示抬头空白背书；保险单一式两份，根据中国人民保险集团股份有限公司1981年1月1日生效的海洋运输货物保险条款投保一切险和战争险。"信用证内还注明"按《UCP600》办理"。A公司在信用证规定的装运期限内将货物装上船，并于到期日前向议付行交单议付，议付行随即向开证行寄单索偿。开证行收到单据后来电表示拒绝付款，其理由是单证有下列不符：①商业发票上没有受益人的签字；②正本提单只有一份，不符合全套要求；③保险单上的保险金额与发票金额相等，因此，投保金额不足。

【考核要求】

试分析：开证行拒付的理由是否成立，并说明理由。

案例分析

1.2022年2月，广东一家贸易公司向新加坡出口一批玩具，按照CIF新加坡条件成交，货物已在规定的期限在广州黄埔港装船，但受载船只在离港4小时后因船舱起火，货物全部被毁。第二天，当卖方凭提单、保险单、发票等单证要求买方付款时，买方以货物已经全部损失为由，拒绝接受单证和付款。

【考核要求】

在上述情况下，卖方是否有权凭规定的单证要求买方付款？

2.上海某外贸公司与日商签订一份出口合同，我方按合同规定的品质、数量、交货时间等履行合同后，持全套单据进行了议付。货物到达目的地后，日商发现货物数量短缺，便直接向我方提出索赔，我方对此予以拒绝。

【考核要求】

为什么日方向我方提出索赔，我方予以拒绝？

项目实训

【实训项目】

外贸单证人员的业务素质。

【实训情境】

我国某进出口公司向国外某公司出口一批货物，信用证中所列的合同号为"DH（83）89461564"，而双方实际签订的合同号为"DH83-89461564"，制单人员按实际合同号在发票上表示，但交单时遭到开证行拒付。

【实训任务】

1.根据实训情境，结合本项目内容，分析开证行的拒付是否有理，为什么？

2.撰写"外贸单证人员的业务素质"实训报告。

"外贸单证人员的业务素质"实训报告				
项目实训班级：		项目小组：		项目组成员：
实训时间：　　年　　月　　日		实训地点：		实训成绩：
实训目的：				
实训步骤：				
实训结果：				
实训感言：				
不足与今后改进：				
项目组长评定签字：			项目指导教师评定签字：	

项目二

国际贸易术语

知识目标

理解：国际贸易术语的含义和作用。

熟知：与国际贸易术语有关的国际贸易惯例。

掌握：《INCOTERMS 2010》中11个贸易术语的基本含义及其应用；《INCOTERMS 2020》的变化。

技能目标

具备正确地选用贸易术语的能力，并能领悟其在工作中的运用；能够根据交易条件，划分买卖双方的风险、责任和费用，选择对自己有利的贸易术语进行价格谈判。

思政目标

能够正确地理解"不忘初心"的核心要义和精神实质；树立正确的世界观、人生观和价值观，做到学思用贯通、知信行统一；通过国际贸易术语知识，掌握基本的职业要领、职业态度和职业能力，提升专业知识储备，获得职业认同感，同时能够适应国内外环境的变化带来的知识革新。

项目引例　　　　　**CIF术语下的象征性交货**

大连某公司以CIF条件进口一批货物。货物自装运港启航不久，载货船舶因遇风暴而沉没。在这种情况下，卖方仍将包括保险单、提单、发票在内的全套单据寄给买方，要求其支付货款。请问：进口方是否有义务付款？

引例评析：本案中进口方有义务付款。因为CIF合同中的卖方是凭单履行交货任务的，是象征性交货。卖方按期在约定的地点完成了装运，并向买方提供了合同规定的有关单证（包括物权凭证/提单），就算完成了交货任务，而无须保证到货。在象征性交货方式下，卖方凭单交货，买方凭单付款。只要卖方如期向买方提供了合同规定的全套合格单证，即使货物在运输途中损坏或灭失，买方也必须付款。卖方将有关单证交给买方后，使买方与轮船公司、保险公司建立了直接的关系，如果货物在运输途中发生灭失，买方可以凭货运单据或保险单据与船方或保险公司交涉。

知识精讲

任务一　国际贸易术语概述

一、国际贸易术语的含义和作用

　　国际贸易中商品的价格远比国内市场所述商品的价格要复杂，除了要表明"价格"外，还要明确货物在交接过程中有关风险、责任如何划分和费用由谁来承担等问题。国际贸易货物的价格一般包括四部分，除了规定货物的单位价格金额、计价数量单位、计价货币名称外，还要标明国际贸易中惯用的一种贸易术语。例如，每吨100英镑CIF伦敦（CIF London GBP100 per ton）。在此，"吨"为计价数量单位（计量单位）；"100"为单位价格金额；"英镑"为计价货币名称；"CIF伦敦"即贸易术语。

　　贸易术语是在长期的国际贸易实践中逐渐产生和发展起来的。在国际贸易中，确定一种商品的成交价，不仅要考虑其本身的价值，还要考虑商品从产地运至最终目的地的过程中有关的手续由谁办理、费用由谁负担以及风险如何划分等一系列问题。如果由卖方承担的风险大、责任大、费用多，其价格自然要高一些；反之，如果由买方承担较多的风险、责任和费用，货价则要低一些，这样买方才能接受。由此可见，贸易术语具有两重性：①用来确定交货条件，即说明买卖双方在交接货物时各自承担的风险、责任和费用；②用来表示该商品的价格构成因素。这两者是密切相关的。

　　综上所述，贸易术语是用来表明商品的价格构成，说明货物交接过程中有关风险、责任和费用划分问题的专门术语。贸易术语是国际贸易发展过程中的产物，它的出现又促进了国际贸易的发展。这是因为贸易术语在实际业务中的广泛运用，对简化交易手续、缩短洽商时间和节约费用开支都具有重要的作用。

二、与国际贸易术语有关的国际贸易惯例

　　国际贸易惯例是国际组织或权威机构为减少贸易争端和规范贸易行为，在长期、大量的贸易实践的基础上制定出来的。由此可见，贸易惯例与习惯做法是有区别的。国际贸易中反复实践的做法经权威机构加以总结、编纂与解释，形成国际贸易惯例。惯例不同于法律，没有强制约束力，它是由当事人在意思自治的基础上采纳和运用的，但对贸易实践具有重要的指导作用。

国际贸易惯例本身虽然不具强制性，但它对国际贸易实践的指导作用却不容忽视。不少国际贸易惯例被广泛采纳、沿用，说明它们是行之有效的。在我国的对外贸易中，在平等互利的前提下，适当采用这些惯例，有利于外贸业务的开展，而且学习、掌握有关国际贸易惯例的知识，可以帮助我们避免或减少贸易争端，即使在出现争议时，也可以引用某项惯例，争取有利时机，减少不必要的损失。

有关贸易术语的国际贸易惯例主要有3种，即《华沙-牛津规则》《1941年美国对外贸易定义修订本》《国际贸易术语解释通则》。

（一）《华沙-牛津规则》（Warsaw-Oxford Rules）

《华沙-牛津规则》是国际法协会专门为解释CIF合同而制定的。19世纪中叶，CIF术语在国际贸易中得到广泛采用，然而对使用这一术语时买卖双方各自承担的具体义务，并没有统一的规定和解释。对此，国际法协会于1928年在波兰首都华沙开会，制定了关于CIF买卖合同的统一规则，称为《1928年华沙规则》，共包括22条。其后，经过1930年的纽约会议、1931年的巴黎会议和1932年的牛津会议，最终将此规则修订为21条，并更名为《华沙-牛津规则》，沿用至今。这一规则对CIF的性质、买卖双方风险、责任和费用的划分以及货物所有权转移的方式等问题都做了比较详细的解释。

（二）《1941年美国对外贸易定义修订本》（Revised American Foreign Trade Definitions 1941）

《1941年美国对外贸易定义修订本》原称为《美国出口报价及其缩写条例》，最早于1919年在纽约由美国几个商业团体制定，1941年在美国第27届全国对外贸易会议上对该条例做了修订，更名为现名。这一修订本经由美国商会、美国进口商协会和全国对外贸易协会所组成的联合委员会通过，由全国对外贸易协会予以公布。《1941年美国对外贸易定义修订本》中所解释的贸易术语分别为：①Ex（Point of Origin）（产地交货）；②FOB（Free on Board）（在运输工具上交货）；③FAS（Free alongside）（在运输工具旁交货）；④C&F（Cost and Freight）（成本加运费）；⑤CIF（Cost, Insurance and Freight）（成本加保险费、运费）。

《1941年美国对外贸易定义修订本》主要在北美国家采用，由于它对贸易术语的解释特别是对第②③的解释与国际商会制定的《国际贸易术语解释通则》有明显的差异，所以，在同北美国家进行交易时应加以注意。

（三）《国际贸易术语解释通则》（International Rules for the Interpretation of Trade Terms，INCOTERMS）

《国际贸易术语解释通则》（以下简称《通则》）是国际商会为了统一对各种贸易术语的解释而制定的。最早的《通则》产生于1936年，后来为适应国际贸易业务发展的需要，先后于1953年、1967年、1976年、1980年、1990年、2000年和2010年对INCOTERMS做了修订和补充。2019年9月10日，国际商会正式在全球发布《2020年国际贸易术语解释通则》（《INCOTERMS 2020》），于2020年1月1日全球正式生效。

迄今为止，INCOTERMS已成为在全球商界最具影响力和权威性、使

拓展阅读2-1

国际商会

用范围最广、认同度最高的国际贸易惯例。

（1）《INCOTERMS 1953》，包括9种贸易术语：Ex Works、FOR/FOT、FAS、FOB、C&F、CIF、DCP、Ex Ship、Ex Quay。

（2）《INCOTERMS 1967》，包括11种贸易术语，即在1953年版的基础上为适应边境贸易的发展，增加了DAF和DDP。

（3）《INCOTERMS 1976》，包括12种贸易术语，即在1967年版的基础上为适应航空货运业务的发展，增加了起运地机场交货术语FOA。

（4）《INCOTERMS 1980》，包括14种贸易术语，即在1976年版的基础上为适应集装箱多式联运业务的要求，增加了FRC和CIP。

（5）《INCOTERMS 1990》，包括13种贸易术语，即删掉只适用于单一运输方式的FOR/FOT、FOA，新增了DDU；首次将贸易术语的名称规范为三字母代码，变FRC为FCA、变C&F为CFR、变DCP为CPT、变Ex Ship为DES、变Ex Quay为DEQ；首次将13种贸易术语按英文缩写字头分为E、F、C、D4个组；首次列出买卖双方各自对应的10项义务；首次确立电子单证与纸质单证具有同等效力。

（6）《INCOTERMS 2000》，包括13种贸易术语，与1990年版相比，只有FCA、FAS、DEQ涉及内容上的实质性变更。

（7）《INCOTERMS 2010》，包括11种贸易术语，即删掉了《INCOTERMS 2000》中的DAF、DES、DEQ和DDU，增加了DAT和DAP两个新的贸易术语。按适用范围，共分为两类：适用于各种运输方式的术语，包括EXW、FCA、CPT、CIP、DAT、DAP和DDP；仅适用于海运及内河运输方式的术语，包括FAS、FOB、CFR和CIF。

表2-1至表2-4归纳了《INCOTERMS 2010》的主要内容。

表2-1　《INCOTERMS 2010》的11种贸易术语

适用范围	国际代码	中英文全称
任何单一或多种运输方式	EXW	Ex Works（insert named place of delivery）工厂交货（插入指定交货地点）
	FCA	Free Carrier（insert named place of delivery）货交承运人（插入指定交货地点）
	CPT	Carriage Paid to（insert named place of destination）运费付至（插入指定目的地）
	CIP	Carriage and Insurance Paid to（Insert named place of destination）运费和保险费付至（插入指定目的地）
	DAT	Delivered at Terminal（insert named terminal at port or place of destination）运费终端交货（插入指定港口或目的地的运输终端）
	DAP	Delivered at Place（insert named place of destination）目的地交货（插入指定目的地）
	DDP	Delivered Duty Paid（insert named place of destination）完税后交货（插入指定目的地）
海运和内河运输	FAS	Free alongside Ship（insert named port of shipment）装运港船边交货（插入指定装运港）
	FOB	Free on Board（insert named port of shipment）装运港船上交货（插入指定装运港）
	CFR	Cost and Freight（insert named port of destination）成本加运费（插入指定目的港）
	CIF	Cost Insurance and Freight（insert named port of destination）成本、保险费加运费（插入指定目的港）

表 2-2 《INCOTERMS 2010》按交货地点分类和分组

按交货地点分类	组别	性质	国际代码	交货地点	适用范围
出口国境内	E组	启运术语	EXW	商品所在地	全能
	F组	主运费未付术语	FCA	出口国指定地点	全能
			FAS	装运港船边	水运
			FOB	装运港船上	水运
出口国境内	C组	主运费已付术语	CFR	装运港船上	水运
			CIF	装运港船上	水运
			CPT	出口国指定地点	全能
			CIP	出口国指定地点	全能
进口国境内	D组	到达术语	DAT	进口国指定地点	全能
			DAP	进口国指定地点	全能
			DDP	进口国指定地点	全能

表 2-3 《INCOTERMS 2010》买卖双方义务对照

A　卖方义务	B　买方义务
A1　卖方一般义务	B1　买方一般义务
A2　许可证、授权、安检通关和其他手续	B2　许可证、授权、安检通关和其他手续
A3　运输合同与保险合同	B3　运输合同与保险合同
A4　交货	B4　收取货物
A5　风险转移	B5　风险转移
A6　费用划分	B6　费用划分
A7　通知买方	B7　通知卖方
A8　交货凭证	B8　交货证据
A9　查对—包装—标记	B9　货物检验
A10　协助提供信息及相关费用	B10　协助提供信息及相关费用

表2-4　　　　　　　　　　《INCOTERMS 2010》买卖双方费用的划分

	出口清关	装货费	运费	保险费	进口清关	卸货费
EXW	买方	买方	买方	买方	买方	买方
FAS	卖方	买方	买方	买方	买方	买方
FCA	卖方	买方/卖方	买方	买方	买方	买方
FOB	卖方	卖方	买方	买方	买方	买方
CFR	卖方	卖方	卖方	买方	买方	买方
CPT	卖方	卖方	卖方	买方	买方	买方
CIF	卖方	卖方	卖方	卖方	买方	买方
CIP	卖方	卖方	卖方	卖方	买方	买方
DAT	卖方	卖方	卖方	卖方	买方	买方
DAP	卖方	卖方	卖方	卖方	买方	买方
DDP	卖方	卖方	卖方	卖方	卖方	买方

三、国际贸易惯例的性质

　　国际贸易中反复实践的习惯做法与行为规范，只有经国际组织加以编纂与解释，才成为国际贸易惯例。国际贸易惯例的适用是以当事人的意思自治为基础的，因为惯例本身不是法律，它对贸易双方不具有强制性，故买卖双方有权在合同中做出与某项惯例不符的规定。但是，国际贸易惯例对贸易实践仍具有重要的指导作用。这体现在两个方面：一方面，如果双方都同意采用某种惯例来约束该项交易，并在合同中做出明确规定，那么这项约定的惯例就具有了强制性；另一方面，如果双方对某一问题没有做出明确规定，也未注明该合同适用某项惯例，在合同执行过程中出现争议时，受理该争议案的司法和仲裁机构往往也会引用某一国际贸易惯例进行判决或裁决。所以，国际贸易惯例虽然不具有强制性，但它对国际贸易实践的指导作用却不容忽视。

做中学 2-1

　　合同中的规定和贸易术语的解释发生矛盾时，应以什么为准？

　　精析：应该以合同为准。贸易术语的解释属于国际贸易惯例，不是法律，不具有强制约束力。双方当事人可以完全按贸易术语的解释去做，也可以改变某些做法，通过合同加以确认。

　　　　　　　　国际贸易术语的选择和使用

　　国际贸易术语的选用问题直接关系到买卖双方的经济利益，因此，在交易磋商时，贸易双方都从自身的利害得失角度考虑，都希望采用对自己有利的贸易术语。为了顺利执行合同和提高经济效益，根据经验、教训，选用贸易术语时应注意考虑以下几个因素：

　　1.贯彻平等互利、多创汇、少用汇原则

　　一般来说，在出口业务中，外贸企业应争取选用CIF（CIP）术语，以便于船货的衔接，促进我国远洋运输和货运保险业的发展，增加运费和保险费收入；在进口业务中，对于大宗买卖，应争取选用FOB（FCA）术语，可节省运费和保险费支出，促进我国运输和保险业的发展。但一切都应从实际出发，综合考虑，灵活选用贸易术语，在适当情况下，也可做一些让步。

　　2.货物特性及运输条件

　　国际贸易中的货物品种很多，不同类别的货物具有不同的特点，在运输方面各有不同的要求，故安排运输的难易程度不同，运费开支大小也有差异。这是选用贸易术语时应考虑的因素。此外，成交量的大小也决定了安排运输是否有困难和经济上是否合算。在成交量太小又无班轮通航的情况下，负责安排运输的一方势必会增加运输成本，故选用贸易术语时也应予以考虑。在大宗货物出口贸易中，如果我方组织船源有实际困难，而买方为了获取较低的运价和保险费用上的优惠，要求自行租船装运货物和办理保险，为了达成该笔交易，我方也可按FOB术语与其成交。

　　3.考虑运价动态

　　运费是货价的构成因素之一，在选用贸易术语时，应考虑货物经由路线的运费收取情况和运价变动趋势。一般来说，当运价看涨时，为了避免承担运价上涨的风险，可以选用由对方安排运输的贸易术语成交，如按C组术语进口，按F组术语出口。在运价看涨的情况下，如因某种原因不得不采用由己方安排运输的条件成交，则应在货价中将运价上涨的风险考虑进去，以免遭受运价变动的损失。

　　4.考虑运输方式

　　不同的贸易术语都有其适用的运输方式，如FOB、CFR、CIF只适用于海运和内河航运，而FCA、CPT和CIP适用于各种运输方式。不顾贸易术语所适用的运输方式而盲目地选用，会给交货带来诸多不便，严重的可致使贸易的某一方陷入困境并遭受损失。目前，由于集装箱运输和多式联运的广泛应用，贸易术语的选用已由传统的FOB、CFR、CIF发展到FCA、CPT和CIP。原因之一是前三种术语会增加我方的风险、责任，把风险界点由货交承运人延伸到在装运港越过船舷；原因之二是推迟了运输单据的出单时间，因而延缓了我方交单收汇的时间，从而影响了我方的资金周转，造成利息损失。所以，在出口业务中，应积极推广"新三种"贸易术语的应用。

　　5.考虑海上风险程度

　　在国际贸易中，交易的商品一般需要长途运输，货物在运输过程中可能会遇到各种自然灾害、意外事故等，特别是正常的国际贸易遭到人为阻碍或破坏的时期和地区，如发生战争、码头工人罢工等，则风险更大。因此，买卖双方洽商交易时，必须根据不同时期、不同地区、不同运输线路和运输方式的风险情况，并结合购销意图来选用适当的贸易术语。

6.考虑办理进出口货物结关手续的难易

在国际贸易中，关于进出口货物的结关手续，有些国家规定只能由结关所在国的当事人安排或代为办理，有些国家则无此项限制。因此，当某出口国政府规定买方不能直接或间接办理出口结关手续时，则不宜按EXW条件成交；若进口国政府规定，卖方不能直接或间接办理进口结关手续，则不宜采用DDP术语，而应选用DDU或DES条件成交。

综上所述，选用贸易术语要考虑的因素是多方面的，应根据不同贸易对象、不同商品、不同贸易条件通盘考虑，最终选择能维护企业和国家最大利益的贸易术语。

任务二　《2020年国际贸易术语解释通则》

自1936年国际商会创立INCOTERMS以来，这套全球普遍接受的合同标准不断定期更新，以适应国际贸易的发展。在国际商会成立100周年之际，2019年9月10日，国际商会正式在全球发布《2020年国际贸易术语解释通则》（《INCOTERMS 2020》），该规则于2020年1月1日全球正式生效。《INCOTERMS 2020》在2010版本的基础上进一步明确了买卖双方的责任，其生效后对贸易实务、国际结算和贸易融资实务等都将产生重要影响。

《INCOTERMS 2020》考虑到了日益普遍的货物运输安全需求、不同货物及运输性质对保险承保范围的灵活性需求，及FCA（货交承运人）规则下部分融资性销售情形中银行对装船提单的需求。《INCOTERMS 2020》针对2010版本所做的修订如下：

一、针对FCA规则增加签发装船提单选项

FCA（货交承运人）是指卖方只要在指定地点将货物交给买方指定的承运人或其他人，并办理了出口清关手续，即完成交货任务。

FOB（船上交货）是指卖方以在指定装运港将货物装上买方指定的船舶或通过取得已交付至船上货物的方式交货。货物灭失或损坏的风险在货物交到船上时转移，同时买方承担自那时起的一切费用。FOB可能不适合货物在上船前已经交给承运人的情况。例如，用集装箱运输的货物通常在集装箱码头交货，货物被储存在集装箱码头等待船只到达并装船，而不是将货物装到船上。该集装箱码头常常由买方的海运承运人指定。若集装箱在集装箱码头损坏，即使卖方与集装箱码头经营者没有任何合同关系，损失仍由卖方承担。对此，应当使用FCA术语，因为在FCA规则下，卖方将集装箱交给承运人而无须等待集装箱装船即完成了对买方的交货。

在以上情形中，卖方会坚持使用FCA术语，但同时又希望使用信用证这一付款方

式，而信用证通常要求出示提单。根据运输合同，承运人只可能在货物实际装船后才签发装船提单。而在 FCA 规则下，卖方的交货义务在货物装船前已经完成，因此，卖方交货时无法从承运人处获得装船提单。

为解决以上问题，《INCOTERMS 2020》FCA 术语 A6/B6 中增加了一个附加选项，即买卖双方可以约定买方指示其承运人在货物装运后向卖方签发装船提单，随后卖方才有义务向买方（通常通过银行）提交提单。尽管国际商会意识到装船提单和 FCA 项下的交货存在矛盾，但这符合用户需求。值得注意的是，即使采用该附加选项，卖方并不因此受买方签署的运输合同条款的约束。

二、费用划分条款的调整

在《INCOTERMS 2020》规则的条款排序中，费用划分条款列在各术语的 A9/B9 部分（《INCOTERMS 2010》列在 A6/B6 部分）。除了序号的改变外，在《INCOTERMS 2020》中，A9/B9 部分统一罗列了《INCOTERMS 2010》中散见于各不同条款中的对应的费用项目。对费用划分条款的修订目的在于向用户提供一站式费用列表，使买方或卖方得以在一个条款中找到其选择的术语所对应的所有费用。这使得卖方和买方之间费用的分摊得以改进和明确。

同时，原散见于各条款的费用项目仍然保留，如 FOB 术语中获取凭证对应的费用同时出现在 A6/B6 和 A9/B9 部分，方便用户想了解某一特定事项的费用划分时直接翻阅相关特定条款而非总括条款。

三、CIP 保险条款调整为必须符合《协会货物保险条款》（A）的承保范围

在《INCOTERMS 2010》规则中，CIF（成本、保险费加运费）和 CIP（运费和保险费付至）规定了卖方必须自付费用取得货物保险的责任。该保险至少应当符合《协会货物保险条款》（Institute Cargo Clauses）（C）或类似条款的最低险别要求。

《协会货物保险条款》（C）只承保"重大意外事故"，而不承保"自然灾害及非重大意外事故"。其具体承保的风险有：①火灾、爆炸；②船舶或驳船触礁、搁浅、沉没或倾覆；③陆上运输工具倾覆或出轨；④在避难港卸货；⑤共同海损牺牲；⑥抛货。

在《INCOTERMS 2020》规则中，对于保险义务，CIF 术语维持现状，即默认条款（C），但当事人可以协商选择更高级别的承保范围；而对于 CIP 术语，卖方必须取得符合《协会货物保险条款》（A）承保范围的保险，但当事人可以协商选择更低级别的承保范围。

《协会货物保险条款》（A）采用"一切风险减除外责任"的办法，即除了"除外责任"项下所列风险保险人不予负责外，其他风险均予负责。条款（A）承保的风险范围比条款（C）要大得多，这有利于买方，也导致卖方需要额外多支付保费。

这一修订的原因在于 CIF 更多地用于海上大宗商品贸易，CIP 作为多式联运术语更多地用于制成品贸易。

四、FCA、DAP、DPU及DDP允许卖方/买方使用自己的运输工具

《INCOTERMS 2010》假定卖方和买方之间的货物运输由第三方承运人负责，未考虑到由卖方或买方自行负责运输的情况。

《INCOTERMS 2020》则考虑到了卖方和买方之间的货物运输不涉及第三方承运人的情形。因此，在D组术语（DAP（目的地交货）、DPU（目的地交货并卸货）及DDP（完税后交货））中，允许卖方使用自己的运输工具。同样，在FCA（货交承运人）中，买方也可以使用自己的运输工具收货并运输至买方场所。

五、DAT更改为DPU

在《INCOTERMS 2010》中，DAT（Delivered at Terminal，运输终端交货）与DAP（Delivered at Place，目的地交货）唯一的区别是：在DAT中，卖方将货物从抵达的运输工具上卸下至"运输终端"即完成交付；而在DAP中，卖方用运输工具把货物运送到买方指定的目的地后，将装在运输工具上的货物（不用卸载）交由买方处置，即完成交付。

《INCOTERMS 2010》DAT的"使用说明"中将"运输终端"广泛地定义为"任何地点，而不论该地点是否有遮盖，如码头、仓库、集装箱堆场或公路、铁路、空运货站"。

国际商会对DAT和DAP做了两项修订：首先，《INCOTERMS 2020》中两个术语的排列位置改变了，交货发生在卸货前的DAP现在列在DAT前。其次，DAT更改为DPU（Delivered at Place Unloaded，目的地交货并卸货），更强调目的地可以是任何地方而不仅仅是"运输终端"，使其更加笼统，符合用户的需求，即用户可能想在运输终端以外的场所交付货物（虽然实质内容并无其他改变）。但若目的地不是运输终端，卖方需确保其交货地点可以卸载货物。

六、在运输责任及费用划分条款中增加安保要求

《INCOTERMS 2010》各术语的A2/B2及A10/B10中简单提及了安保要求。随着对运输安全（如对集装箱进行强制性检查）要求的提高，《INCOTERMS 2020》将与其相关的安保要求明确规定在了各术语的A4"运输合同"及A7"出口清关"中，因安保要求而增加的成本，也在A9/B9费用划分条款中作了更明确的规定。

七、升级"使用说明"为"用户注释"

《INCOTERMS 2010》中各术语首部的"使用说明"在《INCOTERMS 2020》中升级为"用户注释"。"用户注释"阐明了《INCOTERMS 2020》中各术语的基本原则，如何时适用、风险何时转移及费用在买卖双方间的划分，旨在帮助用户有效及准确地选择适合其特殊交易的术语，并就受《INCOTERMS 2020》制约的合同或争议提供部分需要解释问题的指引。

任务三 水运贸易术语

《INCOTERMS 2010》中所指的"水运贸易术语",主要是适用于海运和内河运输的术语,包括FOB、CFR、CIF、FAS。

一、FOB

FOB是"Free on Board"(...named port of shipment)的缩写,意为装运港船上交货(……指定装运港)。根据《2010年通则》的规定,该术语仅适用于海运或者内河运输,如果货物装在集装箱里并在集装箱码头交货,则应使用FCA术语。

(一)买卖双方承担的基本义务

FOB条件下买卖双方承担的基本义务见表2-5。

表2-5 　　　　　　　　　　FOB条件下买卖双方承担的基本义务

卖方义务	买方义务
在约定期限内,在指定装运港将货物装上买方指定的船,并及时通知买方	租船订舱,支付运费,并将船名、航次、预计到达装运港的时间通知卖方
承担货物装上船之前的风险	承担货物装上船之后的风险
自费取得出口许可证或其他官方许可,办理出口相关手续	自费取得进口许可证或其他官方许可,办理进口相关手续
提供商业发票和证明货物已经交到船上的通常单据或电子信息	接受与合同相符的单据,受领货物,支付价款

(二)使用FOB术语时应注意的事项

1. 关于风险划分问题

在《2000年通则》中,FOB术语的风险划分以货物在指定的装运港"越过船舷"为界。以"越过船舷"为界表明货物在装上船之前的风险,包括在装船时货物跌落码头或海中所造成的损失,均由卖方承担;货物装上船之后,包括在启航前和在运输过程中所发生的损坏或灭失,则由买方承担。

在《2010年通则》中,FOB条件下风险划分的界限做了实质性变更,即不再规定以船舷为界,而是规定以货物装到船上为界,这时风险由卖方转移给买方。

关于FOB术语风险划分点的变更问题,根据规则,同样适用于CFR和CIF术语。

2. 关于船货衔接问题

由于在FOB条件下由买方负责安排运输工具,即租船订舱,所以这就存在一个船货衔接问题。根据有关法律和惯例,如果买方未能按时派船,包括未经对方同意提前将船派到和延迟派到装运港,卖方有权拒绝交货,由此产生的各种损失,如空舱费、滞期费以及仓储费等,均由买方负担。如果买方指派的船只按时到达装运港,而卖方却未能备妥货物，那么，由此产生的上述费用则由卖方承担。

3. 关于装船费用的负担问题

为了说明装船费用的负担问题，出现了 FOB 的变形，主要有：①FOB Liner Terms（班轮条件）。它是指装船费用采取班轮的做法，即卖方不负担装船的有关费用。②FOB under Tackle（吊钩下交货）。它是指卖方将货物交到买方指定船只的吊钩所及之处，即吊装入舱以及其他各项费用概由买方负担。③FOB Stowed（理舱费在内）。它是指卖方负责将货物装入船舱，并承担包括理舱费在内的装船费用。该变形通常用于大宗的打包货物或者以件数计量的货物。④FOB Trimmed（平舱费在内）。它是指卖方负责将货物装入船舱，并承担包括平舱费在内的装船费用。该变形主要用于大宗的散装货物。⑤FOB Stowed and Trimmed（FOBST）。它是指卖方承担包括理舱费和平舱费在内的装船费用。

值得注意的是，FOB 的上述变形只是为了表明装船费用由谁负担而产生的，它们并不改变 FOB 的交货地点以及风险划分的界限。

4. 个别国家对 FOB 的不同解释

例如，在旧金山（San Francisco），如果买方要求在装运港的船上交货，则应在 FOB 和港名之间加上 "Vessel"（船）字样，变成 "FOB（Vessel）San Francisco"；否则，卖方有可能在旧金山市的内陆运输工具上交货。

同步案例 2-1

大连保税区某公司以 FOB 条件出口一批冻鸡。合同签订后接到买方来电，称订舱较为困难，委托我方代为订舱。为了方便合同履行，我方接受了对方的要求。但由于船期比较紧张，时至装运期我方在规定的装运港无法订到合适的舱位，且买方又不同意改变装运港，因此，到装运期满时货仍未装船，因销售季节即将结束，买方便来函以我方未按期订舱履行交货义务为由撤销合同。试问：我方应如何处理？

同步案例 2-1

分析提示

二、CFR

CFR 是 "Cost and Freight"（...named port of destination）的缩写，意为成本加运费（……指定目的港）。

根据《2010 年通则》的规定，该术语仅适用于海运或内河运输，卖方应在合同规定的装运港和规定的期限内，将货物装上船，并及时通知买方。货物装上船后出现的灭失或损害的风险，以及因货物交付后发生的事件所产生的任何额外费用，自交付之日起即由卖方转移给买方。此外，卖方要自担风险和费用，取得出口基本上许可证或其他官方证件，并负责办理货物出口手续。这与 FOB 条件下卖方承担的义务基本上是相同的，不同的是，在 CFR 术语项下，与船方订立运输契约的责任和费用由卖方承担，即卖方要负责租船订舱，支付货物运至指定目的港所需的运费和相关费用，包括装船费以及定期班轮公司可能在订约时收取的卸货费用。但是，从装运港至目的港的货运保险，仍由买方根据需要办理，保险费由买方承担。卖方需要提交的单据主要有商业发票和通常的运输单据，必要时需提供证明其所交货物与合同规定相符的证件。

（一）买卖双方承担的基本义务

CFR条件下买卖双方承担的基本义务见表2-6。

表2-6　　　　　　　　　CFR条件下买卖双方承担的基本义务

卖方义务	买方义务
租船订舱，支付运费	—
在约定期限内，在指定的装运港将货物装上船，并及时通知买方	—
承担货物装上船之前的风险	承担货物装上船之后的风险
自费取得出口许可证或其他官方许可，办理出口相关手续	自费取得进口许可证或其他官方许可，办理进口相关手续
提供商业发票和证明货物已经交到船上的通常单据或电子信息	接受与合同相符的单据，受领货物，支付价款

（二）使用CFR术语时应注意的事项

1. 关于卸货费用的负担问题

在CFR术语后附加下列短语，以表明卸货费由谁负担：①CFR Liner Terms（班轮条件）。它是指卸货费采用班轮的做法，即买方不负担卸货费，而由卖方或船方负担。②CFR Landed（卸至岸上）。它是指由卖方承担将货物卸到码头上的各项有关费用，包括驳船费和码头费。③CFR Ex Ship's Hold（舱底交接）。它是指货物运达目的港后，自船舱底起吊直至卸到码头上的卸货费用，均由买方负担。④CFR under Ship's Tackle（吊钩下交货）。它是指卖方负担将货物从船舶吊起卸到吊钩所及之处（码头上或驳船上）的费用。

CFR的变形也只是为了说明卸货费用的负担问题，其本身并不改变CFR的交货地点和风险划分的界限。

2. 关于装船通知的问题

按照CFR术语成交，需要特别注意的问题是：卖方在货物装船之后必须及时向买方发出装船通知，以便买方办理投保手续，即如果货物在运输途中遭受损坏或灭失，由于卖方未发出装船通知而使买方漏保，那么卖方不能以在装运港船上交货为由免除责任。由此可见，尽管在FOB和CIF条件下，卖方装船后也应向买方发出通知，但CFR条件下的装船通知具有更为重要的意义。

三、CIF

CIF是"Cost, Insurance and Freight"（...named port of destination）的缩写，意为成本加保险费加运费（……指定目的港）。

采用CIF术语成交时，卖方也是在装运港将货物装上船即完成交货义务。卖方负责按通常条件租船订舱，支付货物运至指定目的港所需的费用。但是货物交付后灭失或损坏的风险，以及因货物交付后发生的事件所产生的任何额外费用，自交付时起由卖方转移给买方承担。卖方在规定的装运港和规定的期限内将货物装上船后，要及时通知买方。此外，在CIF术语中，卖方还应当针对货物在运输中灭失或损坏的风险办理海上保险，即卖方应负责订立保险合同并支付保险费。但是根据惯例，如果没有相反的规定，卖方只需投保最低责任范围的保险险别。因此，如果买方想获得更大责任范围的保险保障，需要与卖方达成明示的协议，或者自行办理额外保险。CIF术语要求由卖方办理货物的出口清关手续。

（一）买卖双方承担的基本义务

CIF条件下买卖双方承担的基本义务见表2-7。

表2-7　　　　　　　　　　CIF条件下买卖双方承担的基本义务

卖方义务	买方义务
租船订舱，支付运费	—
办理货运保险手续，支付保险费	—
在约定的期限内，在指定的装运港将货物装上船，并及时通知买方	—
承担货物装上船之前的风险	承担货物装上船之后的风险
自费取得出口许可证或其他官方许可，办理出口相关手续	自费取得进口许可证或其他官方许可，办理进口相关手续
提供商业发票和证明货物已经交到船上的通常单据或电子信息	接受与合同相符的单据，受领货物，支付价款

（二）使用CIF术语时应注意的事项

1. 关于不宜将CIF称为"到岸价"的问题

按CIF术语成交，虽然由卖方安排货物运输和办理货运保险，但卖方并不承担保证把货送到约定目的港的责任，因为CIF属于装运港交货的术语，而不是目的港交货的术语。也就是说，CIF不是"到岸价"。

2. 关于保险的问题

按照《2010年通则》对CIF的解释，卖方只需投保最低险别，但在买方要求并由买方承担费用的情况下，可加保战争、罢工、暴乱和民变险。卖方投保的保险金额应按CIF价加成10%。

3. 关于核算运费的问题

按CIF条件成交时，由于货价构成因素中包括运费，故卖方对外报价时，应把运费因素考虑进去。

4.关于象征性交货的问题

从交货方式上来看，CIF是一种典型的象征性交货（Symbolic Delivery）。象征性交货是指卖方只要按期在约定地点完成装运，并向买方提交合同规定的包括物权凭证在内的有关单据，就算完成了交货义务，而无须保证到货。可见，在象征性交货方式下，卖方是凭单交货，买方是凭单付款。只要卖方如期向买方提交了合同规定的全套合格单据，即使货物在运输途中损坏或灭失，买方也必须履行付款义务；反之，如果卖方提交的单据不符合要求，即使货物完好无损地运达目的港，买方仍有权拒收单据并拒付货款。

这里还必须明确指出，按CIF术语成交，卖方履行其交单义务只是得到买方付款的前提条件。除此之外，他还必须履行交货义务。

此外，对于卸货费由谁来承担的问题，CFR术语变形的规定同样适用于CIF。

同步案例 2-2

同步案例 2-2

分析提示

有一份CIF合同，出售一级咖啡豆50吨，合同规定"CIF纽约每吨569美元，6月份装船。卖方在纽约提供单据，由买方支付现金"。货物于6月15日装船，但卖方一直拖到7月20日才把单据交给买方，由于当时咖啡豆的国际市场价格下跌，买方拒绝接受单据（除非卖方赔偿差价损失）。试问：在上述情况下，买方有无拒绝接受单据的权利？为什么？

四、FAS

FAS是Free alongside Ship（...named port of shipment）的缩写，意为装运港船边交货（……指定地点）。它是指卖方在指定的装运港将货物交到船边，就算完成交货义务。买方必须承担自那时起货物灭失或损坏的一切风险和费用。根据《2010年通则》的规定，该术语要求卖方办理出口清关手续，而这一点与以前的规定正好相反，《1990年通则》要求买方办理出口清关手续。FAS术语仅适用于海运和内河运输。使用该术语与美国开展贸易时应注意：美国FAS是Free alongside的缩写，意为将货物交到各种运输工具旁边，故含义较广。为此，应在FAS后面加上"Vessel"字样，如FAS（Vessel）Seattle，才能表示西雅图港船边交货。对此，应多加注意。

任务四　全能贸易术语

一、FCA

FCA是"Free Carrier"（...named place）的缩写，意为货交承运人（……指定地点）。它是指卖方只要将货物在指定的地点交给买方指定的承运人，并办理了出口清关手续，就算完成交货义务。该术语可用于各种运输方式，包括多式联运。

（一）买卖双方承担的基本义务

FCA条件下买卖双方承担的基本义务见表2-8。

表 2-8　　　　　　　　　　　FCA条件下买卖双方承担的基本义务

卖方义务	买方义务
在约定期限内，将符合合同规定的货物交给买方指定的承运人，并及时通知买方	安排运输，支付运费，并将承运人的名称、运输方式和向承运人交货的时间与地点等通知卖方
承担货交承运人监管之前的风险	承担货交承运人监管之后的风险
自费取得出口许可证或其他官方许可，办理出口相关手续	自费取得进口许可证或其他官方许可，办理进口相关手续
提供商业发票和证明已履行交货义务的通常单据或电子信息	接受与合同相符的单据，受领货物，支付价款

（二）使用FCA时应注意的事项

1. 关于交货地点的问题

根据《2010年通则》的规定，交货地点的选择对在该地点装货和卸货的义务会产生影响。若卖方在其所在地交货，则卖方应负责装货；若卖方在任何其他地点交货，卖方则不负责卸货。

2. 关于指定承运人的问题

根据《2010年通则》的规定，该术语项下一般是由买方自行订立从指定地点承运货物的合同，但是，如果买方有要求，并由买方承担风险和费用，卖方也可以代替买方指定承运人并订立运输合同。当然，卖方也可以拒绝订立运输合同，如果拒绝，应立即通知买方，以便买方另行安排。

同步案例2-3

我某出口企业按FCA Shanghai Airport条件向印度A商出口手表一批，货价5万美元，规定交货期为8月份，自上海运往孟买。其支付条件是：买方凭由孟买某银行转交的航空公司空运到货通知即期全额电汇付款。我出口企业于8月31日将该批手表运到上海虹桥机场，交由航空公司并由其出具航空运单。我出口企业随即用电传向印度A商发出装运通知。航空公司于9月2日将该批手表空运至孟买，并将到货通知连同有关发票和航空运单交孟买某银行。该银行立即通知印度A商收取单据并电汇付款。此时，国际手表价格下跌，印度A商以我方交货延期为由拒绝付款、提货。我出口企业坚持对方必须立即付款、提货。双方争执不下，遂提交仲裁。如果你是仲裁员，你认为应如何处理？说明理由。

同步案例2-3

分析提示

二、CPT

CPT 是 "Carriage Paid to"（...named place of destination）的缩写，意为运费付至（……指定目的地）。它是指卖方向其指定的承运人交货，并需支付将货物运至目的地的运费，而买方承担卖方交货之后的一切风险和其他费用。根据《2010年通则》的规定，该术语适用于各种运输方式，包括多式联运。如果买卖双方同意以接运的承运人将货物运至约定目的地，则风险自货物交给第一承运人时起转移。

（一）买卖双方承担的基本义务

CPT 条件下买卖双方承担的基本义务见表 2-9。

表 2-9　　　　　　　　CPT条件下买卖双方承担的基本义务

卖方义务	买方义务
安排运输，支付运费	—
在约定期限内，将符合合同规定的货物交给承运人，并及时通知买方	—
承担货交承运人监管之前的风险	承担货交承运人监管之后的风险
自费取得出口许可证或其他官方许可，办理出口相关手续	自费取得进口许可证或其他官方许可，办理进口相关手续
提供商业发票和证明已履行交货义务的通常单据或电子信息	接受与合同相符的单据，受领货物，支付价款

（二）使用CPT应注意的事项

从上述解释中可以看出，CPT 和 CFR 有许多相似之处，如分别按这两种术语成交，货价构成因素都包括运费，故卖方都要负责安排运输，将货物运往约定目的地，而货物在运输途中的风险则都由买方负担；它们都属装运地交货的术语，按这两种术语签订的合同都属装运合同。但这两种术语也有不同之处，如 CFR 仅适用于水上运输方式，而 CPT 则适用于包括多式联运在内的任何运输方式。此外，在交货的具体地点、费用和风险划分的具体界限以及提供的单据等方面，两种术语也存在着差异。

三、CIP

CIP 是"Carriage and Insurance Paid to"（...named place of destination）的缩写，意为运费、保险费付至（……指定目的地）。它是指卖方向其指定的承运人交货，并需支付将货物运至目的地的运费，办理买方货物在运输途中灭失或损坏风险的保险和支付保险费，而买方承担卖方交货之后的一切风险和额外费用。根据《2010年通则》的规定，该术语适用于各种运输方式，包括多式联运。如果买卖双方同意由接运的承运人将货物运至约定的目的地，则风险自货物交给第一承运人时起转移。

（一）买卖双方承担的基本义务

CIP 条件下买卖双方承担的基本义务见表 2-10。

表 2-10　　　　　　　　CIP条件下买卖双方承担的基本义务

卖方义务	买方义务
安排运输，支付运费	—
办理货运保险手续，支付保险费	—
在约定期限内，将符合合同规定的货物交给承运人，并及时通知买方	—
承担货交承运人监管之前的风险	承担货交承运人监管之后的风险
自费取得出口许可证或其他官方许可，办理出口相关手续	自费取得进口许可证或其他官方许可，办理进口相关手续
提供商业发票和证明已履行交货义务的通常单据或电子信息	接受与合同相符的单据，受领货物，支付价款

（二）使用 CIP 应注意的事项

1. 关于保险的问题

如未约定险别，卖方可按惯例投保最低限度的险别，一般在合同价格的基础上加成10%投保；如有可能，卖方应按合同货币投保。按CIP条件成交时，是否加保战争、罢工、暴乱及民变险，由买方决定，卖方并无加保这些险别的义务。但若买方要求加保，卖方应予办理。不过，加保这些险别的费用，如事先未约定计入售价中，则应由买方另行负担。

2. 关于 CIP 与 CIF 差异的问题

上述解释表明，CIP等于CPT加保险费，或者等于FCA加运费和保险费。CIP与CIF这两种术语有许多相似之处，如在其价格构成因素中，都包括通常的运费和约定的保险费，故卖方都应承担安排运输、保险的责任并支付有关的运费与保险费；按这两种术语成交，都属装运地交货，其合同性质都为装运合同，故货物在运输途中的风险均由买方承担。这两种术语的不同之处主要是适用范围不同，CIF仅适用于水上运输方式，而CIP则适用于任何运输方式（包括多式联运）。此外，在交货和风险转移的具体部位以及提供的单据等方面，二者也存在一些差异。

做中学 2-2

FOB、CFR、CIF 与 FCA、CPT、CIP 的异同见表 2-11。

表 2-11　　　　FOB、CFR、CIF 与 FCA、CPT、CIP 的异同

项目比较	FOB、CFR、CIF	FCA、CPT、CIP
运输方式	海运和内河运输	各种运输方式（单式和多式）
承运人	船公司	船公司、铁路局、航空公司或多式联运经营人
交货地点	装运港船上	视不同的运输方式而定
风险界限	装运港船上	货交承运人监管后
装卸费用负担	FOB的各种变形明确装船费用由谁负担，CFR、CIF的各种变形明确卸货费用由谁负担	FCA卖方承担装船费 CPT、CIP卖方承担卸货费，不存在术语变形
运输单据	已装船清洁提单	提单、海运单、内河运单、铁路运单、公路运单、航空运单或多式联运单据
后注地点	FOB后加注装运港名称 CFR、CIF后加注目的港名称	FCA后加注装运地名称 CPT、CIP后加注目的地名称

四、EXW

EXW的全称是"Ex Works"（...named place），即工厂交货（……指定地点）。EXW这一术语代表了在商品的产地或所在地交货的条件，产地可以是工厂、农场、矿山或其他生产地点；所在地一般是指仓库。当买卖双方按照EXW条件谈判成交时，在EXW后

面要具体注明产地名称，如 EXW××仓库。签约后，卖方要在规定的交货期内将合同规定的货物准备好，并与买方联系，由买方安排运输工具到交货地点接运货物。自卖方将货物交给买方或其代理人控制时起，风险即由卖方转移给买方。这就是说，如果此后再发生货物损坏或者灭失的情况，其后果由买方自己承担。随着风险的转移，其他相关的责任和费用也相应转移给买方。卖方不必过问货物出境、入境及运输、保险等事项。所以，在卖方与买方达成的契约中可不涉及运输和保险问题。除非合同中有相反规定，卖方一般无义务提供出口包装。如果签约时已明确该货物是供出口的，并对包装的要求做出了规定，卖方则应按规定提供符合出口需要的包装。

由此可见，按 EXW 术语成交时，卖方承担的风险、责任以及费用都是最小的。在交单方面，卖方只需提供商业发票或电子数据，如合同有要求，才需提供证明所交货物与合同规定相符的证件。至于货物出境所需的出口许可证或其他官方证件，卖方本无义务提供，但如果买方自己取得这些证件有一定困难，卖方应买方的要求，并在由买方承担风险和费用的情况下，也可协助其取得上述证件。在 EXW 术语项下，卖方不负责出口通关，如果买方不能直接或间接办理出口手续，则不应使用 EXW 术语，而应使用 FCA 术语。EXW 术语适用于各种运输方式。

五、DAT

DAT 的全称是"Delivered at Terminal"（...named terminal at port or place of destination），即运输终端交货（……指定港口或目的地的运输终端）。在使用时，术语后应注明"INCOTERMS 2010"。

DAT 术语是《2010 年通则》中新增加的术语，取代了《2000 年通则》中的 DEQ。DAT 术语的使用范围远大于 DEQ，它适合于任何运输方式（包含多式联运）。

按照 DAT 条件成交时，卖方要负责将合同规定的货物按照通常航线和惯常方式，在规定期限内运至目的港或目的地指定的运输终端，将货物卸下，并承担卸货费用。当卖方在指定港口或目的地的指定运输终端将货物从抵达的载货运输工具上卸下，交给买方处置时，即完成交货。其中，"运输终端"意味着任何地点，而不论该地点是否有遮盖，如码头、仓库、集装箱堆场或公路、铁路、空运货站等。

（一）买卖双方的基本义务

1. 卖方义务

（1）签订将货物运往指定目的港或目的地运输终端的运输合同，并支付运费。

（2）自负风险和费用，取得出口许可证或其他官方批准证件，并办理货物出口和交货前运输过程中所需的一切海关手续，支付关税。

（3）在合同规定的期限内，将货物运至指定目的港或目的地运输终端，并承担卸货的责任和费用，将货物置于买方的处置之下。

（4）给予买方收货以充分的通知，或者合同约定的具有同等作用的电子信息。

2. 买方义务

（1）在卖方按照合同规定交货时受领货物，按合同规定支付价款；承担自收货时起一切关于货物损坏和灭失的风险，支付自交货之时起与货物有关的一切费用。

（2）自负风险和费用，取得进口许可证和其他官方授权，并办理一切进口清关手续，缴纳进口所需的关税、税捐和其他进口税；否则，买方必须承担由不履行该项义务而产生的一切货物损坏或灭失的风险，并支付由此带来的一切额外费用。

（3）应卖方请求并在卖方承担风险和费用的前提下，及时向卖方提供货物运输和出口或通过任何国家所需的文件和信息，并给予协助；否则，买方必须支付由未及时提供信息和协助而产生的一切损失和费用。

（二）使用DAT的注意事项

使用DAT术语时，卖方在指定港口或目的地的运输终端交货，且负责将货物从到达的运输工具上卸下，这点与《2000年通则》中的DEQ类似。但DEQ术语是在目的港码头交货，卖方承担的责任仅限于货物运至目的港并卸至码头，而不负责再将货物由码头搬运到其他地方。DAT的交货地点虽然不受码头的限制，但卖方承担的责任是将货物交到合同约定的运输终端。如果双方希望由卖方再将货物从运输终端搬运至另外地点，并承担其间的风险和费用，则应当使用DAP或DDP术语。

六、DAP

DAP的全称为 "Delivered at Place"（...named place of destination），即 "目的地交货"（……指定目的地）。DAP术语是《2010年通则》中新增加的术语，取代了《2000年通则》中的DAF、DDU、DES，适合于任何运输方式（包含多式联运）。

使用DAP术语成交时，卖方要负责将合同规定的货物按照通常航线和惯常方式，在规定期限内将装载于到达的运输工具上准备卸载的货物交由买方处置，即完成交货，卖方负担将货物运至指定目的地为止的一切风险。

（一）买卖双方的基本义务

1.卖方义务

（1）签订将货物运往指定目的港或目的地运输终端的运输合同，并支付运费。

（2）自负风险和费用，取得出口许可证或其他官方批准证件，并办理货物出口和交货前运输过程中所需的一切海关手续，支付关税。

（3）在合同规定的期间内，将货物运至指定目的地，并将其装载于可供卸载的运输工具上交由买方处置，承担在此之前的一切风险。

（4）给予买方收货以充分的通知，提交商业发票，并自负费用向买方提供提取货物所需的运输单证，或者合同约定的具有同等作用的电子信息。

2.买方义务

（1）在卖方按照合同规定交货时受领货物，按合同规定支付价款；承担自收货时起一切关于货物损坏和灭失的风险，支付自交货之时起与货物有关的一切费用。

（2）如需办理清关事宜，买方必须自负风险和费用办理清关手续，缴纳进口关税、捐税及其他进口费用。

（3）买方需承担从到达的运输工具上为收取货物所需的一切卸货费用。

（4）应卖方请求并在卖方承担风险和费用的前提下，及时向卖方提供货物运输和出口或通过任何国家所需的文件和信息，并给予协助；否则，买方必须支付由未及时提供信息和协助而产生的一切损失和费用。

（二）使用DAP时应注意的事项

1. 以合同条款明确卸货费用的归属

在上述买卖双方的义务中，DAP术语已经明确了卸货费用的划分，从理论上避免了由卸货费用产生纠纷的可能。

2. 注意区分DAT和DAP术语

二者的主要区别有两个：一是卸货费的分担，二是交货地的适用范围。因此，如果卸货费用的问题由合同中的条款明确，那么通常更建议使用DAP术语。

七、DDP

DDP是"Delivered Duty Paid"（...named place of destination）的缩写，意为完税后交货（……指定目的地）。它是指卖方在指定目的地将交货运输工具上尚未卸下的货物交由买方处置，并办理进口清关手续，就算完成交货义务。此间，卖方必须承担将货物运至目的地的一切风险和费用，包括在需要办理海关手续时在目的地应缴纳的任何进口税捐；而买方只需在指定目的地领取货物。

DDP是卖方承担责任、费用和风险最大的一种术语。因为卖方是在办理好进出口报关手续后在指定目的地交货的，这实际上是卖方已将货物运进了进口方的国内市场，与其他在当地市场就地销售货物的卖方并无多大区别。如果卖方不能直接或间接地取得进口许可证，则不应使用DDP术语。

任务五　贸易术语应用

一、四组贸易术语的选用

视频 2-1

贸易术语解读

E组为起运（Departure）术语，只有EXW一种。EXW是指当卖方在其所在地或其他指定的地点将货物交给买方处置时，即完成交货义务，卖方不办理出口清关手续或将货物装上任何运输工具。EXW是卖方承担责任最小的术语。买方必须承担在卖方所在地受领货物的全部费用和风险。若双方希望在起运时卖方负责装载货物并承担装载货物的全部费用和风险，则需在销售合同中明确写明。

F组为主运费未付（Main Carriage Unpaid）术语，包括FCA、FAS和FOB三种。使用这些术语，买卖双方承担的责任、费用和风险是以始发地约定的交货点为分界线的。卖方需要办理货物出口通关手续，将货物交给买方指定的承运人；买方应办理货物的保险、租船订舱、进口通关等手续，支付相应的费用，并承担始发地（港）货交承运人（FCA术语下）、货交船边（FAS术语下）或者货物装上船（FOB术语下）以后的货损、货差风险。

做中学 2-3

新加坡 A 公司与马来西亚 B 公司订立 FCA 合同，购买 500 吨白糖，合同约定提货地为 B 公司所在地。2022 年 7 月 3 日，A 公司派代理人到 B 公司提货。B 公司已将白糖装箱并放置在临时的敞篷堆场中，A 公司代理人由于人手不够，要求 B 公司帮助装货，B 公司认为已履行完应尽义务，故拒绝帮助装货。A 公司代理人无奈返回。3 日后，A 公司代理人再次到 B 公司所在地提取货物。但是，在货物堆放的 3 天里，因遇湿热台风天气，货物部分受损，造成 10% 的脏包。问：该损失应由哪一方承担？

做中学 2-3

精析

做中学 2-4

沈阳某公司采用 FOB 大连方式往美国出口货物一批，装运期为 5 月份，集装箱装运。我方 4 月 26 日收到买方发来的装船通知，告知我方载货船舶将于 5 月 15 日到达装运港。为了及时装运，该公司业务员于 5 月 10 日将货物从沈阳运至大连码头仓库，不料货物因当夜仓库发生火灾而全部损失。问：（1）以上损失是否应该由我方承担？为什么？（2）若采用 FCA 沈阳交货，该损失是否应该由我方承担？为什么？

做中学 2-4

精析

C 组为主运费已付（Main Carriage Paid）术语，包括 CFR、CIF、CPT、CIP 四种。使用这些术语，买卖双方承担的责任和风险是以始发地约定的交货点为分界线的，卖方应办理出口通关、租船订舱等手续，支付相应的费用，但不承担发货后的货损、货差风险。其中，CIF 和 CIP 术语下的卖方还需负责投保货物运输险和支付相应的保险费，CFR 和 CPT 术语下的买方应负责投保货物运输险和支付相应的保险费。

做中学 2-5

国内内陆某出口公司（所在地正处在铁路交通的干线上）于 2022 年 2 月向日本出口 30 吨甘草膏，每吨 40 箱，共 1 200 箱，每吨售价为 1 800 美元，FOB 天津新港，共 54 000 美元，即期信用证，装运期为 2 月 25 日之前，货物必须装集装箱。该出口公司在天津设有办事处，于是在 2 月上旬便将货物运到天津，由天津办事处负责订箱装船。不料货物在天津存仓后的第三天，仓库午夜着火，因风大火烈，抢救不及，1 200 箱甘草膏全部被焚。办事处立即通知该出口公司并要求尽快补发 30 吨甘草膏，否则无法按期装船。结果该出口公司无法组织货源，只好要求日商将信用证的有效期和装运期各延长 15 天。请分析从此案中应吸取的教训。

精析：我国进出口企业长期以来不管采用何种运输方式，对外洽谈业务或报盘仍习惯用 FOB、CFR 和 CIF 三种贸易术语。但在滚装、滚卸、集装箱运输的情况下，船舷无实际意义时应尽量改用 FCA、CPT 及 CIP 三种贸易术语，特别是内陆地区的出口。案例中出口公司所在地正处在铁路交通的干线上，外运公司在该市有集装箱中转站，既可接受拼箱托运，也可接受整箱托运。假如当初采用FCA（该市名称）对外成交，出口公司在当地将1 200箱货物交中转站或自装、自集后将整箱（集装箱）交中转站，不仅风险转移给了买方，而且当地承运人（即中转站）签发的货运单据即可在当地银行办理议付结汇。该公司自担风险将货物运往天津，再用集装箱出口，不仅加大了自身的风险，而且推迟了结汇。

D组为抵达（Arrival）术语，也称目的地交货类，包括DAF（边境交货）、DES（目的港船上交货）、DEQ（目的港码头交货）、DDU（未完税交货）和DDP（完税后交货）五种。这类术语的特点是：买卖双方承担的责任、费用和风险是以目的地约定的交货点为分界线的，卖方必须承担将货物运至目的地国家和地点需要的所有费用与风险。这个交货点可能是目的港的船上、码头、车站、仓库或其他地点，甚至是内陆某个地点。只有当卖方在该交货点将货物置于买方控制下才算完成交货义务，才能向买方收取货款。因此，在国际贸易中，卖方通常不愿意采用这类价格术语。D组术语还可根据谁负责进口清关分成两类：DAF、DES、DDU，买方负责货物清关；DEQ和DDP，卖方负责货物清关。

二、贸易术语的费用与风险划分问题

贸易术语的费用与风险划分如图2-1所示。

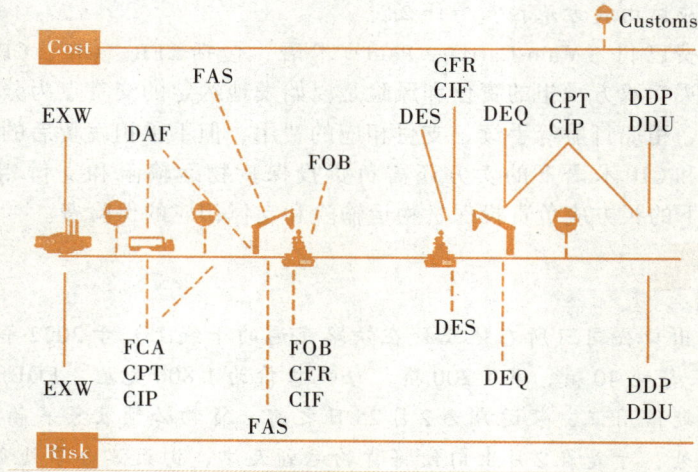

图2-1　贸易术语的费用与风险划分示意图

在我国的对外贸易中，经常使用的贸易术语有FOB、CFR和CIF。根据惯例，在班轮运输条件下，船方负担货物装卸费，即班轮运费包括装货费用和在目的港的卸货费用；但在租船运输条件下，船方通常不承担装卸费用。因此，在租船运输条件下，为了明确责任，买卖双方通常会在合同中就装卸费由谁承担做出明确规定。具体的规定方法，既可以在合同中订明，也可以采用如表2-12所示的上述三种术语的变形。

表 2-12　　　　　　　　　　　FOB、CFR、CIF术语的变形

术语的变形	装货费/卸货费等费用的分担
FOB班轮条件（FOB Liner Terms）	装货费按班轮办法处理，由支付运费的买方负担
FOB吊钩下交货（FOB under Tackle）	从货物吊装开始，装货费由买方负担
FOB包括理舱（FOB Stowed）	卖方负担包括理舱费在内的装货费
FOB包括平舱（FOB Trimmed）	卖方负担包括平舱费在内的装货费
CFR班轮条件（CFR Liner Terms）	卸货费按班轮办法处理，由支付运费的卖方负担
CFR吊钩交货（CFR Ex Tackle）	卖方负担货物从舱底至船边卸离吊钩为止的费用
CFR卸到岸上（CFR Landed）	卖方负担将货物卸至目的港岸上的费用
CFR舱底交货（CFR Ex Ship's Hold）	买方负担将货物从舱底起吊卸至码头的费用
CIF班轮条件（CIF Liner Terms）	卸货费按班轮办法处理，由支付运费的卖方负担
CIF吊钩交货（CIF Ex Tackle）	卖方负担货物从舱底至船边卸离吊钩为止的费用
CIF卸到岸上（CIF Landed）	卖方负担将货物卸至目的港岸上的费用
CIF舱底交货（CIF Ex Ship's Hold）	买方负担将货物从舱底起吊卸至码头的费用

对国际货运经营者来说，国际贸易术语决定货运运作的过程。

（1）国际贸易术语不仅决定了货运运作的主体，而且划分了买卖双方各自应承担的货运义务。

（2）国际贸易术语决定了货运过程中的主要运输方式。在13个国际贸易术语中，有6个术语（FAS、FOB、CFR、CIF、DES和DEQ）只适用于海运或者内河运输。这就意味着如果贸易合同采用了这6个贸易术语中的1个，那么航空公司基本上与该票货物无缘了。

（3）国际贸易术语决定了货运路线。13个国际贸易术语无一例外都有后缀：named place...或 port of...，这一后缀限制了货运路线的选择，使得不经营这些路线的承运人没有参与竞争的可能。

（4）大部分国际贸易术语决定了货物的交付过程通常是分段运输。在13个国际贸易术语中，EXW、FCA、CPT、CIP、DDU和DDP为"门到门"全程服务提供了可能，而其他术语限制了这一最先进的运输方式的应用，也就限制了承运人的服务范围。

（5）国际贸易术语划分了货运费用支付的界限。其希望通过细分货运环节达到准确估计贸易成本和确定各自承担费用范围的目的，但是这与物流经营的理念却不甚相符。物流经营者通过资源整合，从全过程角度节省成本，可能无法划清某一阶段的

成本。

三、《INCOTERMS 2010》的最大变化

（1）增设 DAT 和 DAP 两个新术语，取代 DAF、DES、DEQ 和 DDU。此次增加是以 DAP 取代了先前的 DAF、DES 和 DDU3 个术语，而以 DAT 取代了先前的 DEQ，且扩展至适用于一切运输方式。

DAT 是指在指定目的地（港）集散站卸货后，将货物交给买方处置，即完成交货。卖方应承担将货物运至指定目的地（港）的一切风险和费用（除进口费用外），该术语适用于任何运输方式。"Terminal"可以是任何地点，如码头、仓库、集装箱堆场以及铁路、公路或航空货运站等。

DAP 是指卖方在指定的目的地（港）交货，只需做好卸货准备，无须卸货，即完成交货。卖方应承担将货物运至指定目的地（港）的一切风险和费用（除进口费用外），该术语适用于任何运输方式。

DAT 和 DAP 的差异并不明显，两者的主要差异是 DAT 下卖需要承担把货物从目的地（港）运输工具上卸下的费用；DAP 下卖方只需在指定目的地（港）将货物置于买方控制之下，而无须承担卸货费（见表 2-13）。

表 2-13　　　　　　　　　DAT、DAP、DDP3种术语的应用

交付地点为港口：Seattle Port	交货地点为货运站：Chicago Terminal
DAP Seattle Port，是指在西雅图港船上交货，相当于 DES	DAP Chicago Terminal，是指在芝加哥目的地的集散站车上交货
DAT Seattle Port，是指在西雅图港终点站交货，相当于 DEQ	DAT Chicago Terminal，是指在芝加哥目的地的集散站从车上把货卸下交货
DDP Seattle Port，是指在西雅图港船上交货+进口通关+缴交关税	DDP Chicago Terminal，是指在芝加哥目的地的集散站车上交货，并办理通关手续，缴交关税

（2）贸易术语分类与数量变化。《INCOTERMS 2010》最大的变化是将原来的 13 个贸易术语减至 11 个，4 组术语亦减为 2 组用语，分别是适用于所有运输方式的用语，包括 EXW、FCA、CPT、CIP、DAT、DAP 和 DDP；适用于水路运输的用语，包括 FAS、FOB、CFR、CIF。

（3）取消了"船舷"的概念。与《INCOTERMS 2000》之越过船舷不同，《INCOTERMS 2010》中 FOB、CFR、CIF 要求卖方将货物运送至指定装载港并将其装载于买方所指定之船舶上（…placing them on board）。换句话说，在《INCOTERMS 2010》中，对于 FOB、CFR、CIF 术语，只有货物越过船舷，并安全装上船或卸下船，卖方才算完成交货。

值得注意的是，《INCOTERMS 2010》实施之后，并非《INCOTERMS 2000》就自动作废。因为国际贸易惯例本身不是法律，对国际贸易当事人不产生必然的强制性

约束力。国际贸易惯例在适用的时间效力上并不存在"新法取代旧法"的说法，当事人在订立贸易合同时仍然可以选择适用《INCOTERMS 2000》甚至《INCOTERMS 1990》。

关键术语

贸易术语　FOB　CFR　CIF　FCA　CPT　CIP

应知考核

一、单项选择题

1.某出口公司对外以CFR报价，如果该货物采用多式联运方式，以采用（　　）术语为宜。

随堂测2

A.FCA　　　　　　　　　　　　　　B.CIP

C.DDP　　　　　　　　　　　　　　D.CPT

2.按照《INCOTERMS 2010》，以CIF汉堡成交，卖方对货物风险应负责至（　　）。

A.船到汉堡港为止　　　　　　　　B.在汉堡港卸下船为止

C.货在装运港装上船为止　　　　　D.货在装运港越过船舷为止

3.FOB/CIF术语下，办理保险者为（　　）。

A.买方/买方　　　　B.卖方/买方　　　　C.买方/卖方　　　　D.卖方/卖方

4.按《INCOTERMS 2010》，CPT术语下买卖双方风险划分的界限是（　　）。

A.装运港船舷　　　B.货交承运人　　　C.目的港船上　　　D.目的港码头

5.对于象征性交货，卖方的交货义务为（　　）。

A.不交货　　　　　　　　　　　　B.既交单又实际交货

C.凭单交货　　　　　　　　　　　D.实际性交货

6.下述术语中，既属内陆交货又属象征性交货的是（　　）。

A.EXW　　　　　　B.FCA　　　　　　C.FOB　　　　　　D.DDP

7.某公司与法国一家公司以DAT的条件达成一笔交易，按国际惯例，该笔交易的货物在目的港的卸货费用应由（　　）承担。

A.买方　　　　　　B.卖方　　　　　　C.船方　　　　　　D.港务部门

8.下列关于CIF和CIP的说法正确的是（　　）。

A.适用范围相同　　　　　　　　　B.买卖双方风险划分的界限相同

C.价格构成相同　　　　　　　　　D.交货地点相同

9.某外贸公司按FOB条件从国外进口一批散装化肥，采用程租船运输，如买方不愿意负担装船费用，应在合同中规定使用（　　）。

A.FOB Liner Terms　　　　　　　　B.FOB under Tackle

C.FOB Trimmed　　　　　　　　　　D.FOB Stowed

10.按CFR贸易术语成交的国际货物，应由（　　）。

A.卖方负责租船订舱并办理海上保险

B. 买方负责租船订舱并办理海上保险

C. 卖方负责租船订舱，买方负责办理海上保险

D. 买方负责租船订舱，卖方负责办理海上保险

二、多项选择题

1. 贸易术语又称为价格术语，用来说明（　　　）。

A. 价格构成　　　　B. 物权所有　　　　C. 风险划分　　　　D. 费用划分

2. 我某进口公司按 FOB 条件进口一批货物，采用程租船运输，如我方不愿承担装船费用，应采用（　　　）。

A. FOB Liner Terms　　　　　　　　B. FOB under Tackle

C. FOB Stowed　　　　　　　　　　D. FOB Trimmed

3.《INCOTERMS 2010》包括 11 种贸易术语，其中适用于海运和内河水运的术语有（　　　）。

A. FAS　　　　　　B. FOB　　　　　　C. CFR　　　　　　D. CIF

4. 根据《INCOTERMS 2010》，适用于任何运输方式的贸易术语有（　　　）。

A. DAT　　　　　　B. DAP　　　　　　C. DDP　　　　　　D. FAS

5. 有关贸易术语的国际惯例包括.（　　　）。

A.《华沙–牛津规则》　　　　　　B.《1941 年美国对外贸易定义修订本》

C.《国际贸易术语解释通则》　　　　D.《海牙–维斯比规则》

6. 选用贸易术语时应考虑的因素有（　　　）。

A. 承运人风险控制　　　　　　　　B. 货物特性及运输条件

C. 运输方式及运价　　　　　　　　D. 海上风险程度

7. 下列贸易术语中，出口报关责任和进口报关责任由一方承担的有（　　　）。

A. EXW　　　　　　B. FAS　　　　　　C. CIF　　　　　　D. DDP

8. 下列贸易术语中，风险转移界限在进口国的有（　　　）。

A. FCA　　　　　　B. DES　　　　　　C. DDU　　　　　　D. CIP

9. 下列贸易术语中，（　　　）的风险划分以货交第一承运人为界，并适用于各种运输方式。

A. FAS　　　　　　B. CPT　　　　　　C. CIF　　　　　　D. FCA

10. 下列贸易术语中，在装运港完成交货的有（　　　）。

A. FOB　　　　　　B. FAS　　　　　　C. CFR　　　　　　D. CIF

三、判断题

1.《INCOTERMS 2010》中由买方办理出口报关手续的贸易术语有 EWX、FAS 和 FCA。　　　　　　　　　　　　　　　　　　　　　　　　　　　（　　）

2. 按 CIF 成交的合同，属于在目的港交货的合同。　　　　　　　　（　　）

3. CPT 与 CFR 术语一样，卖方不必承担货物自交货地点至目的地的运输途中的风险。　　　　　　　　　　　　　　　　　　　　　　　　　（　　）

4. FOB、CIF、CFR 三个贸易术语在风险划分上是一样的。　　　　（　　）

5.在出口业务中，采用CIF纽约成交与采用FOB上海成交的主要区别在于：前者卖方要负责租船订舱，办理货运保险，支付运费和保险费，并将货物交至纽约港船上；而后者卖方只需将货物交至上海港买方指定的船上。（　　）

6.《INCOTERMS 2010》中C组贸易术语的主要特点之一是费用和风险划分相分离。（　　）

7.某出口商使用FOB Liner Terms条件成交，则其必须使用班轮运输。（　　）

8.在装运合同下，卖方在约定的时间和地点将货物交给承运人或装上运输工具，即算完成交货，他无义务保证货物按时抵达目的地。（　　）

9.采用"CIF Ex Ship's Hold纽约"贸易术语，卖方要负责将货物运送至纽约港，但不负责卸货。（　　）

10.从商业观点来看，可以说CFR合同交易的不是货物，而是与货物有关的单据。（　　）

应会考核

观念应用

某出口公司A同新加坡客户因价格条款产生了一些分歧，一直争执不下。A和这个客户做的业务是以空运方式进行运输，A认为CIF只适用于海运及陆运方式，而不适用于空运方式，所以坚持用CIP条款（并且银行方面也坚持按照国际惯例空运必须使用CIP）。可客户坚持要用CIF，他们认为CIP比CIF多一项费用。A想问到底CIP和CIF在费用上有什么区别？A的做法是不是正确？

技能应用

印度孟买一家电视机进口商与日本京都电器制造商洽谈买卖电视机交易。从京都（内陆城市）至孟买有集装箱多式联运服务，京都当地的货运商以订约承运人的身份可签发多式联运单据。货物在京都距制造商5千米的集装箱堆场装入集装箱后，由货运商用卡车经公路运至横滨，然后再装上船运至孟买。京都制造商不愿承担公路和海洋运输的风险；孟买进口商则不愿承担货物交运前的风险。

【考核要求】

试对以下问题提出你的意见，并说明理由：

（1）京都制造商是否可以向孟买进口商按FOB、CFR、CIF术语报价？

（2）京都制造商是否应提供已装船运输单据？

（3）按以上情况，你认为京都制造商应该采用何种贸易术语？

案例分析

1.大连某公司2022年1月出口一级大米300吨，按FOB条件成交，装船时货物经公证人检验，符合合同规定的品质条件，卖方在装船后已及时发出装船通知。但航行途中由于风浪过大，大米被海水浸泡，品质受到影响。当货物抵达目的港后，只能按三级大米的价格出售，因而买方要求卖方赔偿差价损失。

【考核要求】

试问在上述情况下，卖方对该项损失是否负责？为什么？

2.我国无锡某公司采用FOB上海条件向美国出口货物一批，装运期为5月份，集装箱装运。我方4月26日收到买方发来的装船通知，告知我方载货船舶将于5月15日到达装运港。为了及时装运，该公司业务员于5月10日将货物从无锡运至上海码头仓库，不料货物因当夜仓库发生火灾而全部损失。

【考核要求】

（1）以上损失是否应该由我方承担？为什么？

（2）若采用FCA无锡条件交货，该损失是否应该由我方承担？为什么？

（3）采用FCA和FOB贸易术语，在交货地点、运输方式和单据、结汇时间等方面有哪些不同？

项目实训

【实训项目】

贸易术语的应用。

【实训情境】

根据下列材料，运用贸易术语向外商报价：

（1）上海某公司拟向美国纽约某客商出口一批货物，每件（100磅）48美元。交货条件为FOB。

（2）我某进出口公司拟向荷兰某客商出售长虹牌988型彩电，单价为每台150美元，交货条件为CIF舱底交货，运达地点鹿特丹。

（3）我某集团公司出口一批货物到英国伦敦，每公吨300美元，含佣金2%，交货条件为CFR。

（4）我某公司出口一批货物到美国纽约，每公吨213美元，减折扣3%，交货条件为CIF。

【实训任务】

（1）请根据实训情境，用英文撰写贸易术语的表达方式。

（2）撰写"贸易术语的应用"实训报告。

"贸易术语的应用"实训报告		
项目实训班级：	项目小组：	项目组成员：
实训时间：　年　月　日	实训地点：	实训成绩：
实训目的：		
实训步骤：		
实训结果：		
实训感言：		
不足与今后改进：		
项目组长评定签字：	项目指导教师评定签字：	

项目三

交易磋商与外贸合同缮制

知识目标

理解：交易磋商的环节。

熟知：外贸合同的结构与内容。

掌握：发盘和接受的构成条件；外贸合同的缮制。

技能目标

能够熟知询盘、发盘、还盘、接受的电文表达方式；掌握发盘和接受撤回的技巧；具备交易磋商以及订立国际货物买卖合同的能力；掌握电子商务和电子合同在国际贸易中的具体应用。

思政目标

能够正确地理解"不忘初心"的核心要义和精神实质；树立正确的世界观、人生观和价值观，做到学思用贯通、知信行统一；通过交易磋商与外贸合同缮制知识，明确自身的责任使命，提升职业道德素养，具备外贸业务沟通、交流的职业要领和情感。

项目引例　　　　　　　**关于发盘、接受的应用**

日本某中间商A针对某商品向我方询盘，我方于10月10日向A商发盘，并要求10月20日前复到。16日我方突然收到美商B按我方发盘的规定开来的信用证，随后又收到A商的电报称："你方10日发盘已转B商。"当时，该商品的价格正在上涨。我公司将信用证退回，又按调整后的价格直接向B商发盘。但B商来电称信用证已于有效期内送达我方，是以行动来表示接受，所以，合同已经成立，并拒绝接受新的报价。就此，双方产生争议。

引例评析： 在本案中，我方是向A商做出的发盘，只有A商做出接受才有效；B商并非我方的发盘特定人，其按我方发盘的规定开来的信用证实际上只相当于一个发盘，B商是发盘人，我方成为其特定人，因此，我方享有该项交易的主动权。

知识精讲

任务一　交易磋商

进出口企业在做好进出口交易的前期准备工作之后，即可对外进行交易磋商。磋商的内容一般分为两部分：①带有变动性的主要交易条件，如货物品质、规格、数量、包装、价格、交货、支付等。因货物种类、交易数量及时间等因素不同，交易条件也不尽相同。②相对固定的交易条件，也称一般交易条件，如商品检验、申诉索赔、仲裁和不可抗力等，是由进出口商共同拟定的对每笔交易都适用的一套共性的交易条件，大多印在合同的背面或格式合同正面的下部。主要交易条件与一般交易条件的区分并不是绝对的。在实际业务中，买卖双方在初次接触时可就一般交易条件进行洽商，经双方共同确认后，作为将来交易的基础；在洽商具体交易时，则不必逐条重复这些条件，只洽商主要条件即可，这样可以节省往来函电的费用和交易磋商时间。

买卖双方交易磋商的程序，一般从询盘开始，经过发盘、还盘、接受几个环节，最后以交易达成而告终。其中，发盘与接受是两个必不可少的环节。

一、询盘（Inquiry）

询盘是准备购买或出售商品的人向潜在的供货人或买主探询该商品的成交条件或交易的可能性的业务行为。它不具有法律上的约束力。

询盘既可以涉及某种商品的品质、规格、数量、包装、价格和装运等成交条件，也可以索取样品，其中多数是询问成交价格，因此在实际业务中，也有人把询盘称作询价。如果发出询盘的一方只是想探询价格，并希望对方开出估价单，则对方根据询价要求所开出的估价单，只是参考价格，并不是正式的报价，因而也不具备发盘的条件。

在国际贸易中，发出询盘的目的，除了探询价格或有关交易条件外，有时还表达与对方进行交易的愿望，希望对方接到询盘后及时做出发盘，以便考虑接受与否。这种询盘实际上属于邀请发盘。邀请发盘是当事人订立合同的准备行为，其目的在于使对方发盘，询盘本身并不构成发盘。

询盘不是每笔交易必经的程序，如交易双方彼此都了解情况，不需要向对方探询成交条件或交易的可能性，则不必使用询盘，可直接向对方做出发盘。

在书写询价函时应注意开门见山、简明扼要、具体明了，语言不宜冗长和过分客气，更不可显得自卑。询价时常用的术语有："interested in... please...""please advise...""please quote...""please offer...""please bid" 等。下面是一则询价函实例：

Dear Sirs,

April 15，2022

<u>Tin Foil Sheets</u>

We are desirous of having your lowest quotation for the above article on the terms and conditions mentioned below，to which your prompt attention is requested.

Description of Article：Tin Foil Sheets.

Quantity Required：About 50 long tons of 2 440 pounds.

Prices：CFR Shanghai，including cost of suitable packing for export.

Terms of Payment：By irrevocable L/C to be opened in your favour ten days after your acceptance of the order.

Time of Shipment：September/October，2022.

We trust that you will send us your reply by return.

Yours faithfully,

二、发盘（Offer）

发盘又称发价或报价，在法律上称为要约。《联合国国际货物销售合同公约》（以下简称《公约》）第14条第1款规定："凡向一个或一个以上特定的人提出的订立合同的建议，如果其内容十分确定并且表明发盘人有在其发盘一旦得到接受就受其约束的意思，即构成发盘。"发盘既可由卖方提出，也可由买方提出，因此，有卖方发盘和买方发盘之分，后者习惯上称为递盘（Bid）。

（一）构成有效发盘的条件

1. 发盘应向一个或一个以上特定的人提出

向特定的人提出，是指向有名有姓的公司或个人提出。提出此项要求的目的在于把发盘同普通商业广告及向广大公众散发的商品价目单等区别开来。对广大公众发出的商业广告是否构成发盘，各国的法律规定不一。大陆法系规定，发盘需向一个或一个以上特定的人提出，凡向公众发出的商业广告，不得视为发盘。如北欧各国认为，向广大公众发出的商业广告，原则上不能作为发盘，而只是邀请看到广告的公众向登广告的人提出发盘。英美法系的规定则与此相反，如英国有的判例认为，向公众发出的商业广告，只要内容确定，在某些场合下也可视为发盘。《公约》对此问题持折中态度，《公约》第14条第2款规定："非向一个或一个以上特定的人提出的建议，仅应视为邀请做出发盘，除非提出建议的人明确地表示相反的意向。"根据此项规定，商业广告本身并不是一项发盘，通常只能视为邀请对方做出发盘。但是，如商业广告的内容符合发盘的条件，而且登此广告的人明确表示它是作为一项发盘提出来的，如在广告中注明"本广告构成发盘"或"广告项下的商品将售给最先支付货款或最先开来信用证的人"等，则此类广告也可作为一项发盘。

鉴于《公约》对发盘的上述规定既原则又具体，且有一定的灵活性，加之世界各国对发盘又有不同的理解，因此，在实际应用时要特别小心。我方对外做广告宣传和寄发商品价目单时，不要使对方理解为我方有"一经接受，即受约束"的意思。在寄发商品价目单时，最好在其中注明"可随时调整，恕不通知"或"需经我方最后确认"等字样。

2. 发盘的内容必须十分确定

《公约》第14条第1款规定，发盘的内容必须十分确定（Sufficiently Definite）。所谓十分确定，是指在提出的订约建议中，至少应包括下列三个基本要素：①标明货物的名称；②明示或默示地规定货物的数量或规定如何确定数量的方法；③明示或默示地规定货物的价格或规定如何确定价格的方法。

凡包含上述三个基本因素的订约建议，即可构成一项发盘。如该发盘被对方接受，买卖合同即告成立。

我国的贸易习惯一般是明示或默示至少6项主要交易条件：品质、数量、包装、价格、交货和支付条件，并表明发盘的有效期。

在实际业务中，发盘人发盘时，如能明确标明要出售或要购买的货物的价格和数量，当然是最好的处理办法。但是，合同项下货物的数量，有时只能由当事人酌情处理或只能在交货时具体确定。例如，某商人向对方提出，在一年内向对方提供或购买一年生产的某项产品，可以认为在数量问题上是十分确定的。同样，确定价格也是如此。例如，在远期交货的情况下，交易双方为了避免承担价格波动的风险，可采取较为灵活的作价办法，即不规定具体价格，只规定一个确定价格的方法，如规定按交货时某个市场的价格水平来确定该货物的价格。

需要特别指出的是，订约建议中即便未提到交货时间、地点及付款时间、地点等内容，也不妨碍它作为一项发盘，因而也不妨碍合同的成立。因为，发盘中没有提到的其他条件，在合同成立后，可以双方当事人确立的习惯做法及采用的惯例予以补充，或者按《公约》中关于货物销售部分的有关规定予以补充。

对于一项发盘应包括的内容，各国的法律规定不尽相同。有些国家的法律要求合同的主要条件，如品名、品质、数量、包装、价格、交货时间与地点以及支付办法等，都要有完整、明确的规定，并不得附有任何保留条件，以便受盘人一旦接受即可签订一项对买卖双方均有约束力的合同。《公约》关于发盘内容的上述规定，只是对构成发盘的起码要求。在实际业务中，如发盘的交易条件太少或过于简单，会给合同的履行带来困难，甚至容易引起争议，因此，在对外发盘时，最好将品名、品质、数量、包装、价格、交货时间、地点和支付办法等主要交易条件一一列明。

3. 表明经受盘人接受发盘人即受约束的意思

发盘必须表明发盘人对其发盘一旦被受盘人接受即受约束的意思。发盘是订立合同的建议，这个意思应当体现在发盘中，如发盘人只是就某些交易条件建议同对方进行磋商，而根本没有受其建议约束的意思，则此项建议不能被认为是一项发盘。例如，发盘人在其提出的订约建议中加注"仅供参考""需以发盘人的最后确认为准"字样或其他保留条件，这样的订约建议就不是发盘，而只是邀请对方发盘。

在此需要指出，《中华人民共和国民法典》（以下简称《民法典》）对发盘及其构成要件的规定同《公约》的规定与解释基本上是一致的。《民法典》第472条规定：要约是希望和他人订立合同的意思表示，该意思表示应当符合下列规定：内容具体确定；表明经受要约人承诺，要约人即受该意思表示约束。

4.发盘生效的时间

发盘生效的时间有各种不同的情况：①口头方式做出的发盘，其法律效力自对方了解发盘内容时生效。②书面形式做出的发盘，关于其生效时间，主要有两种不同的观点与做法：一是发信主义，即认为发盘人将发盘发出的同时，发盘就生效；另一种是受信主义，又称到达主义，即认为发盘必须到达受盘人时才生效。《公约》规定，发盘送达受盘人时生效。我国《民法典》关于发盘生效时间的规定同《公约》的规定是一致的，即也采取到达主义。此外，我国《民法典》第137条还同时对采用数据电文方式的到达时间如何确定做出了具体规定："以非对话方式做出的采用数据电文形式的意思表示，相对人指定特定系统接收数据电文的，该数据电文进入该特定系统时生效；未指定特定系统的，相对人知道或者应当知道该数据电文进入其系统时生效。"

（二）明确发盘生效时间的意义

1.关系到受盘人能否表示接受

一项发盘只有在送达受盘人时，才能产生效力，即只有当受盘人收到发盘，也就是发盘生效之后，受盘人才能表示接受，从而使合同成立。在受盘人收到发盘之前，即使受盘人通过其他途径已经知道发盘的发出及发盘的内容，也不能做出接受。

2.关系到发盘人何时可以撤回发盘或修改其内容

一项发盘即使是不可撤销的，只要在发盘生效之前，发盘人仍可随时撤回或修改其内容，但撤回或修改其内容的通知，必须在受盘人收到发盘之前或同时送达受盘人。发盘一旦生效，那就不是撤回发盘的问题，而是撤销发盘的问题。

（三）发盘的有效期

发盘的有效期有两层含义：在有效期内受发盘的约束；超过有效期，发盘人则不受约束。在发盘的有效期内，发盘人不能任意地撤销和修改它的内容。发盘一经对方在有效期内接受，发盘人就应受到该发盘的约束，就应承担按照发盘的条件与对方订立合同的责任。

通常情况下，发盘都具体规定一个有效期。发盘的有效期并不是构成发盘不可缺少的条件，一项发盘可以明确规定有效期，也可以不明确规定有效期。

作为对方表示接受的时间限制，超过发盘规定的时限，发盘人即不受约束。当发盘未具体列明有效期时，受盘人应在合理时间内接受才能有效。何谓合理时间，需视具体情况而定。根据商品的品种、特性、市场行情，发盘都有其合理的有效期。

根据《公约》的规定，口头发盘时，除发盘人另有声明外，受盘人只能当场表示接受方为有效。采用函电成交时，发盘人一般都明确规定发盘的有效期。

发盘有效期的规定方法有：①规定最迟接受的期限；②规定一段接受的期限。

此外，当发盘规定有效期时，还应考虑交易双方营业地点不同而产生的时差问题。

(四) 发盘的撤回（Withdrawal）与撤销（Revocation）

发盘的撤回与撤销是两个不同的概念。前者是指在发盘送达受盘人之前，将其撤回，以阻止其生效；后者是指发盘已送达受盘人，即发盘生效之后将发盘取消，使其失去效力。

1. 发盘的撤回

发盘的撤回是指发盘人将还没有被受盘人收到的发盘予以撤销的行为，即终止一项还没有生效的发盘。发盘撤回的隐含条件是：取消发盘的速度要比原发盘的速度快，这样在发盘生效前就可取消或撤回。

对于发盘发出后，发盘人是否可以撤回发盘或变更其内容这个问题，英美法系与大陆法系之间存在着尖锐的矛盾。英美法系认为，发盘原则上对发盘人没有约束力。发盘人在受盘人对发盘表示接受之前的任何时候，都可撤回发盘或变更其内容。而大陆法系则认为，发盘对发盘人有约束力。如《德国民法典》规定，除非发盘人在发盘中订明发盘人不受发盘的约束，否则发盘人就要受到发盘的约束。

根据《公约》的规定，一项发盘（包括注明不可撤销的发盘）在其生效以前，都是可以修改或撤回的。因此，如果发盘内容有误或因其他原因发盘人想改变主意，可以用更迅速的方法，将发盘的撤回或更改通知赶在受盘人收到该发盘之前或同时送达受盘人，则发盘即可撤回或修改。发盘人想撤回或修改已经发出的发盘，必须有准确的时间概念，如发盘是何时发出的，预计何时可送达对方，然后再考虑采取最快的通信方法是否可以撤回或修改发盘。撤回只适用于信件或电报方式，电传、传真、邮件等方式不存在撤回的可能性。

2. 发盘的撤销

拓展阅读3-1

发盘的撤销是指发盘已到达受盘人处并已经生效，发盘人通知受盘人撤销原发盘，解除其生效行为，即终止一项已经生效的发盘。

发盘能否撤销

关于发盘能否撤销的问题，英美法与大陆法存在严重的分歧。英美法认为，在受盘人表示接受之前，即使发盘中规定了有效期，发盘人也可以随时予以撤销，这显然对发盘人片面有利。这种观点在英美法国家中也不断引发争议。有的国家在制定或修改法律时，实际上已不同程度地放弃了这种观点。大陆法系国家对此问题的看法相反，认为发盘人原则上应受发盘的约束，不得随意将其发盘撤销。例如，德国法律规定，发盘在有效期内，或没有规定有效期，则依通常情况在可望得到答复之前不得将其撤销（除非在发盘中注明不受发盘的约束）。法国的法律虽规定发盘在受盘人接受之前可以撤销，但若撤销不当，发盘人应承担损害赔偿的责任。

为了调和上述两大法系在发盘可否撤销问题上的分歧，《公约》采取了折中的办法。《公约》第16条规定，在发盘已送达受盘人，即发盘已经生效，但受盘人尚未表示接受之前这一段时间内，只要发盘人及时将撤销通知送达受盘人，仍可将其发盘撤销。一旦受盘人发出接受通知，则发盘人无权撤销该发盘。

《公约》规定，并不是所有的发盘都可撤销，下列两种情况下的发盘，一旦生效，则不得撤销：①在发盘中规定了有效期，或以其他方式表示该发盘是不可撤销的；②受盘人有理由信赖该发盘是不可撤销的，并本着对该发盘的信赖采取了行动。

一项发盘是否可以撤销，主要取决于受盘人是否可能因为发盘撤销而受到损害。

（五）发盘效力的终止

（1）发盘效力终止包括的内容：①发盘的终止即其法律效力的消失；②发盘人不再受该项发盘的约束；③受盘人无权再对该发盘表示接受。

（2）发盘效力终止的原因。任何一项发盘，其效力均可在一定条件下终止。发盘效力终止的原因，一般包括以下几个方面：①在发盘规定的有效期内发盘未被接受，或虽未规定有效期，但在合理时间内未被接受，则发盘的效力即告终止（即过了发盘的有效期）。②发盘被发盘人依法撤销（有效的撤销）。③被受盘人拒绝或还盘之后，即拒绝或还盘通知送达发盘人时，发盘的效力即告终止。④发盘人发盘之后，发生了不可抗力事件，如所在国政府对发盘中的商品或所需外汇发布禁令等。在这种情况下，按出现不可抗力可免除责任的一般原则，发盘的效力即告终止。⑤发盘人或受盘人在发盘被接受前丧失行为能力，则该发盘的效力也可终止。

（六）发盘可采用的形式

发盘可采用谈判或函电的形式。一封理想的发盘函通常应包括以下内容：①对对方的询盘表示感谢；②说明欲交易商品的品质、数量、价格、交货、包装、支付条件等；③发盘的有效期限；④希望该发盘能为对方接受。

下面是一则发盘函的实例：

Offer

May 20，2022

Dear Sirs，

Tin Foil Sheets

We acknowledge receipt of your letter of April 15，2022 and confirm having cabled you today in reply，as per confirmation copy enclosed.You will note from our cable that we are in a position to offer you 50 long tons of Tin Foil Sheets at the attractive price of Stg.235 per long ton CFR Shanghai for delivery within one month after your placing an order with us.Payment of the purchase is to be effected by an irrevocable letter of credit in our favour，payable by draft at sight in Pounds Sterling in London.

This offer is firm subject to your immediate reply which should reach us not later than the end of this month.There is little likelihood of the goods remaining unsold once this particular offer has lapsed.

Yours faithfully，

三、还盘（Counter Offer）

还盘又称还价，在法律上称为反要约，是指受盘人不同意或不完全同意发盘提出的各项条件，并提出了修改意见，建议原发盘人考虑，即还盘是对发盘条件进行添加、限制或其他更改的答复。

还盘不是磋商的必要环节，一次交易可以没有还盘，也可以有多次还盘；还盘时可只对不同意的条件做出说明，同意的条件不再说明。

受盘人的答复如果在实质上变更了发盘条件，就构成了对发盘的拒绝，其法律后果是否定了原发盘，原发盘即告失效，原发盘人不再受其约束。

根据《公约》的规定，受盘人对货物的价格、付款、品质、数量、交货时间与地点以及一方当事人对另一方当事人的赔偿责任范围或解决争端的办法等条件提出的添加或更改，均为实质性变更发盘条件。

此外，对发盘表示有条件地接受也是还盘的一种形式。例如，受盘人在答复发盘人时，附加有"俟最后确认为准""未售有效"等规定或类似条件，这种答复只能视作还盘或邀请发盘；而还盘的内容，则构成一个新的发盘，还盘人成为新的发盘人，原发盘人成为新受盘人，拥有对新发盘做出接受、拒绝或再还盘的权利。

还盘可以用口头或书面方式表达，一般与发盘采用的方式相符。下面是一则还盘函的实例：

Counter Offer

May 30，2022

Dear Sirs，

Tin Foil Sheets

We wish to thank you for your letter of the 20th inst. offering us 50 long tons of the captioned goods at Stg.235 per long ton CFR Shanghai，usual terms.

In reply，we very much regret to state that our end-users here find your price too high and out of line with the prevailing market level. Information indicates that some parcels of Japanese make have been sold at the level of Stg.228 per long ton.

Such being the case，it is impossible for us to persuade our end-users to accept your price，as material of similar quality is easily obtainable at a much lower figure. Should you be prepared to reduce your limit by，say，8%，we might come to terms.

It is in view of our long-standing business relationship that we make you such a counter-offer. As the market is declining，we hope you will consider our counter-offer most favorably and cable us acceptance at your earliest convenience.

We are anticipating your early reply.

Yours faithfully，

同步案例 3-1

我国某出口公司于 2022 年 1 月 1 日向美商 A 发盘供应某商品，限时 1 月 10 日复到有效。1 月 3 日，我方收到美商的电传，美商表示接受，但提出必须降价 5%。当我方正在研究如何答复时，该商品的国际市场发生对美商有利的变化，因此美商又在 1 月 7 日来电表示无条件接受我方 1 月 1 日的发盘。我方未理会，于 1 月 9 日把该批货物卖给另一美商 B，随后，美商 A 与我方就合同是否成立产生了争议。

同步案例 3-1

分析提示

四、接受（Acceptance）

接受在法律上称为承诺，是指受盘人在发盘规定的时限内，以声明或行为表示同意发盘提出的各项条件。可见，接受的实质是对发盘表示同意。这种同意，通常应以某种方式向发盘人表示出来。根据《公约》的规定，受盘人对发盘表示接受，既可以采取口头或书面向发盘人发表声明的方式，也可以通过其他实际行动来表示。沉默或不行为本身并不等于接受，如果受盘人收到发盘后，不采取任何行动对发盘做出反应，而只是保持缄默，则不能认为对发盘表示接受。因为，从法律责任上来看，受盘人一般并不承担对发盘必须进行答复的义务。但是，如沉默或不行为与其他因素结合在一起，足以使对方确信沉默或不行为是同意的一种表示，即可构成接受。假定交易双方有协议或按业已确认的惯例与习惯做法，受盘人的缄默也可以视为接受。

例如，交易双方互为老客户，根据原订协议、惯例或习惯做法，几年来卖方一直按买方的定期订货单发货，并不需要另行通知对方表示接受其订货单。若卖方收到买方的订货单后，既不发货，也不通知买方表示拒绝其订货单，则卖方的缄默就等于接受，买方就可以控告卖方违约。

（一）构成接受的要件

一项有效的接受，必须具备下列各项要件：

（1）接受必须由特定的受盘人发出。发盘是向特定的人提出的，因此，只有特定的人才能对发盘做出接受。由第三者做出的接受，不能视为有效接受，只能作为一项新的发盘。

（2）接受必须表示出来，如声明或用实际行动。比如，卖方发货表示接受，买方付款或开立信用证表示接受。这种行动必须在发盘的有效期内或合理时间根据发盘的内容或双方习惯做出。

（3）接受必须在发盘规定的时限内做出。当发盘规定了接受的时限时，受盘人必须在发盘规定的时限内做出接受，方为有效。如发盘没有规定接受的时限，则受盘人应在合理时间内表示接受。对何谓"合理时间"，往往有不同的理解。为了避免争议，最好在发盘中明确规定接受的具体时限。

职场指南 3-1　　　　　　　　　　　接受生效时间的规定

接受是一种法律行为，这种行为何时生效，各国法律有不同的规定。在接受生效的时间问题上，英美法系与大陆法系存在着严重分歧。英美法系采用"投邮生效"的原则，即接受通知一经投邮或交电报局发出，则立即生效；接受通知在投邮过程中因某种原因延误或发盘人根本没有收到接受，也不影响接受的效力（即合同的成立），也即传递延误或遗失的风险由发盘人承担。大陆法系采用"到达生效"的原则，即接受通知必须送达发盘人时才能生效。《公约》第18条第2款明确规定，接受送达发盘人时生效。如接受通知未在发盘规定的时限内送达发盘人，或者发盘没有规定时限，且在合理时间内未曾送达发盘人，则该项接受称作逾期接受（Late Acceptance）。按大多数国家的法律规定，逾期接受不是有效的接受。由此可见，接受时间对双方当事人都很重要。

此外，接受还可以在受盘人采取某种行为时生效。《公约》第18条第3款规定，如根据发盘或依照当事人业已确定的习惯做法或惯例，受盘人可以某种行为来表示接受，而无须向发盘人发出接受通知，则接受于该项行为做出时生效。例如，发盘人在发盘中要求"立即装运"，受盘人可做出立即装运货物的行为对发盘表示同意，而且这种以行为表示的接受，在装运货物时立即生效，合同即告成立，发盘人就应受其约束。

（4）接受必须同意发盘所提出的交易条件。根据《公约》的规定，一项有效的接受必须同意发盘所提出的交易条件，只接受发盘中的部分内容，或对发盘条件提出实质性修改，或做出有条件的接受，均不能构成接受，而只能视作还盘。但是，受盘人在表示接受时，对发盘内容提出某些非实质性的添加、限制和更改（如要求增加重量单、装箱单、原产地证明或某些单据的份数等），除非发盘人在不过分迟延的时间内表示反对其间的差异，否则仍可构成有效的接受，从而使合同得以成立。在此情况下，合同的条件就以该项发盘的条件以及接受中所提出的某些更改为准。

（5）接受通知的传递方式应符合发盘的要求。发盘人发盘时，有的具体规定接受通知的传递方式，有的未作规定。如发盘人未规定接受传递方式，则受盘人可按发盘所采用的或比其更快的传递方式将接受通知送达发盘人。

这里需要强调说明的是，接受通知在规定期限内到达发盘人，对合同的成立具有重要作用。各国法律通常都会对接受到达发盘人的期限做出规定。我国《民法典》第481条也对此作了明确规定，即承诺应当在要约确定的期限内到达要约人。要约没有确定承诺期限的，承诺应依照下列规定到达：①要约以对话方式做出的，应当即时做出承诺，但当事人另有约定的除外；②要约以非对话方式做出的，承诺应在合理期限内到达。

（二）逾期接受

逾期接受又称迟到的接受，是指没有在有效期内送达或超过了合理的期限才送达发盘人手上。虽然各国法律一般都认为逾期接受无效，它只能被视作一个新的发盘，但《公约》对这个问题做了灵活的处理。《公约》第21条第1款规定：逾期接受仍有接受的效力，如果发盘人毫不迟延地用口头或书面（形式）将此种意见通知被发盘人。

如果发盘人对逾期接受表示拒绝或不立即向受盘人发出上述通知，则该项逾期接受无效，合同不能成立。《公约》第21条第2款规定，如果载有逾期接受的信件或其他书面文件表明，它是在传递正常、能及时送达发盘人的情况下寄发的，则此项逾期接受具有接受的效力，除非发盘人毫不迟延地用口头或书面（形式）通知受盘人，认为其发盘因逾期接受而失效。因此，逾期接受是否有效，关键要看发盘人如何表态。

做中学 3-1

　　大连某企业2022年10月1日向日商发盘："阿托品每100盎司为一批，大连船上交货价5美元1盎司，5日内复到有效。"日商10月7日回电表示接受，我方立即电告对方此接受有效，并着手备货。两天后日商来电称，7日的电传已超出了发盘的有效期，属于无效接受，合同不成立。请问：日商的做法是否合理？为什么？

　　精析：我方10月1日向日商发盘，5日内复到有效，结果日商在10月7日回电表示接受，这是一项逾期接受。但是我方立即电告对方，他的接受有效。也就是说，我方接受了他的逾期接受，在这种情况下，此项逾期接受仍然有法律效力，所以合同是成立的，日商的做法不合理。

（三）接受的撤回或修改

　　在接受的撤回或修改问题上，《公约》采取了大陆法系"送达生效"的原则。《公约》第22条规定："如果撤回通知于接受原应生效之前或同时送达发盘人，接受得予撤回。"由于接受在送达发盘人时才产生法律效力，故撤回或修改接受的通知，只要先于原接受通知或与原发盘接受通知同时送达发盘人，则接受可以撤回或修改。如接受已送达发盘人（即接受一旦生效，合同即告成立），就不得撤回接受或修改其内容，因为这样做无异于撤销或修改合同。

　　需要指出的是，接受没有撤销。在当前通信设施非常先进和各国普遍采用现代化通信手段的条件下，当发现接受中存在问题而想撤销时，往往已经来不及了。为了防止出现差错和避免产生不必要的损失，在实际业务中，应当审慎行事。

　　下面两封信函，一封是对发盘内容的修改，另一封是确认订购。

Declining a Counter-Offer

June 5，2022

Dear Sirs，

We note from your letter of May 30 that the price offered by us for the subject article is found to be on the high side.

While we appreciate your cooperation in giving us the information about the Japanese supply in your market，we regret to say that there is no possibility of your cutting the price to the extent you indicated，i.e.8%，for your information，we have received a crowd of enquiries from buyers in other directions and expect to close business at something near our level.At present，we cannot see our way clear to entertain your counter-offer，as our price is quite realistic.

If later on you can see any chance to do better，please let us know.In the meantime， please keep us posted of developments at your end. We assure you that all your enquiries will receive our prompt attention.

Yours faithfully,

Confirming an Order

June 12，2022

Dear Sirs,

We are appreciative of your cable responses dated June 5 and June 12 to our request for an 8% reduction in price and through your full co‐operation we have been able to confirm the following order with you at your revised price:

"Fifty long tons of Tin Foil Sheets at Stg. 224.20 per long ton CFR Shanghai for shipment during July" for which we enclose our Purchase Confirmation NO. HXAS4748 in duplicate. Please sign and return one copy for our file at your earliest convenience.

We are arranging for the establishment of the relative L/C with the Bank of China, Shanghai and shall let you know by cable as soon as it is opened.

As we are in urgent need of the goods, we find it necessary to stress the importance of making punctual shipment within the validity of the L/C, any delay in shipment would be detrimental to our future business.

Yours faithfully,

任务二　外贸合同缮制

一、外贸合同的签订

在国际贸易中，当交易一方发盘，另一方做出有效接受后，买卖双方之间即建立了买卖合同关系。买卖双方在交易磋商过程中的往来函电即买卖合同的书面证明，但买卖双方一般还要在交易磋商的基础上签订书面合同或确认书，将双方的责任、权利、义务及各项交易条件明文规定下来，经买卖双方签字后，就成为约束双方的法律文件。

（一）货物买卖合同的形式

货物买卖合同的形式及名称，没有特定限制。只要双方当事人同意，既可采用正式的合同（Contract）、确认书（Confirmation），也可采用协议（Agreement）、备忘录（Memorandum）等。我国对外贸易中，主要使用合同和确认书。

（1）合同。它是交易中一种非常正式的货物买卖协议。它的内容比较全面、详细，除了交易的主要条件（如品名、品质、数量、包装、价格、总值、交货、支付方式）外，还包括保险、商品检验、索赔、不可抗力、仲裁等一般条件，并对双方的权利、义务及发生争议的处理做出详细规定。由卖方根据磋商结果草拟的合同称为销售合同（Sales Contract）；由买方根据协商条件拟订的合同称为购货合同（Purchase Contract），该合同适宜大宗交易或金额较大的交易。

（2）确认书。它是合同的简化形式，是一种内容比较简单的贸易合同。它与前面所说的合同相比，只包括交易的主要条件，而不包括交易的一般条件。其中，由卖方依据双方磋商条件草拟的确认书称为销售确认书（Sales Confirmation）；由买方依据双方磋商条件草拟的确认书称为购货确认书（Purchase Confirmation）。确认书适用于成交额不大、批次较多的轻工业产品、土特产品，或有包销、代理等长期协议的交易。

以上两种形式的合同，虽然在格式、条款项目和内容的繁简上有所不同，但在法律上具有同等效力。货物买卖合同或确认书，一般由我方根据双方磋商的条件缮制正本一式两份，我方签字后寄交给对方，对方核查签字后留存一份，另一份寄还我方，双方各执一份。

（二）货物买卖合同的组成

在实际业务中，订立书面合同的意义在于：①作为合同成立的证据；②作为履行合同的依据；③作为解决争议的依据。一份完整的书面国际货物买卖合同一般由约首、本文、约尾三部分组成。

（1）约首（Preamble），即合同的首部，通常包括合同的名称、编号、签订的日期和地点、订约双方当事人的名称和地址等。同一合同项下的所有单证上，如需显示合同编号、买卖双方的名称和地址，均应与合同一致。

（2）本文（Body），是指合同的主体部分，具体列明各项交易条件或条款，如交易标的、品质、数量、包装、价款、支付方式、检验、保险、履行期限和地点、违约的处理和解决。这些条款体现了双方当事人具体的权利和义务。

（3）约尾（End），一般列明合同的份数、是否为正本、使用的文字及其效力、订约的时间和地点及生效的时间，最后双方签字盖章。

二、外贸合同实操认知

1.确定合同的名称和格式

外贸合同的名称主要有两种：一种叫"Contract"，就是我们所说的"合同"，如Sales Contract（销售合同）、Purchase Contract（购货合同）；另一种叫"Confirmation"，我们称为"确认书"，同样也有Sales Confirmation（销售确认书）、Purchase Confirmation（购货确认书）。二者的法律效力是一样的，只是内容的繁简不同。

外贸业务中，合同的格式都有现成的模板，单证员只要根据交易磋商的内容进行填制即可，但必要时也要根据实际交易的内容做出一些调整和修改。

2.汇集所有与交易相关的洽谈资料

外贸业务中，交易洽谈基本上都是往来的业务函电、备忘录等，单证员应把这些资料收集齐全，按照合同或确认书的格式及内容要求进行分析和整理。外贸合同必须是英文的，或者是中英文对照的，不能只有中文。这要求单证员的外贸英语达到一定的水平。

3. 填写约首部分内容

文本约首应醒目注明"Sales Contract"（销售合同）或"Sales Confirmation"（销售确认书）等字样。一般来说，出口合同的格式都是由我方（出口公司）事先印制好的，因此有时在 Sales Contract 之前加上出口公司的名称或者公司的标志等（我国的外贸公司进口时也习惯由我方印制进口合同）。

（1）编号（No.）：此栏填具合同的编号。一般来说，每家外贸公司都有自己的系列编号，以便存储归档管理，如 04S132/005。

（2）日期（Date）：填签约日期。

（3）地点（Sign at）：在何处签约关系到如果发生争议，本合同适用哪一国法律的问题，因此需准确填写。

（4）卖方（Sellers）：此栏填写卖方的全称。注意：有时此栏内容已由公司印制好，但如果公司名称已更改，则需要更新名称并加盖校对章，或重新印制合同；地址（Address），此栏填写卖方公司详细地址，如已更改，注意使用新的地址；传真（Fax），此栏填写卖方公司的传真号，以便联系。

（5）买方（Buyers）：此栏填写买方名称、地址和传真号。

（6）买卖双方订立合同的意愿和执行合同的保证。如经买卖双方同意，成交下列商品，订立条款如下（The undersigned buyers and sellers have agreed to close the following transactions according to the terms and conditions stipulated below.）。

4. 填写本文部分内容

本文是合同的主体部分。这部分规定了双方的权利和义务，包括合同的各项条款，如货物名称、品质规定、数量、包装、单价和总值、交货期、装运港和目的港、支付方式、保险条款、异议索赔条款、仲裁条款、不可抗力等。其中，后三项一经双方谈妥，在以后的交易中很少变动，往往在合同中以印就的形式固定下来。

（1）品名及规格（Name of Commodity & Specifications）。此销售确认书栏应详细填明各项商品的名称及规格。如果是根据往来函电签订的 Sales Confirmation，可只写商品名称，然后注明"Specifications as per Quantity"。

（2）单价（Unit Price）。它通常由四部分构成，如 $50 FOB 大连 Per M/T，缺一不可。注意：此栏应与品名及规格中的每一项商品相对应。

（3）数量（Quantity）。此栏为计价的数量，一般为净重，也可以将有包装的毛重、净重分别填明。

（4）金额及价格术语（Amount & Price Terms）。此栏为每一项商品的累计金额及价格术语。此外，大宗散装货物多列明溢短装条款。溢短装货物的单价仍以合同价计量。例如：

第一，数量及总值均允许增加或减少＿＿＿%，由卖方决定，即 With＿＿＿percent more or less both in the amount and quantity of the S/C allowed，decided by the seller. 此例为数量与合同（或信用证）总金额均可增减＿＿＿%。

第二，如果此项只列 with＿＿＿＿percent more or less in the quantity of the S/C allowed.

则只允许数量增减，无金额增减，实为有名无实的虚条款。在订立合同和审核信用证时，需慎重考虑此情形。

（5）总值（Total Value）。此栏列明币种及各项商品累计金额之和。它是审核发票及信用证金额的依据。

（6）包装（Packing）。此栏填写包装的种类、材料及其费用由谁负担。如无特别声明，则由卖方负担。例如：In Cartons of 20 Dozens Batch。如无包装，可填写 Naked 或 In Bulk。

（7）唛头（Shipping Marks）。①如为裸装货或中性包装，则填写"N/M"。②一般用卖方的唛头，个别情况下由卖方结合买方的要求设计，或由买方自定。例如：The detailed instructions about the shipping marks shall be sent in a definite form and reach the Sellers 30 days before the time of shipment aforesaid.Otherwise it will be at the Seller's option.（买方在合同装运期前 30 日内将唛头的详细说明以明确形式通知卖方，否则由卖方自行解决）。

（8）装运期（Time of Shipment）。它有多种规定方法，可以规定具体时段，如 4 月份或 3 月底前。另外，也可以用 L/C 或 S/C 等为参照物规定相应时间，如信用证开出后或到达卖方后 30 天。注意：如采取后者的规定方式，需相应规定信用证开出或到达的具体日期，而且注意 L/C 的有效期与装运期的关系，防止"双到期"的发生，不能安全收汇。

（9）装运港和目的港（Ports of Loading & Destination）。此处列明装运港和目的港 From...to...。对于 FOB 合同，装运港为合同要件，所以要特别列明装运港。例如：From DaLian，China to Rotterdam.对于 CIF 合同，目的港为合同要件，所以要特别列明目的港。例如：From any Chinese port to Osaka，Japan。即使在非合同要件的情况下，对于"one of main ports of European""Chinese ports"之类的语句，在买方开立信用证时也都要订明。如需转船，则列明中转地。例如：From Dalian，China to NewYork，U.S.A.via Hongkong，China。

（10）是否允许分批装运及转船（With Partial Shipments and Transshipment Allowed）。此栏填写是否可以分批装运及转船（Y，N）。《UCP600》规定，如未列明是否允许分批装运或转船，则视为允许分批装运或转船。如有特别要求，可以在 Remarks 栏补充注明，也可在此栏或"品名及规格"一栏空白处注明。例如：Shipment during March/June in Four Equal Monthly Lots。

（11）保险（Insurance）。如使用 Fob 术语成交，则选择 To be effected by the buyers。如为 CIF 合同，一般规定：

第一，如无特殊要求，由卖方依中国人民保险公司条款按照发票总值的 110% 投保，最低险别 F.P.A.。另外，根据国际商会的规定，一般需按行业惯例替买方投保。

第二，如买方欲增加其他险别，需于装船前征得卖方的同意，所增加的保险费由买方负担。

第三，如为长期客户，则买卖双方协商按行业惯例加保险别，并确定保险费由哪一方负担。例如：To be covered by the Sellers for 100% of Invoice Value against All Risks and War Risks as per the relevant clauses of the People's Insurance Company of China. If other coverage is required，the Buyers must have the consent of the Sellers before shipment，and the additional premium is to be borne by the Buyers.

（12）付款方式（Payment Terms）。本栏注明付款条件。例如：The Buyers shall open through a bank acceptable to the Sellers an irrevocable，sight Letter of Credit to reach the Sellers 30 days before the month of shipment，valid for negotiation in China until 15th days after the month of shipment.（买方应于装运月份前30天，向卖方可接受的银行申请开具以卖方为受益人的不可撤销的即期信用证。至装运月份后第15天在中国议付有效）。在当今的国际贸易中，一般采用信用证付款方式，此时需注意信用证的有效期与装运期的关系，以保证安全收汇。

装运期与信用证到期日（有效期）之间应有一段合理时间：①不能太短，甚至"双到期"，致使装运单据取得后没有足够时间进行议付；②不能太长，占压买方资金，否则会在货价上体现出来。

（13）商检条款（Inspection Clause）。其订明进出口货物检验的时间、地点、方法和标准以及检验机构。商检条款声明海关签发的品质证明和数量证明是结算货款的重要依据，并写明以买方或卖方的商检证书为最后依据。订约时最好争取以我方的商检证书为准。

（14）不可抗力条款（Force Majeure Clause）。为避免日后产生不必要的纠纷，合同中应订明不可抗力的范围及对其法律后果的处理。不可抗力条款可分为概括式、列举式或综合式（同时采用概括和列举式）。我国目前进出口合同的不可抗力条款大多采用后一种方式。

（15）索赔条款（Claim Clause）。在国际贸易中，经常会出现货物的品质、规格、数量、重量、包装、运输、保险与合同规定不符的情况，从而导致索赔和理赔问题。因此，合同中应订明索赔的依据、期限、赔偿方法和金额等。

（16）仲裁条款（Arbitration Clause）。其规定仲裁地点、机构、仲裁程序、裁决的效力以及仲裁费用等内容。一般来说，裁决是一次性的、终局的，对双方都有约束力；订有仲裁协议的双方，不得向法院起诉。但在下列情况下，裁决可由法院宣布无效：①双方没有达成仲裁协议；②不属于提交仲裁的事项；③仲裁庭组成不当；④仲裁员无资格；⑤仲裁员行为不当；⑥裁决做出后发现了新的事实和证据；⑦裁决是根据伪证做出的。

（17）买方和卖方分别签字盖章（Signatures of Buyers/Sellers）。由公司法人签字、盖章。

（18）其他条款（Other Terms/Remarks）。有特殊规定可在此说明。

企业外贸实践合同样本如下：

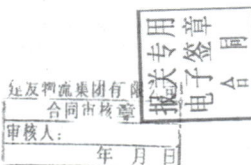

合 同
CONTRACT

Contract No.: SME/1UGH/2O0120

Date: January 20, 202.0

买方： 建发物流集团有限公司
BUYER: C and C&D Logistics Group Co., Ltd.
Address: 27/F, C&D International Building, No.1699 Huandao East Road Xiamen, China (P.C.361008)

卖方： 巴基斯坦辛迪加矿业公司
SELLER: Syndicate Minerals Export Co.
Address: 108, Cotton Exchange Building, I.I. Chundrigar Road, Karachi, Pakistan

兹经买卖双方同意，买方购进，卖方出售下列货物，并按下列条款签订本合同。
This Contract is made by and between the Buyer and the Seller; hereby, the Buyer agrees to buy and the Seller agrees to sell the under-mentioned goods under the terms and conditions stated below.

1.货物名称： 巴基斯坦铬精矿
  Commodity: Pakistan Chrome Concentrate

2.原产地： 巴基斯坦
  Country of Origin: Pakistan

3.装运港： 卡拉奇，巴基斯坦
  Port of Loading: Karachi, Pakistan

4.目的港： 大连港，中国
  Port of Destination: Dalian, China

5.包装： 集装箱内吨袋包装
  Packing: in 1MT strong PP big bags net each and londing in 20'FCL

6.数量： 粒度0-1MM   150吨   +/- 10% 卖方选择
       粒度1-3MM   150吨   +/- 10% 卖方选择

  Quantity: Size 0-1MM   150 Metric Tons +/- 10% at Seller's option
             Size 1-3MM   150 Metric Tons +/- 10% at Seller's option

7.最迟装运期： 2020年3月15日
  Latest Shipment: March 15, 2020
  Partial shipment allowed

8.规格： Specification:
  For Size 0-1MM:

Cr2O3	55% Min. (below 55% reject)
SiO2	1.3% Max.
Fe2O3	17% Max.
MgO	18% Max.
Cr: Fe	3.0:1 Min.
CaO	0.8% Max.
SIZE:	0-1 MM 90% Min. 150MT

  For Size 1-3MM

Cr2O3	54.5% Min. (below 54.5% reject)
SiO2	2.0% Max.
Fe2O3	17% Max.
MgO	18% Max.
Cr: Fe	3.0:1 Min.
CaO	0.8% Max.
SIZE:	1-3 MM 90% Min. 150MT

9.单价： Price

  For Size 0-1MM: USD 350.00/MT CIF Dalian Port, China on 55% Cr2O3 basis
  For Size 1-3MM: USD 350.00/MT CIF Dalian Port, China on 54.5% Cr2O3 basis

10.唛头： Shipping mark:
  For Size 0-1MM
  Pakistan Chrome Concentrate
  Net weight: 1,000kgs.
  Specs: Cr2O3: 55%, SiO2: 1.3%, Cr:Fe: 3.0:1
  Size:
  Batch No.

  For Size 1-3MM
  Pakistan Chrome Concentrate
  Net weight: 1,000kgs.
  Specs: Cr2O3: 54.5%, SiO2: 2.0%, Cr:Fe: 3.0:1
  Size:
  Batch No.

11.付款方式：Payment terms:
L/C 90 days and 100% payment against SGS

12.付款单据：
(1) 基于SGS出具的质量，重量证书所签的商业发票。
(2) 一套清洁海运提单，注明运费已付及收货人。
(3) 装箱单。
(4) 由SGS出具的质量证书。
(5) 由SGS出具的重量证书。
(6) 由卡拉奇工商业协会出具的原产地证。
(7) 包含船名、提单号及提单口的的装船通知。
(8) 一套保险单据，按照货价的110%承保。

Documents required:
(1) Seller Commercial Invoice in 3 original based on certificate of quality and weight issued by SGS at loading port.
(2) Full set of 3/3 clean on board Bills of Lading made out to order, marked "freight Prepaid" blank endorsed and notify Buyer.
(3) Packing list in 3 originals.
(4) Certificate of Quality issued by SGS at Loading Port in 1 original.
(5) Certificate of Weight issued by SGS at Loading Port in 1 original.
(6) Certificate of Origin in 1 original issued by Karachi Chamber of Commerce and Industry.

(7) Shipping advice to the buyer by fax within 3 working days after shipment of vessel name, B/L date, B/L No.
(8) One set of insurance policy, for 110% of shipment value.

13. 检验：
在装运港，由卖方安排 SGS 做合同所规定的质量，重量检验。
在卸货地，由买方安排 CIQ 做合同所规定的质量，重量检验。

ANALYSIS:
At loading port, the Seller shall arrange SGS to determine the free moisture, Cr2O3, Cr/Fe ratio and other chemical elements called for in this contract.
At discharging port, the Buyer shall arrange CIQ to determine the free moisture, Cr2O3, Cr/Fe ratio and other chemical elements called for in this contract.

14.不可抗力：
签约双方的任何一方，由于战争、洪水、地震和风暴等人力不可抗拒的事故，而影响合同执行时，封延长履行合同的期限。事故发生方应在 7(七)天内将发生不可抗拒事故的情况以电报或传真的方式及时通知对一方，并在14(十四)天内航寄一份政府有关当局出具的证明文件给对方。如果人力不可抗拒事故延续60(六十)天以上时，双方应通过友好协商解决本合同的继续执行问题，并应尽快达成协议。

FORCE MAJEURE: If the Seller or the Buyer meets war, flood, typhoon, earthquake & windstorm, etc, Influencing the performance of the Contract, the performance should be postponed until the end of the influence. The influenced side should inform the other side of the Force Majeure within 7(seven) days by fax or by cable, & airmail the certificates issued by the government authorities to confirm within 14(fourteen) days. If the Force Majeure lasts more than 60(sixty) days, the Seller & the Buyer shall negotiate amicably, & sign an agreement upon the performance of the Contract as soon as possible.

15.仲裁：一切因执行本合同或与本合同有关的争执，应由双方通过友好方式协商解决。经协商不能解决时，应提交中国国际经济贸易仲裁委员会北京总会，根据该会仲裁规则进行仲裁，仲裁委员会的裁决为终局裁决，对双方都有约束力。仲裁费用除非仲裁委员会另有决定外，由败诉方承担。

ARBITRATION: All disputes in connection with this Contract or the execution thereof shall be settled by Friendly negotiation. If no settlement can be reached, the case in dispute shall then be submitted for arbitration to China International Economic and Trade Arbitration Commission in Beijing. The arbitration award is final and binding upon both parties. The fees for arbitration shall be borne by the losing party, unless otherwise awarded by the Commission.

本合同共两份，用中英文书写，两种文字具有同等法律效力，双方各执一份。合同附件与该合同是不可分割的组成部分，与该合同同时生效，并具有同等效力。

This Contract is made out in two originals in both Chinese and English, each language being legal of the equal effect. Each party keeps one original of the two after signing. Annex of this contract is the integral part of this contract, and comes into force together with this contract, and shall have the same force as the contract.

买方签字SIGNATURE OF THE BUYER:　　　　　卖方签字SIGNATURE OF THE SELLER:

建发
建发物流集团股份有限公司　　　　　巴基斯坦扎爷梅加矿业公司
C&D LOGISTICS GROUP CO., LTD.　　SYNDICATE MINERALS EXIM CO.

关键术语

询盘　发盘　还盘　接受

应知考核

一、单项选择题

1.进出口合同的基本内容由（　　）构成。

A.约首、基本条款、约尾

B.约首、基本条款、有关部门的批准文件

C.约首、基本条款

D.约首、有关部门的批准文件、基本条款及约尾等

随堂测3

2.收到国外来证两份：（1）棉布100 000码，每码0.40美元，信用证总金额42 000美元；（2）服装1 000套，每套20美元，信用证总金额21 000美元。据此，两证出运的最高数量和金额可分别掌握为（　　）。

A.棉布100 000码，40 000美元；服装1 000套，20 000美元

B.棉布105 000码，42 000美元；服装1 050套，21 000美元

C.棉布105 000码，42 000美元；服装1 000套，20 000美元

D.棉布100 000码，40 000美元；服装1 050套，21 000美元

3.根据《UCP600》，信用证中货物的数量有"约""大约""近似"或类似词语时，应理解为有关数量增减幅度不超过（　　）。

A.3%　　　　　　　B.5%　　　　　　　C.10%　　　　　　　D.15%

4.在国际货物买卖中，（　　）是交易磋商中必不可少的法律步骤。

A.询盘和发盘　　　B.发盘和还盘　　　C.发盘和接受　　　D.询盘和接受

5.8月1日，北京A公司向美国B公司发出一份传真（8月1日传真），想从B公司购买美国华盛顿州产苹果3 000吨，溢短装5%，单价每吨800美元，FOB西雅图，装运期为同年10月，目的地为中国天津新港，因合同引起的所有争议提交中国国际经济贸易仲裁委员会在北京仲裁，8月15日复到有效。

B公司收到传真后，于8月10日回电，并附上B公司一方签字的标准合同格式文本（8月10日回电/8月10日苹果合同文本）。该文本特别提到，所有与本合同有关的争议均提交国际商会仲裁院仲裁，合同适用的法律为美国加州法律，合同文本的其他条款与A公司8月1日的传真内容相同。

A公司收到B公司8月10日的回电后没有答复。根据以上事实，回答下列问题：

（1）根据《公约》，8月1日的传真是（　　）。

A.要约邀请　　　B.要约　　　　　C.对要约的拒绝　　　D.承诺

（2）8月10日苹果合同文本是（　　）。

A.要约邀请　　　B.要约　　　　　C.对要约的拒绝　　　D.承诺

（3）A公司收到B公司8月10日的回电后，买卖双方的契约关系为（　　）。

A.已经成立　　　　　　　　　　　　B.尚未成立

C.是否成立无法确认　　　　　　　　D.是否成立要由B公司决定

6.我某公司于8月2日向美商发盘,以每打85.50美元CIF纽约的价格提供全棉男衬衫700打,限8月15日复到有效。8月10日收到美商回电称价格太高,若每打80美元可以接受。8月13日我公司又收到美商来电:"接受你方8月2日发盘,信用证已开出。"但由于衬衫市价上涨,我方未做回答,也没有发货。后美商认为我方违约,要求我方赔偿损失。

(1)根据《公约》,8月10日收到的美商回电是(　　　　)。

A.发盘　　　　　　B.询盘　　　　　　C.还盘　　　　　　D.接受

(2)根据《公约》,8月13日收到美商的接受是(　　　　)。

A.有效的　　　　　B.无效的　　　　　C.表明合同成立　　D.承诺

(3)根据《公约》,本案(　　　　)。

A.合同成立　　　　　　　　　　　　B.合同不成立

C.合同是否成立必须由法院判决　　　D.合同是否成立需由买卖双方协商

7.按《公约》的规定,一项发盘(　　　　)。

A.必须表明各项交易条件　　　　　　B.必须表明主要交易条件

C.只需表明货物名称、数量和单价　　D.只需表明货物品质、数量和价格

8.根据《公约》的规定,下列(　　　　)为一项发盘必须具备的基本要素。

A.货名、品质、数量　　　　　　　　B.货名、数量、价格

C.货名、价格、支付方式　　　　　　D.货名、品质、价格

9.我公司星期一对外发盘,限星期五复到有效,客户于星期二回电还盘并邀我公司电复。此时,国际市场上该商品价格上涨,我公司未予答复。客户又于星期三来电表示接受我公司星期一的发盘,则(　　　　)。

A.接受有效　　　　　　　　　　　　B.如我方未提出异议,则合同成立

C.接受无效　　　　　　　　　　　　D.属于有条件的接受

10.按《公约》的规定,一项发盘在送达受盘人之前是可以阻止其生效的,这叫发盘的(　　　　)。

A.撤回　　　　　　B.撤销　　　　　　C.还盘　　　　　　D.接受

二、多项选择题

1.在交易磋商程序中,必不可少的两个法律环节为(　　　　)。

A.询盘　　　　　　B.发盘　　　　　　C.还盘　　　　　　D.接受

2.根据《公约》的规定,构成一项有效发盘的条件有(　　　　)。

A.向一个或一个以上特定的人提出

B.发盘中必须明确规定有效期

C.发盘的内容必须十分确定

D.表明在受盘人接受时承受约束的意旨

3.下列条款中属于国际货物买卖合同主要条款的有(　　　　)。

A.品名、品质　　　　　　B.价格　　　　　　C.支付　　　　　　D.数量

4.根据《公约》的规定，构成一项有效接受的条件有（　　　）。

A.必须由特定的受盘人做出　　　　　　B.可以用口头、书面的方式做出

C.必须与发盘条件相符　　　　　　D.必须在发盘规定的有效期内送达发盘人

5.根据《公约》的规定，对发盘表示接受可以采取的方式有（　　　）。

A.书面　　　　　　B.行为　　　　　　C.缄默　　　　　　D.口头

6.在国际贸易中，可以适用的法律包括（　　　）。

A.国内法　　　　　　B.国际公约　　　　　　C.WTO协定　　　　　　D.国际贸易惯例

7.采用函电商洽合同时，发盘人规定发盘有效期常用的方法有（　　　）。

A.限2月10日前复　　　　　　B.限3月20日发出接受通知

C.发盘有效期为5天　　　　　　D.不迟于6月9日复到此地

8.发盘中注明（　　　），该发盘属于询盘性质。

A.商品的名称和数量

B.有效期或以其他方式表示该发盘是不可撤销的

C.受盘人有理由信赖该发盘是不可撤销的，并本着对该发盘的依赖采取了行动

D.商品的名称和价格

9.根据《公约》的规定，受盘人对（　　　）等条件提出添加或更改，均作为实质性变更发盘的条件；同时规定，实质性变更发盘条件属于还盘。

A.货物的价格和付款　　　　　　B.货物的品质和数量

C.交货时间与地点

D.一方当事人对另一方当事人的赔偿责任范围或解决争端的方法

10.发盘终止的原因主要有（　　　）。

A.发盘的有效期届满

B.发盘被发盘人依法撤销或撤回

C.受盘人对发盘的拒绝或还盘

D.发盘人发盘后发生不可抗力事件或当事人丧失行为能力

三、判断题

1.对于逾期接受，只要发盘人立即表示同意，仍可作为有效接受。　　　　　　（　　　）

2.根据《公约》的规定，买卖合同成立的程序是询盘、发盘、还盘、接受和签订书面合同。　　　　　　（　　　）

3.根据《公约》，构成一项有效发盘，必须明确规定买卖货物的品质、数量、包装、价格、交付、支付六项主要交易条件，缺一不可。　　　　　　（　　　）

4.我国某公司对外发盘，其中规定"限8月15日复到"。外商的接受通知于8月17日上午到达我方。根据《公约》，如我方同意接受并立即予以确认，合同仍可成立。　　　　　　（　　　）

5.每笔交易都必须有询盘、发盘、还盘和接受四个环节。　　　　　　（　　　）

6.根据《公约》，受盘人在对发盘表示接受的同时，对发盘的内容作任何添加或变更，均是对发盘的拒绝，并构成还盘。　　　　　　（　　　）

7.一项发盘,即使是不可撤销的,也可以撤回,只要撤回的通知在发盘送达受盘人之前或同时送达受盘人。   (   )

8.根据《公约》的规定,接受可以是交易的一方部分同意对方的发盘或还盘的内容所做出的肯定表示。   (   )

9.根据《民法典》,书面合同是指以信件和数据电文等有形地表现其内容的合同形式。   (   )

10.一项发盘如表明是不可撤销的,则意味着发盘人无权撤销该发盘。   (   )

应会考核

■ 观念应用

中国甲公司向美国乙公司出口一批 AA 级茶叶,交货期是 2022 年 2 月 1 日。但到了交货期,仓库没有 AA 级茶叶了,只有 BB 级茶叶,BB 级茶叶的质量比 AA 级的质量要好得多,且价格也比 AA 级高很多。在这种情况下,甲公司将质量比较好的 BB 级茶叶交给了乙公司,而价格还是和 AA 级茶叶一样。货物到达乙公司后,遭到了乙公司的拒收。

试问:买方拒绝接收是否合理?

■ 技能应用

王芳是一名大学毕业生,刚刚来到义乌前进进出口贸易有限公司工作,她的岗位是外贸单证员。在中国义乌国际小商品博览会上,义乌前进进出口贸易有限公司的张成总经理和日本的 Mr.Poly 进行了洽谈,洽谈中张成总经理将其公司进出口贸易合同的一般交易条款(包括商检、不可抗力、异议和仲裁等)和公司的产品介绍交给了 Mr.Poly。数日后,Mr.Poly 来到了张成总经理的办公室,双方就拖鞋的有关交易条款进行了进一步的磋商,并达成了一致。会谈后,义乌前进进出口贸易有限公司的单证员王芳认真整理了会谈资料。

1.双方公司地址

Mr.Zhang

单位:Yiwu Qianjin Imp.& Exp.Co., Ltd.

地址:Xinke Industrial District, Yiwu City, Zhejiang Province, China

Mr.Poly

单位:DO-BEST, INC

地址:3-85-16 CHUO, WARABI-SHI SAITAMA, 335-0004, JAPAN

2.双方会谈记录

Mr.Poly: Mr.Zhang, do you have offers for all the articles listed here?

Mr.Zhang: Oh yes, this is the price list, but it serves as a guide line only.I wonder, Mr. Poly, is there anything you are particularly interested in?

Mr.Poly: I'm interested in your Jian Hua Brand Plastic Slippers style No.8130G and No.8133F.I hope you could offer us your most favorable price.

Mr.Zhang：I'm sure you will find our price most competitive.If the quantity is less than 5 000 pairs，the unit price of No.8130G is USD3.87 per pair，the unit price of No.8133F is USD4.07 per pair，CIF Tokyo.If the quantity is larger than 10 000 pairs，we will give you a discount of 5%.

Mr.Poly：Oh，10 000 pairs is certainly too large to us.But if you can offer us a discount of 5%，I will purchase Jian Hua Brand Plastic Slippers style No.8130G 2 400 pairs and No.8133F 2 400 pairs separately.

Mr.Zhang：You are asking a great deal，5%reduction is absolutely impossible.Now Mr.Poly，to help you sell our product，we will make an exception-give you a special discount of 3%.Further more to the terms of payment，we ask the irrevocable L/C at sight，which should be opened and reach us 30 days before shipment and the L/C is valid for 15 days after the shipment date.

Mr.Poly：Ok，Mr.Zhang，May I ask-is it possible to find alternate terms for our future business？What about D/A？

Mr.Zhang：To be frank，D/A is impossible.But perhaps after more business together，we could agree to D/P terms.

Mr.Poly：Oh，I know.Then I want to know the earliest time of shipment，could you tell me？

Mr.Zhang：We assure that we will arrange direct shipment from Shanghai to Tokyo during December.

Mr.Poly：All right，let's talk about packing.

Mr.Zhang：To packing，we will use cartons，24 pairs per carton，total 200 cartons to one 20' Container.

Mr.Poly：Ok，I want to say that the Shipping Mark should be printed as follow：
SHIPPING MARK：DO-BEST/QJDB1018/TOKYO/C/NO.1-UP

Mr.Zhang：No problem.We will do as you request.

Mr.Poly：Thank you.The last problem is insurance.The goods should be covered for 110% of the invoice value against All Risks.

【考核要求】

根据所给资料，请问：

（1）王芳应如何根据会谈内容缮制售货确认书？

（2）合同的形式有哪些？

（3）合同包含哪些基本内容？

（4）王芳应如何正确撰写出口合同的具体条款？

■ 案例分析

2022年5月3日，我A公司向国外B公司发盘，报谷物300吨，每吨250.00美元，发盘有效期为10天。5月6日，B公司复电，称对该批谷物感兴趣，但要进一步考虑。5

月 8 日，B 公司来电，要求将谷物数量增加到 500 吨，价格降为 225.00 美元/吨。5 月 9 日，B 公司又来电，重复 5 月 8 日的来电内容。5 月 11 日，我方将货物卖给了 C 商，并于 5 月 13 日复电 B 商，货已售出。但 B 商坚持要 A 公司交货，否则以我方擅自撤约为由要求赔偿。

【考核要求】

试问：我方应否赔偿？为什么？

项目实训

【实训项目】

撰写销售合同。

【实训情境】

SALES CONTRACT

CONTRACT No.：LNDL200308

DATE：MARCH 23，2022

THE SELLERS：

DALIAN GARMENTS IMPORTS & EXPORTS CO.，LTD.

THE BUYERS：BLUE SKY TRADING CO.，LTD.

THE SELLER AGREES TO SELL AND THE BUYER AGREES TO BUY THE UNDERMENTIONED GOODS ON THE TERMS AND CONDITIONS STATED BELOW.

NAME OF COMMODITY：MEN'S SHIRTS

ARTICLE：M45

QUANTITY：4 000PCS

UNIT PRICE：USD 10.50/PC CIF HAMBURG

TOTAL VALUE：SAY U.S.DOLLARS FORTY-TWO THOUSAND ONLY

PACKING：20 PIECES IN EXPORT STANDARD CARTON OF 200 PIECES EACH，SOLD COLOUR AND SOLD SIZE.SHIPPING MARK：AT SELLER'S OPTION

SHIPMENT：FROM DALIAN TO HAMBURG，GERMANY BY SEA WITHIN 60 DAYS UPON RECEIPT OF THE L/C.TRANSSHIPMENT IS ALLOW.PARTIAL SHIPMENT IS NOT ALLOW.

PAYMENT：BY IRREVOCABLE SIGHET L/C TO REACH THE SELLERS 30 DAYS BEFORE THE TIME OF SHIPMENT AND REMAIN VALID FOR NEGOTIATION IN CHINA UNTIL THE 15TH DAY AFTER THE DATE OF SHIPMENT.

【实训任务】

（1）请根据实训情境，结合双方往来函电缮制合同（销售确认书）。

（2）撰写"销售合同"实训报告。

"销售合同" 实训报告		
项目实训班级：	项目小组：	项目组成员：
实训时间：　　年　　月　　日	实训地点：	实训成绩：
实训目的：		
实训步骤：		
实训结果：		
实训感言：		
不足与今后改进：		
项目组长评定签字：　　　　　　　　　　　项目指导教师评定签字：		

项目四

进出口业务操作

知识目标

理解：外贸单证的流转程序。

熟知：进出口业务操作的各个环节。

掌握：外贸业务流程及其涉及的外贸单证。

技能目标

能够掌握国际货物交易中出口合同和进口合同的履行过程，以及其中的重要环节和注意事项，能熟练地进行单证处理。

思政目标

能够正确地理解"不忘初心"的核心要义和精神实质；树立正确的世界观、人生观和价值观，做到学思用贯通、知信行统一；通过进出口业务操作知识，形成对职业的主观体验，具有职业认同感，提升自己的业务能力和素养。

项目引例　　　　　　　**信用证问题**

2022年6月，大连A公司与加拿大B客户按L/C方式签订了一份买卖钢板的合同。合同订立后，钢板价格上涨，A公司按约定开出了信用证，但B公司拒不按约交货。A公司见信用证已过期，为减少损失，便从其他公司购买了相同品质的替代货物。之后，A公司以B客户违约为由，向B客户索赔差价损失。双方协商未果，A公司遂向中国国际经济贸易仲裁委员会提请仲裁。仲裁庭开庭审理后，对A公司采取的补救措施予以支持，裁定B客户赔偿买方购买合同替代货物所造成的差价损失。

引例评析：本案合同项下的B客户在收到A公司依约开来的信用证后，理应履行约定的交货义务，但B客户见其出售货物的市价上涨，即拒不交货，违反了诚信原则，实属严重违约行为。B客户未按约定交货，导致信用证过期。为了减少损失，A公司采取了合理补救措施，从其他厂家购买了合同替代货物，并要求卖方赔偿其差价损失。A公司的上述补救措施和索赔请求是有合同依据的，也符合国际贸易的一般惯例，理应得到支持。

知识精讲

任务一　出口业务操作

在我国的出口贸易中，除大宗交易有时采用FOB条件成交外，多数采用CIF与CFR条件，并以即期信用证付款。履行此类出口合同，涉及面广、工作环节多、手续繁杂，且影响履约的因素很多。其一般包括备货和报验、催证、审证和改证、订舱和装运、制单结汇等诸多环节。在这些环节中，又以货（备货）、证（催证、审证、改证）、船（订舱）、款（制单、结汇）四个环节最为重要，这四个环节之间有着密不可分的内在联系。为提高履约率，各出口企业必须加强同有关部门的协作与配合，做到环环相扣、井然有序，尽量避免出现脱节情况，防止出现有货无证、有证无货、有货无船、有船无货、单证不符或违反装运期等问题，以保证合同的履行和安全收汇。图4-1为信用证支付方式下CIF出口合同的履行程序。

视频 4-1

出口合同的履行

一、备货

为了保证按时、按质、按量交付约定的货物，在订立合同之后，卖方必须及时落实货源，备妥应交的货物，并做好出口货物的报验工作。

备货工作主要包括出口方及时与生产、加工单位或供货部门联系，安排货物的生产、加工、收购和催交，认真核对应交货物的品质、规格、数量和包装、刷唛等工作。在备货工作中，应注意以下几个方面的问题：

（1）货物的品质、规格必须与出口合同的规定一致。凡是凭规格等文字说明达成的合同，交付货物的品质必须与合同规定的规格等文字说明相符；凡是凭样品达成的合同，交付货物的品质必须与样品相符；既凭文字说明又凭样品达成的合同，则两者均需相符。

（2）货物的数量必须符合出口合同和信用证的规定。货物的数量是国际货物买卖合同中的主要交易条件之一。按约定数量交货，是卖方的重要义务。备货的数量应适当留有余地，以备装运时可能发生的调换和适应舱容。此外，还要注意合同规定采用何种度量衡制度和计量方法。如按重量计量，而合同中未写明采用何种方法计算重量，则按惯例以净重计量。

```
                    ┌─────────────────────┐
                    │   出口前准备阶段      │
                    └─────────────────────┘
  ┌──────┐ ┌──────┐ ┌────────┐ ┌────────┐ ┌──────┐ ┌──────┐
  │组织  │ │选择  │ │制订出口│ │寻找贸易│ │开展  │ │办理  │
  │出口  │ │市场  │ │商品营销│ │伙伴，建│ │广告  │ │商标  │
  │资源  │ │      │ │方案    │ │立销售  │ │宣传  │ │注册  │
  │      │ │      │ │        │ │渠道    │ │      │ │      │
  └──────┘ └──────┘ └────────┘ └────────┘ └──────┘ └──────┘
                    ┌─────────────────────┐
                    │    对外洽谈阶段       │
                    └─────────────────────┘
        ┌──────┐  ┌──────┐  ┌──────┐  ┌──────┐
        │询盘  │  │发盘  │  │还盘  │  │接受  │
        └──────┘  └──────┘  └──────┘  └──────┘
              ┌─────────────────────────┐
              │  签订合同（假设为 CIF 合同） │
              └─────────────────────────┘
                    ┌─────────────┐
                    │  履约阶段     │
                    └─────────────┘
  ┌────────────────┐  ┌──────────┐  ┌──────────────┐
  │备货、加工、包装、刷唛│  │          │  │催证、审证、改证  │
  └────────────────┘  └──────────┘  └──────────────┘
  ┌──────────┐      ┌──────────┐      ┌──────────┐
  │向海关报检  │      │租船订舱   │      │办理保险   │
  └──────────┘      └──────────┘      └──────────┘
  ┌──────────┐   ┌────────────────┐   ┌──────────┐
  │取得检验证书 │   │发运货物办理报关  │   │制作有关单据 │
  └──────────┘   └────────────────┘   └──────────┘
                 ┌────────────┐      ┌──────────┐
                 │海关检验放行  │      │取得保险单  │
                 └────────────┘      └──────────┘
        ┌──────────┐  ┌──────────┐
        │货物装船   │  │向买方发   │
        │取得提单   │  │装船通知   │
        └──────────┘  └──────────┘
              ┌────────────────┐
              │  汇集有关单证     │
              └────────────────┘
              ┌────────────────────┐
              │ 持全套货运单据连同     │
              │ 信用证向银行办理议付    │
              └────────────────────┘
```

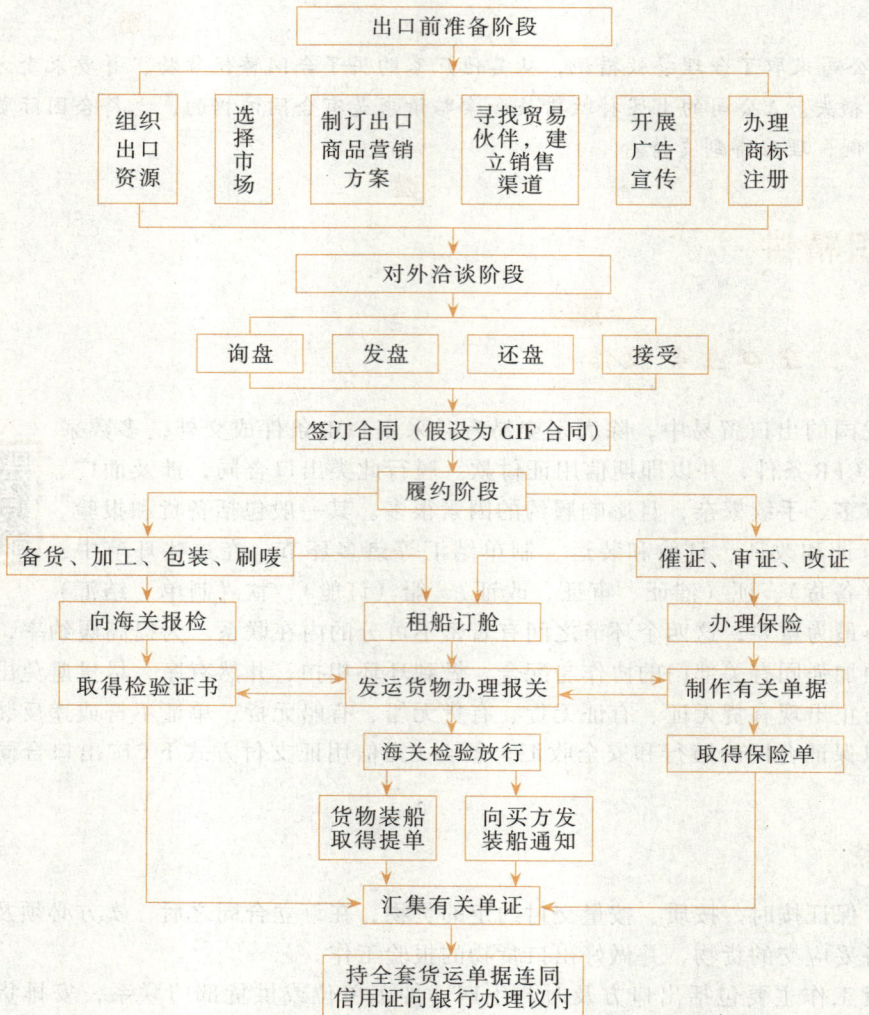

图4-1　信用证支付方式下CIF出口合同的履行程序

（3）货物的包装必须符合出口合同的规定和运输要求。在备货过程中，对货物的内外包装和装潢，必须认真核对，一方面使其符合合同的规定；另一方面满足保护商品和适应运输的要求。如果发现包装不良或破损，应及时进行修整或换装，以免在装运时取不到清洁提单，造成收汇困难。在货物备齐以后，还应视需要和合同或信用证的规定刷写包装和运输标志。

（4）备货时，应严格遵照出口合同以及信用证上规定的装运期限，同时结合船期进行安排，以利于船货衔接。为防止意外，一般应适当留有余地。

（5）凡合同规定收到买方开立的信用证后若干天内装运货物的，为保证按时履约，防止被动，卖方应督促买方在合同规定期限内开出信用证；收到信用证后必须立即审核，确认后及时安排生产。

二、催证、审证和改证

在出口合同中，买卖双方约定采用信用证支付货款时，一般都涉及催证、审证和改证工作，这三项工作是互相联系的不同业务环节。

（一）催证

催证就是催促买方按照合同规定及时地开立信用证，并送达卖方，使卖方按时装运出口货物。如果是按信用证付款条件成交，买方在约定时间内开证是卖方履行合同的前提条件；否则，卖方无法安排生产和组织货源。在实际业务中，由于市场行情发生变化或买方资金短缺等种种原因，买方往往会拖延开证，这时卖方应及时催促对方迅速开证。如经催促对方仍不开证，应向对方提出保留索赔权的声明。

（二）审证

当买方开出信用证后，卖方应根据买卖合同的内容审查信用证，这称为审证。一般而言，信用证依据合同开立，因而信用证的内容应该与合同条款保持一致。但在实际业务中，由于种种原因，如电文传递错误、工作疏忽、贸易习惯不同、市场行情发生变化或买方有意利用开证的主动权加列一些对其有利的条款，常出现开立的信用证条款与合同规定不符，或在信用证中加列一些实际上无法满足信用证付款条件的"软条款"等情况。为了确保安全收汇和合同顺利履行，避免造成不应有的损失，相关方应对信用证进行认真审核。审核信用证是银行和进出口公司的共同责任，但各自审证的侧重点不同。银行负责审查开证行的资信、付款责任、索汇路线和信用证的真伪等，而进出口公司则重点审查信用证的内容与原订合同是否一致。在审证时应注意下列问题：

（1）开证银行。其政治背景和资金情况与我方安全收汇有非常密切的关系，并且涉及国家的有关政策问题。所以凡是政策规定不与其进行经贸往来的国家的银行开来的信用证，均应拒绝接受，并请客户另行委托我国允许往来的其他国家的银行开证。对于资信差的开证银行，可采取适当措施。

（2）信用证的性质。它和开证银行所承担的责任是否明确具体，直接关系到我方能否安全收汇。所以来证必须注明"不可撤销"，并且在证内写明"开证银行保证付款"等。另外，要注意信用证内不得有限制性条款或其他保留条款。

（3）信用证金额及其采用的货币。信用证金额应与合同金额一致。如合同有溢短装条款，则信用证金额还应包括溢短装部分的金额。信用证采用的货币应与合同规定的货币一致。信用证金额中单价与总值必须填写正确，大、小写并用。

（4）信用证应表明受国际商会最新出版的《跟单信用证统一惯例》（《UCP600》）的约束。

（5）信用证中应载明所使用的贸易术语，并与买卖合同的规定一致。

（6）有关货物的记载。注意信用证中对货物的品名、数量或重量、规格、包装和单价等项内容的记载是否与合同的规定相符，有无附加特殊条款。如发现信用证与合同规定不符，应酌情做决定是接受还是修改。

（7）有关装运期、信用证有效期和到期地点的规定。按惯例，信用证都必须规定一个交单付款、承兑或议付的到期日，未规定到期日的信用证不能使用。通常，信用证中规定的到期日是指受益人最迟向出口地银行交单议付的日期。如信用证规定的是在国外交单的到期日，由于寄单费时且有延误的风险，一般应提请修改；否则，就必须提前交单，以防逾期。装运期必须与合同规定一致，如来证太晚，无法按期装运，应及时要求国外买方延展装运期限。信用证有效期与装运期应有合理的间隔，以便在装运货物后有足够的时间处理制单结汇工作。信用证有效期与装运期为同一天的，称为双到期。应当指出，双到期是不合理的，受益人是否就此提出修改，应视具体情况而定。

（8）单据。对来证要求提供的单据种类、份数及填制方法等，要仔细审查。如发现有不适当的规定和要求，应酌情处理。

（9）保险。对来证中有关保险金额和险别等项内容，必须认真审核。如果发现与合同规定不符，应根据国家政策和中国人民保险公司的有关规定进行处理。

（10）其他特殊条款。审查来证中有无与合同规定不符的其他特殊条款，如发现有对我方不利的附加特殊条款，一般不宜接受。如对我方无不利之处，而且也能办到，可酌情灵活掌握。

（三）改证

在审证过程中，如发现信用证的内容与合同规定不符，应区别问题的性质，分别同有关部门研究，妥善予以处理。一般来说，如发现有不能接受的条款，应及时提请开证申请人修改。在同一信用证上有多处需要修改的，应当一次性提出，尽量避免多次提出；否则，不仅会增加双方的手续和费用，而且会对外造成不良影响。对不可撤销信用证中任何条款的修改，都必须在有关当事人全部同意后才能生效，这是各国银行的惯例。应当指出，对于来证不符合合同规定的各种情况，要进行具体分析，不一定坚持全都办理改证手续。只要来证内容不违反政策原则和不影响安全顺利收汇，即可酌情灵活处理。

三、租船订舱

按 CIF 或 CFR 条件成交时，租船、订舱由我方负责，我方可将此项工作委托给中国对外贸易运输（集团）公司办理。出口货物数量较大，需要整船载运的，可由外运公司办理租船手续；如出口货物数量不大，无须整船装运，可由外运公司代为洽订班轮或租订部分舱位运输。其程序如下：

（1）外运公司每月编印出口船期表分发给各进出口公司，在表内列明航线、船名、国籍、抵港日期、截止收单期、预计装运日期和停挂港口的名称等项内容，供各进出口公司委托订舱时参考。

（2）各进出口公司如货证齐全，即可办理托运手续。根据信用证和合同的有关运输条款，将货物名称、件数、装运港、装运日期等写在托运单（Booking Note，B/N）上，作为订舱的依据，在截止收单期以前送交外运公司。

（3）外运公司在收到托运单后，会同外轮代理公司，根据配载原则，结合货物的性质、数量、装运港和目的港等情况安排船只和舱位。然后，由外轮代理公司签发装货单

（Shipping Order，S/O），作为通知船方收货装船的凭证。

（4）船到港后，外运公司到仓库提取货物送到码头，经海关查验放行后，凭装船单装船。

（5）装船完毕，由船长或大副签发大副收据（Mate's Receipt），载明收到货物的详细情况。托运人则凭大副收据向外轮代理公司交付运费后，换取正式提单。

职场指南4-1　　　　　　　　　　　　　　　　　　　**场站收据**

场站收据（Dock Recipt，D/R）是由发货人或其代理人编制，承运人签发，证明船公司已从发货人处接收了货物，并证明当时的货物状态，船公司对货物开始负有责任的凭证。托运人据此向承运人或其代理人换取待装提单或装船提单。它相当于传统的托运单、装货单、收货单等一整套单据，通常有10联。场站收据副本（关单）是第五联，又叫装货单。场站收据是集装箱运输专用的出口单证，不同的港口、货运站使用的场站收据也不一样。其联数有7联、10联、12联不等。这里以10联格式为例，说明场站收据的构成情况。

第一联，货方留底；

第二联，集装箱货物托运单（船代留底）；

第三、四联，运费通知单（1）、（2）；

第五联，装货单，场站收据副本（关单）；

第六联，场站收据副本——大副联；

第七联，场站收据（正本）；

第八联，货代留底；

第九、十联，配舱回单（1）、（2）。

四、报检、报关

（一）报检

凡属法定检验的出口货物，必须根据国家有关进出口商品检验检疫方面的法规，在规定的时间和地点向海关报检。经检验检疫合格后，由海关发给检验证书，予以放行，否则不得出口。

拓展阅读4-1

关检融合统一
申报推进历程

申请报检需提供合同和信用证副本等有关资料，经检验合格取得检验证书后，务必在有效期内运出货物。关于商品检验证书的有效期，一般货物是自发证日期起2个月内有效；鲜果、鲜蛋类为2~3个星期内有效；动植物检疫证书20天内有效；鲜活商品证书14天内有效。如果超过有效期装运出口，应向海关申请展期，由海关复验合格后，方能出口。

（二）报关

报关是指货物装运前向海关办理申报手续。各进出口公司需填写出口货物报关单，连同其他必要的单证，如装货单、合同副本或信用证副本、发票、装箱单、出口许可证等交海关申报。货物经海关检验，货、证、单相符无误，并在装货单上加盖放行章后，即可放行装船。

目前，我国的出口企业在办理报关时，既可以自行办理报关手续，也可以通过专业的报关经纪行或国际货运代理公司来办理。

五、投保

按照 CIF 贸易术语成交的出口合同，在装船前需由我方及时向保险公司办理投保手续，填制投保单。出口商品的投保手续一般都是逐笔办理的。投保人投保时，应将货物名称、保额、运输路线、运输工具、开航日期、投保险别等一一列明。保险公司接受投保后，即签发保险单或保险凭证。

六、装运

若按 FOB 或 CFR 价成交，卖方应及时向买方发出装船通知，以便买方及时办理进口投保手续及做好接货准备。如果由于卖方未及时或未发出装船通知，对方未能办理保险，一旦货物遭受损失，卖方将承担责任。若按 CIF 价成交，卖方在装完船并取得提单后，也应及时向买方发出装船通知，以便买方了解装运情况和进行接货前的准备。

七、制单结汇

出口货物装运后，出口商即应按信用证的要求缮制单据，并在信用证规定的交单有效期内，向有关银行办理议付、结汇手续。为了确保安全、迅速收汇，缮制单据时必须做到"正确、完整、及时、简明、整洁"。

（一）出口结汇的三种方式

（1）收妥结汇。它又称先收后结或收妥付款，是议付行收到出口商的出口单据后，经审查无误，将单据寄交国外付款行索取货款的结汇做法。在这种方式下，议付行都是待收到付款行的货款，即从国外付款行收到该行账户的贷记通知书（Credit Note）时，才按当日外汇牌价，将货款折合成人民币拨入出口商的账户。

（2）定期结汇。它是指议付行根据向国外付款行索偿所需的时间，预先确定一个固定的结汇期限，并与出口商约定，该期限到期后，无论是否收到国外付款行的货款，都主动将票款金额折合成人民币拨交给出口商。

（3）议付结汇。它又称买单结汇或出口押汇，是指议付行在审单无误的情况下，按信用证条款贴现受益人（出口商）的汇票或者以一定的折扣买入信用证项下的货运单据，从票面金额中扣除从议付日到估计收到票款之日的利息，将余款按议付日外汇牌价折合成人民币，拨交给出口商。议付行向受益人垫付资金、买入跟单汇票后，即成为汇票持有人，可凭票向付款行索取票款。银行之所以做出口押汇，是为了给出口商提供资金融通的便利，这有利于加速出口商的资金周转。

实践表明，由议付行议付结汇是一种广为使用且行之有效的结汇方式。按《跟单信用证统一惯例》的规定，银行如仅审核单据，而不付出对价，不能构成议付。在信用证付款条件下推广议付结汇方式，有利于发展我国的出口贸易。

（二）信用证项下结汇的主要单据

信用证项下结汇的单据很多，主要有下列几种：

（1）汇票。它一般开具一式两份，两份具有同等效力，其中一份付讫，则另一份自动失效。汇票内容应按信用证规定填写：①付款人。采用信用证方式时，汇票的付款人应按信用证规定填写。如来证未规定付款人名称，则认为是开证行。②受款人。除个别来证另有规定外，汇票的受款人应为议付行或托收行。③出票依据。采用信用证方式时，应按来证规定的文句填写。如信用证内没有规定具体文句，可在汇票上注明开证行的名称、地点、信用证号码及开证日期。

（2）发票。其种类很多，通常指的是商业发票。此外，还有海关发票、领事发票和厂商发票等。

第一，商业发票（Commercial Invoice）。它是卖方开立的载有货物名称、数量、价格等内容的清单，是买卖双方交接货物和结算货款的主要单证，也是进出口货物报关完税必不可少的单证之一。

第二，海关发票（Customs Invoice）。它是某些国家的海关制定的有固定的发票格式、要求由卖方填写的单证。进口国要求国外出口商按进口国海关规定的格式填写海关发票，旨在将其作为估价完税或征收差别待遇关税、反倾销税的依据。此外，也可用于编制统计资料。

第三，领事发票（Consular Invoice）。有些进口国要求国外出口商必须向该国海关提供该国领事签证的发票，其作用与海关发票基本相似。有些国家规定了领事发票的特定格式，也有一些国家规定可在出口商的发票上由该国领事签证。各国领事签发领事发票时，均会收取一定的领事签证费。

第四，厂商发票（Manufacturer's Invoice）。它是由出口厂商所出具的以本国货币计算价格、用来证明出口国国内市场的出厂价格的发票。其作用是进口国海关可以据此估价、核税以及征收反倾销税。如国外来证要求提供厂商发票，应参照海关发票有关国内价格的填写办法处理，发票的抬头应该是出口人。

（3）提单（Bill of Lading）。它是各种单据中最重要的一种，是确定承运人和托运人双方的权利与义务、责任与豁免的依据。各家船公司所印制的提单格式各不相同，但其内容大同小异，包括：承运人、托运人、收货人、通知人的名称，船名，装卸港名称，有关货物和运费的记载，以及签发提单的日期、地点及份数等。

（4）保险单（Insurance Policy）。按 CIF 条件成交时，出口商应代为投保并提供保险单，保险单的内容应与有关单据的内容相衔接。例如，保险险别与保险金额应与信用证的规定相符；保险单上的船名、装运港、目的港、大约开航日期以及有关货物的记载，应与提单内容相符；保险单的签发日期不得晚于提单日期；保险单上的金额一般应相当于发票金额加成10%。

（5）产地证明书（Certificate of Origin）。它是一种证明货物原产地或制造地的证件。不用海关发票或领事发票的国家，一般要求提供产地证明，以便确定对货物应征收的税率。有些国家会限制从某个国家或地区进口货物，因而要求以产地证明书来证明货物的来源。

产地证明书没有固定格式，内容没有统一规定。其一般列明发票号、信用证号、货物名称、数量或重量，并注明××国出产或制造。产地证明书一般由出口地的公证行或工商团体签发。在我国，产地证明书通常由海关或各地贸易促进委员会签发。

（6）普惠制单据（Generalized System of Preferences Documents）。这种单据是给惠国的进口海关给予受惠国的受惠产品减免关税的依据。目前，已有新西兰、加拿大、日本、欧盟等国家和地区给予我国普惠制待遇。向这些国家和地区出口货物，需提供普惠制单据，作为进口国海关减免关税的依据。因此，填制该单据时，务必将该单据中的有关内容填写正确，并符合各项目的要求。一旦填错，就可能丧失享受普惠制待遇的机会。

（7）装箱单和重量单（Packing List and Weight Memo）。这两种单据是用来弥补商业发票内容的不足的，便于海关在货物到达目的港时检查和核对货物。装箱单又称花色码单，单上列明每批货物的具体情况；重量单则列明每件货物的毛重和净重。

（8）检验证书（Inspection Certificate）。各种检验证书分别用以证明货物的品质、数量、重量和卫生条件。在我国，这类证书一般由海关出具。如合同或信用证无特别规定，也可以依据不同情况，由进出口公司或生产企业出具。但应注意，证书的名称及所列项目或检验结果，应与合同及信用证的规定一致。

任务二　进口业务操作

进口合同依法订立后，买卖双方都应本着重合同、守信用的原则，严格履行约定的义务。根据《公约》的规定，买方的主要义务是支付货物的价款和收取货物。为了确保进口合同的履行，买方还应随时注意卖方的履约情况，并及时督促卖方按约定条件履行交付货物、有关单据并转移货物所有权的义务。

我国的进口业务大多采用FOB价格条件成交，少数零星商品的交易采用CIF价格条件成交，并且绝大多数采用即期信用证支付方式。按FOB即期信用证支付条件签订的进口合同，其履行的一般程序包括开立信用证、租船订舱、办理货运保险、审单付款、进口报关、报验与检验、提取与拨交货物和办理索赔等。图4-2为信用证支付方式的FOB进口合同履行程序。

一、开立信用证

采用信用证支付方式，买方开立信用证是卖方履行合同的前提条件，因此签订进口合同后，买方应按合同规定办理开证手续。如合同规定在收到卖方货物备妥通知或在卖方确定装运期后开证，买方应在接到上述通知后及时开证；如合同规定在卖方领到出口许可证或支付履约保证金后开证，买方应在收到对方已领到许可证的通知或银行传知履约保证金已收讫后开证。买方向银行办理开证手续时，必须按合同内容填写开证申请书，银行将按开证申请书的内容开立信用证。因此，信用证是以合同为依据开立的，它的内容与合同内容应完全一致。信用证的开证时间应依合同规定确定。如合同规定在卖方确定交货期后开证，买方则应在接到卖方的上述通知后开证。

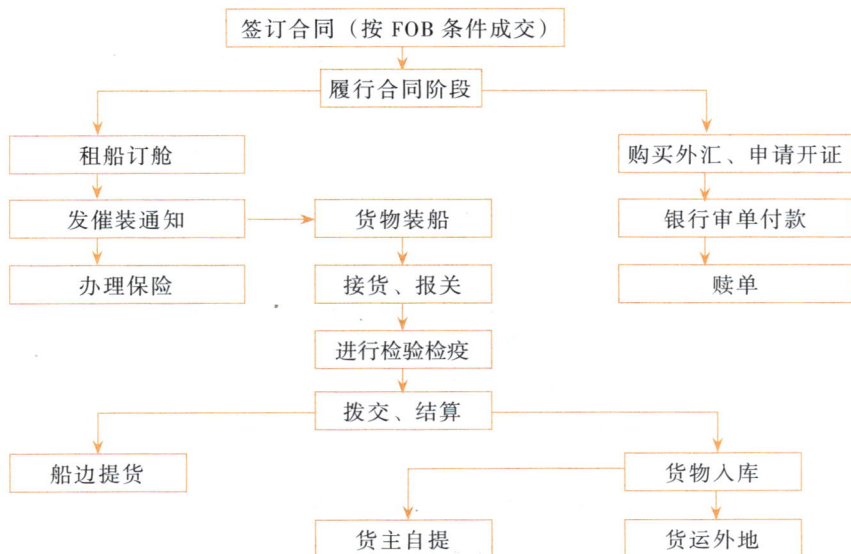

```
                签订合同（按 FOB 条件成交）
                           │
                      履行合同阶段
        ┌──────────────────┼──────────────────┐
        │                                      │
     租船订舱                            购买外汇、申请开证
        │                                      │
     发催装通知  ──────→  货物装船           银行审单付款
        │                    │                 │
     办理保险              接货、报关           赎单
                             │
                          进行检验检疫
                             │
                          拨交、结算
        ┌────────────────────┼──────────────────┐
        │                                        │
     船边提货                                  货物入库
        │                  ┌──────────────────────┤
        └──→ 货主自提       │                    货运外地
```

图4-2　信用证支付方式的FOB进口合同履行程序

　　卖方收到信用证后，如要求展延装运期、信用证有效期与变更装运港口等，买方若同意，即可向开证银行办理改证手续。

二、租船订舱

　　进口货物按FOB贸易术语成交时，由买方安排运输和订立运输合同。目前，我国大部分进口货物都委托中国对外贸易运输公司、中国租船有限公司或其他运输代理机构代办运输，也有的直接向中国远洋运输（集团）公司或其他办理国际货运的实际承运人办理托运手续。由于进口货物大多采用海运方式并按FOB条件成交，所以做好租船订舱工作很重要。如合同规定卖方在交货前一定时间内应向买方发出货物备妥通知，则买方在接到该通知后应及时办理租船订舱手续。若卖方未及时发出该项通知，买方应及时催促卖方办理。若进口货物数量不大，但批次较多，为了节省时间和简化手续，也可事先委托卖方代为订舱。

　　按FOB条件成交，卖方装船后，按照国际贸易惯例，应以电传方式向买方发出装船通知，以便买方办理保险和接货等项手续。

　　按CIF和CFR条件进口的货物，由卖方负责租船订舱和安排装运。在此情况下，买方也应及时与卖方联系，以掌握对方的备货与装运动态。

　　当买方办妥租船订舱手续后，为了防止船、货脱节的情况发生，买方应及时催促卖方做好备货装船工作，特别是数量大或重要的进口货物，更要催促卖方按时装船发货。必要时，可请买方驻外机构就地协助和督促卖方履约，或派员前往出口地点检验督促，以利于装运工作的顺利进行。

三、办理货运保险

凡按 FOB 或 CFR 价格条件成交的进口合同，货物保险由买方办理。买方接到卖方的装运通知后，应及时将船名、提单号、开航日期、装运港、目的港以及货物的名称和数量等内容通知保险公司，按预约保险合同的规定对货物自动承保。保险公司对预约保险的责任起讫，一般是从货物在国外装运港装上海轮时起生效，到卸货港转运单据载明的国内目的地收货人仓库终止。保险公司将外贸公司送交的海运进口装船通知书或结算凭证汇总后，按季度或月份向外贸公司收取保险费。在买方未与保险公司签订预约保险合同的情况下，进口货物就得逐笔投保，买方接到卖方的发货通知后，应立即向保险公司办理投保手续；否则，若货物在投保前的运输途中发生损失，保险公司不负赔偿责任。

做中学 4-1

大连某企业以 CFR 条件出口一批货物至美国。按合同规定，卖方装船后，应及时寄单给买方并要求其支付货款。此时，货物在运输途中受损，买方随即向我方提出索赔。请问：（1）如果我方已及时向买方发出装船通知，我方能否拒绝买方的索赔？（2）如果业务人员由于业务上的疏忽，忘记向买方发出装船通知，我方能否拒绝买方的索赔？

精析：（1）如果我方已及时向买方发出装船通知，那么货运途中的风险概由买方承担；（2）如果业务人员忘记向买方发出装船通知，那么我方应承担运输途中的货物损失。

四、审单付款

货物装船后，卖方即凭提单等有关单据向当地银行议付货款。议付行寄来单据后，经银行审核无误即通知买方付款赎单。如银行审单时发现单证不符或单单不符，应区分不同情况进行处理。例如，拒付货款；相符部分付款，不符部分拒付；货到检验合格后再付款；凭卖方或议付行出具担保付款；在付款的同时提出保留索赔权。审单付款是进口履约程序中的重要环节，它关系到卖方提供的单据的有效性，直接影响买方及时、顺利收货。

五、报关、报验与检验

（一）报关

买方付款赎单后，进口货物运抵目的港，进口货物收货人或其代理人开始进口报关。进口报关是指进口收货人或其代理人在海关规定的期限内，向海关提交进口货物报关单及有关货物单据，办理申报手续。海关以申报单据为依据，对进口货物进行实际核对和检查，以确保货物合法进口。经海关查验无误后，进口货物的纳税人在规定时间内缴纳关税和其他税费，以取得海关对货物的放行。

（二）报验与检验

有些进口货物要向海关申请检验，以判明进口货物的规格、质量、数量、技术性能等是否符合国家规定或订货合同的规定。进口货物的收货人在向海关申请检验时，应提供合同和有关单证与资料。买方为了在规定期限内对外提出索赔，凡属下列情况的货物，均应在卸货口岸就地报验：①合同写明需在卸货港检验的货物；②合同规定货到检验合格后付款的货物；③合同规定的索赔期限很短的货物；④卸离海轮时已发现残损、短少或有异状或提货不着等情况的货物。

凡属法定检验的进口货物到达后，用户或接运货物的单位必须向卸货口岸或到达站的检验海关登记，海关在报关单上加盖"已接受登记"的印章，然后凭海关放行章验放。如合同有约定，检验在约定地点进行；如没有约定，则在卸货口岸、到达站或海关指定的地点进行检验。如卸货时发现残损、短少，必须及时检验。需要进行安装调试的机电、仪器产品和成套设备，可酌情在收货人所在地进行检验。

法定检验的进口货物经登记后，收货人即应在规定的时间和地点，持买卖合同、发票、装箱单和货运单等有关单证向海关报验。海关对已报验的货物，应在索赔期限内检验完毕，并出具相应的检验检疫证书。

非法定检验的进口货物，如合同规定海关检验的，应按规定办理报验和检验；如合同未规定由海关检验，但卸货口岸已发现有残、损、短缺情况，应及时向口岸海关申请检验出证。其他情况下，由收货人按合同规定验收。

六、提取与拨交货物

进口货物的报关、纳税等手续办完后，即可在报关口岸按规定提取或拨交货物。在进口货物卸货时，港务局也应该进行核对。如发现货物短少，应填制短卸报告交船方签认，并向船方提出保留索赔权声明；如发现货物残损，应将货物存放于海关指定仓库，由保险公司会同当地海关出具检验证明，以便在有效索赔期内对外索赔。如用货单位在卸货口岸附近，则就近拨交货物；如用货单位不在卸货地区，则委托货运代理将货物转运内地，并拨交给用货单位。

七、办理索赔

在履行进口合同的过程中，如卖方未按期交货，或货到后发现品质、数量和包装等方面有问题，致使买方遭受损失，需向有关责任方提出索赔。根据造成损失原因的不同，进口索赔主要包括三个方面。

（1）向卖方索赔。凡属下列情况，均可向卖方索赔：①货物品质、规格与合同规定不符；②原装数量不足；③包装不良致使货物受损；④未按期交货或根本不交货等。

（2）向承运人索赔。凡属下列情况，均可向承运人索赔：①货物数量少于提单所载数量；②提单为清洁提单，而货物残损且属承运人过失所致；③货物所受的损失，根据租船合约有关条款应由船方负责等。

（3）向保险公司索赔。凡属下列情况，均可向保险公司索赔：①由于自然灾害、意外事故或运输中其他事故的发生致使货物遭受损失，并且属于投保险别承保责任范围以内的；②凡承运人不予赔偿或赔偿金额不足以抵补损失，并且属于承保责任范围之内的。

办理索赔时，应注意如下几个问题：

（1）索赔证据。首先，应制备索赔清单，随附海关签发的检验证书、发票、装箱单、提单副本。其次，对不同的索赔对象要另附其他有关证件。向卖方索赔时，如果是以FOB或CFR价格成交的合同，还要随附保险单一份；向承运人索赔时，还应另附由船长及港务局理货员签证的理货报告及船长签证的短缺或残损证明；向保险公司索赔时，还应另附保险公司与买方的联合检验报告等。

（2）索赔金额。其应适当确定，除包括受损商品价值外，还应加上有关费用，如商品检验费、装卸费、银行手续费、仓租、利息等。索赔金额究竟多少，其中应包括哪些费用，应视具体情况而定。

（3）索赔期限。买卖合同中一般都规定了索赔期限，向责任方提出索赔，应在规定的期限内提出，过期提出索赔无效。如合同未规定索赔期限，按《公约》的规定，买方向卖方声称货物不符合合同规定而索赔的时限，是买方实际收到货物之日起两年；向船公司索赔的时限，按《海牙规则》而索赔的规定，是货物到达目的港交货后一年；向保险公司索赔的时限，按《中国人民保险公司海洋运输货物保险条款》的规定，为货物在卸货港全部卸离海轮后两年。

（4）卖方的理赔和补救。进口货物发生损失，如属于卖方必须承担的责任，应直接向卖方提出索赔，要防止卖方制造借口来推卸责任。此外，买卖双方还可以根据具体情况采取一些补救办法：由买方给予卖方一段合理时间，让卖方继续履行其义务；卖方降低价格；卖方交付替代货物；卖方进行修理。

综上所述，履行进口合同涉及众多工作环节，其中有些基本环节是不可缺少的。应当指出，履行进口合同的环节及其工作内容，主要取决于合同的类别及交易双方约定的支付条件。例如，在履行凭信用证付款的FOB进口合同时，上述许多业务环节都是很重要甚至是不可缺少的。但是在履行凭其他付款方式和其他贸易术语成交的进口合同时，其工作环节有所区别。在采用汇付或托收方式的情况下，就不存在买方开证的环节；在履行CFR进口合同时，买方不负责租船订舱，此项工作由卖方负责；在履行CIF进口合同时，买方不仅不承担货物从装运港到目的港的运输任务，而且不负责办理货运投保手续，此项工作由卖方按约定条件代为办理。

关键术语

收妥结汇　定期结汇　议付结汇

随堂测4

应知考核

一、单项选择题

1.在托运、报检和报关的单证中，由出口商出具的单证是（　　）。

A.发票、报关单、保险单和提单

B.发票、装箱单、保险单和通关单

C.发票、报关单、装箱单和提单

D.发票、装箱单、保险单和托运单

2.所谓单证相符，是指受益人必须做到（　　）。

A.单据与合同相符　　　　　　　　B.单据和信用证相符

C.信用证和合同相符　　　　　　　D.修改后的信用证与合同相符

3.按惯例，银行开立信用证所产生的一切费用和风险应由（　　）负担。

A.受益人　　　　B.申请人　　　　C.银行　　　　D.第三方

4.在实际业务中，由（　　）作为当事人承担审证任务。

A.银行　　　　　　　　　　　　　B.银行和出口公司

C.出口公司　　　　　　　　　　　D.进口公司

5.发生（　　），违约方可援引不可抗力条款要求免责。

A.战争　　　　　　　　　　　　　B.世界市场上该商品价格上涨

C.生产制作过程中的过失　　　　　D.货币贬值

6.进口时，对于已报验的货物，海关应在（　　）内检验完毕，并出具相应的检验检疫证书。

A.合同规定期限　　　　　　　　　B.索赔期限

C.报验期限　　　　　　　　　　　D.海关规定期限

7.象征性交货是指卖方（　　）。

A.不交货　　　　　　　　　　　　B.既交单又实际交货

C.凭单交货　　　　　　　　　　　D.实际交货

8.按照《公约》的规定，如买卖合同中未规定索赔期限，买方行使索赔权的最长期限为自实际收到货物时起不超过（　　）。

A.1年　　　　　B.60天　　　　　C.2年　　　　　D.30天

9.进口的货物如发生残损或到货数量少于提单所载数量，而运输单据是清洁的，则应向（　　）提出索赔。

A.卖方　　　　B.承运人　　　　C.保险公司　　　　D.银行

10.凡货物与样品难以达到完全一致时，不宜采用（　　）。

A.凭说明买卖　　B.凭样品买卖　　C.凭等级买卖　　D.凭规格买卖

二、多项选择题

1.交易磋商的主要内容除涉及商品品名、数量、包装外，还包括（　　）。

A.商品价格　　　B.货物装运　　　C.货款支付　　　D.商品品质

2.买卖合同中规定的买方的基本义务有（　　）。

A.开立信用证　　　　　　　　　　B.按合同规定支付货款

C.收取货物　　　　　　　　　　　D.租船订舱、派船接货

3.所有的买卖合同都规定了交易双方的基本义务，其中卖方的基本义务有（　　）。

A.按照合同规定交付货物　　　　　B.移交一切与货物有关的单据

C.转移货物的所有权　　　　　　　　　　D.办理租船订舱手续

4.信用证的特点包括（　　　）。

A.银行信用　　　　　B.商业信用　　　　C.单据买卖　　　　D.自足文件

5.制单结汇工作中必须做到一致的有（　　　）。

A.单单一致　　　　　　　　　　　　　B.单证一致

C.单合（同）一致　　　　　　　　　　D.证合（同）一致

6.在国际贸易中，常用于中间商转售货物交易的信用证有（　　　）。

A.对背信用证　　　　B.对开信用证　　　　C.可撤销信用证　　　　D.可转让信用证

7.在信用证结算方式下，我国银行提供的结汇方式有（　　　）。

A.收妥结汇　　　　　B.定期结汇　　　　C.预付结汇　　　　D.议付结汇

8.开证行拒付货款的理由包括（　　　）。

A.单证不符　　　　　　　　　　　　　B.货物不符合合同规定

C.单单不符　　　　　　　　　　　　　D.货物未装运

9.下列关于信用证与合同关系的表述正确的有（　　　）。

A.信用证的开立以买卖合同为依据　　　B.信用证业务受买卖合同的约束

C.合同是审核信用证的依据　　　　　　D.银行按合同规定处理信用证业务

10.进口索赔对象主要有（　　　）。

A.卖方　　　　　　　B.买方　　　　　　C.承运人　　　　　　D.保险公司

三、判断题

1.货、证、租船订舱及制单结汇是出口合同履行中最重要的环节。　　　　　（　　　）

2.审证是由银行与出口方共同审核信用证的内容与合同规定是否相符。　　　（　　　）

3.溢短装条款是指在装运数量上可以有一定的增减幅度，该幅度可由卖方决定，也可由买方决定，但应视合同中的具体规定而定。　　　　　　　　　　　　　（　　　）

4.按CIF术语出口时，我国出口商在国内投保一切险，风险起讫应为"仓至仓"。
　　　　　　　　　　　　　　　　　　　　　　　　　　　　　　　　（　　　）

5.进出口货物的收发货人、报关行、国际货运代理都可作为报关单位。　　　（　　　）

6.争议也称异议，是交易一方认为对方未能部分或全部履行合同规定的责任与义务而产生的纠纷。　　　　　　　　　　　　　　　　　　　　　　　　　　（　　　）

7.《UCP600》规定正本单据必须注有"Original"字样。　　　　　　　　　（　　　）

8.海运提单要求空白抬头和空白背书，就是指不填写收货人和不要背书。　　（　　　）

9.在信用证没有规定的情况下，银行将接受以单独的一份正本海运提单为整套单据。　　　　　　　　　　　　　　　　　　　　　　　　　　　　　　　（　　　）

10.修改信用证时，可不必经开证行而直接由申请人修改后交给受益人。　　（　　　）

应会考核

观念应用

A公司对英国出口一批货物，国外开来的信用证中对发票只规定："Commercial

Invoice induplicate."A公司交单后被拒付,理由是商业发票上受益人未签字盖章。A公司经检查发现的确未签字盖章,立即补寄签字完整的发票。但此时信用证已过期,故又遭拒付。A公司与买方再三交涉,最后降价处理才收回货款。本案中的拒付有无理由?为什么?A公司的处理是否妥当?为什么?

■ 技能应用

我国某公司与德商签订一出口合同,德商按时开来了信用证,证中规定的装运条款为:1月装100公吨,2月装150公吨,3月装150公吨。我方1月按规定如数装运并顺利收到货款。考虑到货源分散,经与船公司协商,"月亮河"号于2月10日在烟台、2月11日在青岛共装运150公吨货物。当我方持单据到银行要求付款时,遭到开证行的拒绝。

【考核要求】

请问开证行的拒付是否合理?为什么?

■ 案例分析

1.大连某货代公司接受货主的委托,安排一批茶叶海运出口。货代公司在提取了船公司提供的集装箱并装箱后,将整箱货交给船公司。同时,货主自行办理了货运保险。收货人在目的港拆箱提货时发现集装箱内异味浓重,经查明,该集装箱前一航次所载货物为精萘,致使茶叶被精萘污染。

【考核要求】

请问:(1)收货人应该向谁索赔?为什么?(2)最终应由谁对茶叶受污染事故承担赔偿责任?

2.飞达服装公司从韩国某厂商进口该厂生产的飞燕牌服装5 000套,交货期为2021年12月底,该厂无存货。同年8月,工厂准备生产,但因资金困难,未购进生产服装所必需的新的流水线;9月,工厂工人开始要求增加工资,随后罢工2个月。按该厂的生产能力,在余下的时间里显然不能生产5 000套服装。

【考核要求】

试问:(1)韩方不能按时完成交货应负什么责任?(2)我方应如何处理合同?

项目实训

【实训项目】

出口单证及其操作流程。

【实训情境】

作为一名外贸业务员,你打算以CFR条件出口一批化工产品到东南亚,请拟出出口单证的操作流程和操作步骤。

【实训要求】

1.结合所学的知识,掌握外贸业务流程与单证流程。

2.撰写"出口单证及其流程"实训报告。

"出口单证及其流程"实训报告		
项目实训班级：	项目小组：	项目组成员：
实训时间：　　年　月　日	实训地点：	实训成绩：
实训目的：		
实训步骤：		
实训结果：		
实训感言：		
不足与今后改进：		
项目组长评定签字：　　　　　　　　　项目指导教师评定签字：		

项目五

信用证业务

知识目标

理解：信用证的概念、特点及类型。

熟知：信用证电开和信开的基本内容。

掌握：信用证的申请、审核和修改，并能结合合同等文件对信用证进行分析。

技能目标

能够根据合同审核信用证并进行正确的翻译；能够判断信用证的条款是否需要修改；能够找出信用证与合同的不符点，找出信用证软条款。

思政目标

能够正确地理解"不忘初心"的核心要义和精神实质；树立正确的世界观、人生观和价值观，做到学思用贯通、知信行统一；通过信用证业务加强责任和风险防范意识，具备外贸业务一线工作人员应具备的谨慎态度和观念，提升外贸单证人员应具有的职业道德观。

项目引例　　　已议付的货款不能退还

大连某公司于2022年1月向日本A客商出口一批货物，A客商按时开来不可撤销即期议付信用证，该证由设在我国境内的外资B银行通知并加具保兑。我方在货物装运后，将全套合格单据交B银行议付，收妥货款。但B银行向开证行索偿时，得知开证行因经营不善已宣布破产。于是，B银行要求我方将议付款退还，并建议我方直接向买方索款。请问：我方应如何处理？为什么？

引例评析：我方不能退还已经议付的货款。《跟单信用证统一惯例》规定，信用证支付方式是一种银行信用，开证行承担第一付款人责任。如果信用证中加列了保兑行，保兑行与开证行对信用证承担同等付款责任。只要出口商交付了全套合格单据，保兑行必须议付货款，然后保兑行再向开证行议付。由于保兑行对开证行的资质和信用审核疏忽，造成开证行难以向保兑行议付货款，这与出口商无任何关系。

■ 知识精讲

任务一　信用证概述

一、信用证的概念、特点和类型

视频 5-1

轻松秒懂
信用证

（一）信用证的概念

信用证（Letter of Credit，L/C）是指开证行应申请人的要求并按申请人的指示，向第三者开具的载有一定金额、在一定期限内凭符合规定的单据付款的书面保证文件。

（二）信用证的主要特点

1. 信用证是一项独立文件

信用证虽以贸易合同为基础，但它一经开立，就成为独立于贸易合同之外的另一种契约。贸易合同是买卖双方之间签订的契约，只对买卖双方有约束力；信用证则是开证行与受益人之间的契约，开证行和受益人以及参与信用证业务的其他银行均应受信用证的约束。但这些银行与贸易合同无关，故不受合同的约束。对此，《跟单信用证统一惯例》（《UCP600》）第4条明确规定："就性质而言，信用证与可能作为其开立依据的销售合同或其他合同之间，是相互独立的交易。即使信用证中提及该合同，银行亦与该合同完全无关，且不受其约束。因此，一家银行做出兑付、议付或履行信用证项下其他义务的承诺，并不受申请人与开证行之间或与受益人之间在已有关系下产生的任何索偿或抗辩的制约。"

2. 开证行是第一付款人

信用证支付方式是一种银行信用，由开证行以自己的信用做出付款保证，开证行提供的是信用而不是资金。其特点是在符合信用证规定的条件下，首先由开证行承担"承付"（承兑或付款）责任。《跟单信用证统一惯例》（《UCP600》）第7条明确规定："只要规定的单据提交给指定银行或开证行，并且构成相符交单，则开证行必须承付。"开证行也可授权另一银行（称指定银行）进行付款或承兑，如果该指定银行未按时承付，则开证行要承付，即开证行承担第一付款人的责任。

职场指南 5-1 　　　　　　　　　　　　　　　　　国际标准银行实务

国际标准银行实务，简称 ISBP，是审核信用证单据的国际惯例，规定了信用证的常见条款以及单据制作和审核的原则。它是对 UCP 的补充、细化和解释，以正确理解和使用 UCP、统一和规范信用证审单实务、减少拒付争议。

3. 信用证业务处理的是单据

《跟单信用证统一惯例》（《UCP600》）第5条明确规定："银行处理的是单据，而不是单据所涉及的货物、服务或其他行为。"可见，信用证业务是一种纯粹的凭单据付款的单据业务。该惯例在第14条和第34条对此做了进一步的规定和说明。也就是说，信用证业务仅以单据为基础，以决定单据在表面上看来是否构成相符交单，只要单据在表面上构成相符交单，银行就得凭单据承付。因此，单据成为银行付款的唯一依据。这也就是说，银行只认单据是否构成相符交单，而"银行对任何单据的形式、充分性、准确性、内容真实性、虚假性或法律效力，或对单据中规定或添加的一般或特殊条件，概不负责；银行对任何单据所代表的货物品质、数量、包装等或其存在与否、相关当事人诚信与否、作为或不作为、资信状况等情况，也概不负责"。所以，在使用信用证支付的条件下，受益人要想安全、及时收到货款，必须做到"表面上相符交单"。

做中学5-1

我某公司对外出口1 000吨大豆，国外开来的信用证规定：不允许分批装运。装运港：天津/新港。我某公司在规定的期限内分别在大连、新港各装500吨大豆于第195航次的"东风"号轮上，提单上也注明了不同的装运地和不同的装船日期，但在向银行交单时遭拒付。请问：银行是否有权拒付？

精析：银行有权拒付。信用证是严格的单证业务，只有单证一致、单单一致，银行才付款。而我某公司提交的提单中装运港的名称与信用证不符，所以银行有权拒付。

《UCP600》第2条将信用证定义为：一项不可撤销的安排，无论其名称或描述如何，该项安排构成开证行对相符交单予以承付的确定承诺。

信用证开立后，只要出口商严格按照信用证规定的条款执行，做到单证一致、单单一致，就能及时收到货款。

（三）信用证的类型

信用证的类型和特点见表5-1。

表5-1　　　　　　　　　　　信用证的类型和特点

分类标准	类型	特点
修改撤销方式	可撤销信用证	开证行开立信用证后，不必征得受益人的同意，即可根据开证申请人的要求，随时撤销和修改信用证。开证行在撤销信用证后，甚至可以不必将信用证已撤销的事实通知受益人，但必须通知信用证的通知行，只有在通知行收到有关通知后，信用证的撤销才能生效
	不可撤销信用证	信用证一经开出，即使开证申请人提出了修改或撤销的要求，如果未征得开证行、保兑行及受益人的同意，信用证既不能修改也不能撤销。《UCP500》第6条C款规定：凡无明确表示是否为可撤销信用证的，应"视为不可撤销"。《UCP600》第3条重申："信用证是不可撤销的，即使未如此表明。"

分类标准	类型	特点
是否保兑	保兑信用证	除开证行以外，还有另一家银行对信用证承担保证兑付责任
	不保兑信用证	除开证行以外，没有另一家银行对信用证承担保证兑付责任
兑付方式	议付信用证	开证行在信用证中请其他银行买入汇票及单据，当受益人提交的单据符合信用证条款规定时，议付行扣除利息后将票款付给受益人，是实务中最常见的信用证
	即期付款信用证	开证行或指定银行收到符合信用证条款规定的即期汇票及单据后，立即履行付款义务。即期付款信用证不需要受益人提供汇票，只凭信用证规定的单据付款。付款行凭单付款后，对受益人没有追索权，对受益人极为有利
	延期付款信用证	开证行或指定银行收到符合信用证条款规定的单据后，在将来可确定的日期履行付款责任。在延期付款信用证中，不要求受益人提交汇票，因此，它的实质是不用汇票的远期信用证
	承兑信用证	开证行或指定银行收到符合信用证条款规定的远期汇票及单据后，不立即付款，而是承兑汇票，待汇票到期时才履行付款责任，是一种需要提供汇票的远期信用证
附加性质	可转让信用证	信用证的受益人（第一受益人）可以要求授权付款、承担延期付款责任、承兑或议付的银行（转让银行），或者当信用证自由议付时，可以要求信用证中特别授权的转让银行，将信用证全部或部分转让给一个或数个受益人（第二受益人）使用
	循环信用证	信用证被全部或部分使用后，仍可恢复原金额再使用，分为按时间循环信用证和按金额循环信用证。循环信用证有自动循环使用、非自动循环使用、半自动循环使用三种循环方式
	背对背信用证	中间商收到进口人开来的、以其为受益人的信用证后，要求原通知行或其他银行以原证为基础，另外开立一张内容相似、以其为开证申请人的新的信用证给另一受益人
	对开信用证	通过相互向对方开立信用证进行结算的方式。其主要特点是：双方同时开证；第一张信用证的受益人是第二张信用证的申请人；第一张信用证的通知行是第二张信用证的开证行；它们的金额可以相等或不同，可以同时或分别生效

职场指南 5-2　　　　　　　　　　　　　　　　　**双到期信用证**

　　有的信用证规定最迟装运期和信用证的有效期是同一天，这就是所谓的"双到期"。为保证有足够的改单、交单时间，一般应提前10天左右装运。如果信用证没有规定交单期，应在提单日后的21天内且在信用证有效期前交单。

二、信用证的主要内容

（一）电开信用证的主要内容

电开信用证是以电报、电传或SWIFT等电信方式开立的信用证，又可以分为简电本和全电本两种。

简电本（Brief Cable）是将信用证金额、有效期等主要内容用电文预先通知出口商的信用证，目的是使出口商早日备货。但由于内容不完整，简电本不是有效的信用证，在简电本后一般都注有"随寄证实书"字样。

全电本（Full Cable）是以电文形式开出的完整的信用证。开证行一般会在电文中注明"This is an operative instrument.No airmail confirmation to follow."即全电本后面不注有"随寄证实书"字样。这样的信用证是有效的，可凭以交单议付。随着现代电信业务的飞速发展，电开信用证在实务中被广泛使用，尤其是SWIFT信用证。

1.SWIFT简介

"SWIFT"是环球银行金融电信协会（Society for Worldwide Interbank Financial Telecommunication）的简称，是一个国际银行同业间非营利性的合作组织。该组织于1973年在比利时成立，总部设在比利时首都布鲁塞尔，并在荷兰阿姆斯特丹和美国纽约设立了与总部相互连接的大型计算机操作中心，在各会员银行所在的国家和地区设有与操作中心相连的处理站。会员银行通过专用电脑设备、处理站与操作中心的电脑、数传通信设备连通，构成全球性通信网，开展国际银行业务。目前，全球大多数国家的大多数银行都已使用SWIFT系统。

凡利用SWIFT系统设计的特殊格式，通过SWIFT系统传递信用证的信息，即通过SWIFT开立或通知的信用证被称为SWIFT信用证，也称为"环银电协信用证"。

中国银行在1983年2月正式加入该协会成为会员银行，1984年开始使用该协会的通信系统办理国际业务，1985年中国银行总行建立了SWIFT中国地区处理站。

SWIFT电文表示方式为：

（1）项目表示方式。SWIFT由项目（FIELD）组成，项目由两位数字的代号（Tag）或由两位数字代号加上字母组成，如"44C LATEST DATE OF SHIPMENT"（最后装船期）。SWIFT的项目分为必选项目（Mandatory Field）和可选项目（Optional Field）两种类型。

（2）日期表示方式。SWIFT电文的日期表示为YYMMDD（年月日），如2022年10月9日表示为221009。

（3）数字表示方式。在SWIFT电文中，数字不使用分格号，小数点用逗号","来表示，如8，123，286.36表示为8123286，36。

2.SWIFT电文常用项目

SWIFT电文常用项目见表5-2。

表 5-2   SWIFT电文常用项目

代 号	英 文	中文含义
20	DOC. CREDIT NUMBER	信用证号码（MT700）
27	SEQUENCE OF TOTAL	电文页次
31C	DATE OF ISSUE	开证日期
31D	DATE AND PLACE OF EXPIRY	信用证有效期和到期地点
32B	CURRENCY CODE，AMOUNT	货币代码和金额
39A	Pos./Neg. Tol.（%）	金额上下浮动允许的最大范围
40A	FORM OF DOCUMENTARY CREDIT	跟单信用证形式
41A	AVAILABLE WITH/BY	指定的有关银行及信用证的兑付方式
42A	DRAWEE	汇票付款人
42C	DRAFTS AT...	汇票付款日期
43P	PARTIAL SHIPMENTS	分批装运条款
43T	TRANSSHIPMENT	转运条款
44A	LOADING IN CHARGE	装船、发运和接收监管的地点
44B	FOR TRANSPORTATION TO...	货物发运的最终地
44C	LATEST DATE OF SHIPMENT	最后装船期
44D	SHIPMENT PERIOD	船期
45A	DESCRIPTION OF GOODS	货物描述
46A	DOCUMENTS REQUIRED	单据要求
47A	ADDITIONAL CONDITIONS	特别条款
48	PRESENTATION PERIOD	交单期限
49	CONFIRMATION INSTRUCTIONS	保兑指示
50	APPLICANT	信用证开证申请人
53A	REIMBURSEMENT BANK	偿付行
57A	ADVISE THROUGH BANK	通知行
59A	BENEFICIARY	信用证受益人
71B	DETAILS OF CHARGES	费用情况
72	SENDER TO RECEIVER INFORMATION	附言
78	INSTRUCTION	给付款行、承兑行、议付行的指示

3. SWIFT信用证实例

```
MT700      Issue of a Documentary Credit  Page 00001
BASIC HEADER  F01 BKCHCNBJA400 1253 409337
APPLICATION HEADER  0 710 1503 050316 BSCHHKHHA 3486 119921 050316 1503 N
        *NATIONAL AUSTRALIA BANK，SYDNEY
        * SYDNEY
        * INTERNATIONAL TRADE PROCESSING
USER HEADER  SERVICE CODE    103：
        BANK. PRIORITY  113：
        MSG USER REF.    108：
        INFO. FROM CI      115：
SEQUENCE OF TOTAL      *27：   1/1
FORM OF DOC. CREDIT    *40A：  IRREVOCABLE
DOC. CREDIT NUMBER    *20：   9052BTY0512004
DATE OF ISSUE          31C：   220323
APPLICABLE RULES      *40E：  UCP LATEST VERSION
DATE AND PLACE OF EXPIRY  *31D：  DATE 220425 PLACE CHINA
APPLICANT       *50：      AUSTRALIA INTERNATIONAL TRADING CO.，LTD.
3/27-29 RICHARDSON AVENUE，GLENELG NORTH，ADELAIDE，AUSTRALIA
BENEFICIARY     *59A：      TONGCHUANG WIRE MESH FACTORY
1602 WIRE MESH WORLD BUILDING ANPING COUNTY HEBEI，CHINA
CURRENCY CODE，AMOUNT *32B：  CURRENCY USD AMOUNT 10654，56
AVAILABLE WITH...BY...    *41A：  ANY BANK
BY NEGOTIATION
DRAFTS AT...42C：          SIGHT
DRAWEE     42A：CTBAAU2SITS
        * NATIONAL AUSTRALIA BANK，SYDNEY
*SYDNEY
PARTIAL SHIPMENTS      43P：   NOT ALLOWED
TRANSSHIPMENT          43T：   ALLOWED
PORT OF LOADING        44E：   QINHUANGDAO，HEBEI
PORT OF DISCHARGE      44F：   MELBOURNE，AUSTRALIA
LATEST DATE OF SHIPMENT  44C：  220415
DESCRIPTION OF GOODS  45A：  STAINLESS STEEL WIRE MESH，CIF MELBOURNE
DOCUMENTS REQUIRED    46A：
（1）COMMERCIAL INVOICE IN DUPLICATE
```

（2）PACKING LIST IN DUPLICATE

（3）FUMIGATION CERTIFICATE IN DUPLICATE

（4）INSURANCE POLICIES OR CERTIFICATES ENDORSED IN BLANK, COVERING INSTITUTE CARGO CLAUSES （A）, INSTITUTE WAR CLAUSES （CARGO）, AND INSTITUTE STRIKES CLAUSES （CARGO）, FOR NOT LESS THAN THE FULL INVOICE VALUE PLUS 10 PERCENT

（5）FULL SET OF CLEAN "ON BOARD" BILL OF LADING TO THE ORDER OF SHIPPER AND ENDORSED IN BLANK MARKED "FREIGHT PREPAID" AND NOTIFY APPLICANT

ADDITIONAL COND.　　　　47A：

（1）TELEGRAPHIC TRANSFER REIMBURSEMENT CLAIMS ARE SPECIFICALLY PROHIBITED UNDER THIS CREDIT

（2）DISCREPANCY FEE OF USD 35.00 WILL BE DEDUCTED FROM THE PROCEEDS FOR EACH PRESENTATION OF DISCREPANT DOCUMENT

（3）THE AMOUNT OF EACH DRAFT MUST BE ENDORSED ON THE REVERSE OF THIS CREDIT BY THE NEGOTIATING BANK

DETAILS OF CHARGES　　　　71B：ALL BANK CHARGES OUTSIDE AUSTRALIA ARE FOR ACCOUNT OF BENEFICIARY.

PRESENTATION PERIOD　　　48：DOCUMENTS MUST BE PRESENTED AT PLACE OF EXPIRATION WITHIN 15 DAYS OF ON BOARD DATE OF BILL OF LADING.

CONFIRMATION　　　　　*49：WITHOUT

INSTRUCTIONS　　　78：

DRAFTS AND DOCUMENTS ARE TO BE SENT IN ONE LOT BY COURIER TO NATIONAL AUSTRALIA BANK PBS TRADE SERVICES, 343 GEORGE ST., SYDNEY NSW 2000, AUSTRALIA. WE HEREBY UNDERTAKE THAT PAYMENT WILL BE MADE, IN ACCORDANCE WITH YOUR INSTRUCTIONS, UPON PRSENTATION OF DRAFTS AND DOCUMENTS DRAWN IN CONFORMITY WITH THE TERMS AND CONDITIONS OF THIS CREDIT.

TRAILER：　　　　　　　MAC：48E8293E

　　　　　　　　　　　　CHK：656F2B15C677

　　上述信用证由五个部分组成：①BASIC HEADER BLOCK（基本报头）；②APPLICATION HEADER BLOCK（应用报头）；③USER HEADER BLOCK（用户报头）；④TEXT BLOCK（电文正文），即信用证的主要内容；⑤TRAILER BLOCK（报尾）。

　　4.信用证主要内容分析

　　（1）27 SEQUENCE OF TOTAL（电文页次），指本信用证的发报次数，用分数表示，分母表示发报的总次数，分子表示这是其中的第几次。

（2）40A FORM OF DOC.CREDIT（跟单信用证形式），该信用证为不可撤销信用证。

（3）20 DOC.CREDIT NUMBER（信用证号码），该信用证的号码为 9052BTY051 2004。

（4）31C DATE OF ISSUE（开证日期），该信用证的开证日期为 2022 年 3 月 23 日。

（5）40E APPLICABLE RULES（适用的规则），该信用证适用于 UCP 最新版本。

（6）31D DATE AND PLACE OF EXPIRY（信用证的有效期和到期地点）。有效期是指"信用证生效的最后期限"。也就是说，超过了这个日期，开证行就不受信用证的约束，不再承担付款责任了。到期地点是指该信用证的截止日期是以哪个地方的日期起算的。另外，到期地点还有一层含义，就是"在受益人交单所在地截止"，受益人理解这一层含义是非常必要的，因为它涉及受益人向银行提交单据的缓急程度。

（7）50 APPLICANT（开证申请人），通常为买卖合同的"买方"。"开证申请人"的名称和地址是众多银行单据必须填写的内容之一，如发票的"抬头人"、提单的"通知人"、产地证的"收货人"等。

（8）59A BENEFICIARY（受益人），通常为买卖合同的"卖方"。"受益人"的名称和地址也是众多银行单据必须填写的内容之一，值得注意的是，"受益人"的名称不能出现与实际英文名称不符的现象，哪怕只是个别字母拼写错误，也必须要求申请人指示开证行修改信用证；否则，极易出现单证不符，造成收汇困难。

（9）32B CURRENCY CODE，AMOUNT（货币代码和金额），该信用证为 10 654.56 美元。如信用证金额前有"ABOUT""APPROXIMATELY"等字样，则相关的汇票和发票金额可以有不超过 10% 的增减幅度；如信用证没有特别说明，则相关的汇票和发票金额可以有不超过 5% 的增减幅度；如金额前后有"NOT EXCEEDING"字样，则相关的汇票和发票的兑用金额既不能多于也不能少于信用证规定的金额。

（10）41A AVAILABLE WITH...BY...（指定的有关银行及信用证的兑付方式）。该信用证可以在任何银行兑付，兑付方式为议付。兑付方式一般有四种：即期付款（BY SIGHT PAYMENT）、延期付款（BY DEFERRED PAYMENT）、承兑（BY ACCEPTANCE）和议付（BY NEGOTIATION）。

（11）42C DRAFTS AT ...（汇票付款期限），该信用证中为"见票即付"的即期汇票。

（12）42A DRAWEE（汇票的受票人，即付款人），该信用证的付款人为"NATIONAL AUSTRALIA BANK，SYDNEY"。信用证项下汇票的付款人多为开证行。

（13）43P PARTIAL SHIPMENTS（分批装运条款），该信用证不允许分批装运。允许分批装运有两层含义：一是把一份信用证项下的货物的一部分而不是全部装运出去；二是把一份信用证项下的货物按照受益人的意愿分数次分期分批装运出去，也就是说，既可以一次性装运，也可以安排数次装运，信用证对此不做限制。

（14）43T TRANSSHIPMENT（转运条款），该信用证允许转运。

（15）44E PORT OF LOADING（装运港），该信用证为"秦皇岛，河北"。

（16）44F PORT OF DISCHARGE（目的港），该信用证为"墨尔本，澳大利亚"。

（17）44C LATEST DATE OF SHIPMENT（最迟装运日期），该信用证最迟装运日期为2022年4月15日。

（18）45A DESCRIPTION OF GOODS（货物描述），该信用证显示为"不锈钢丝网，CIF墨尔本"。本条款既可以包括商品的详细情况，也可以有参照语句。关于商品描述，《UCP600》第18条c款的规定是：商业发票上的货物、服务或履约行为的描述应该与信用证中的描述一致。

（19）46A DOCUMENTS REQUIRED（单据要求），该信用证要求商业发票一式两份；装箱单一式两份；熏蒸检验证书一式两份；保险单或保险凭证经空白背书，按照"伦敦保险协会海运货物保险条款"投保"ICC（A）"险、战争险和罢工险，保险金额不得低于发票金额的110%；全套清洁已装船海运提单，托运人指示抬头，空白背书，显示"运费预付"并通知开证申请人。

（20）47A ADDITIONAL COND.（附加条款），常见的附加条款有英文单据、第三方单据是否接受，某些具体内容需要在全部或几种单据中显示，关于不符单据的扣费和处理问题等。某些国家开来的信用证把46A和47A条款混在一起，给制单带来了一定难度。此种情况下要求单证员细心地处理好每个细节。该信用证附加条款规定：不允许电汇索偿；如果提交的单据出现不符点，每套单据将扣除USD 35.00的费用；每张汇票的金额必须由议付行在此信用证的背面注明。

（21）71B DETAILS OF CHARGES（费用负担），该信用证规定"在澳大利亚以外的银行费用由受益人承担"。如果信用证没有特别说明，按照《UCP600》第37条a款和c款的规定，相关银行费用应该由申请人（买方）和开证行承担。

（22）48 PRESENTATION PERIOD（交单期限），受益人必须在装船日期后15天内将单据提交给银行议付。

（23）49 CONFIRMATION（保兑指示），该信用证为非保兑信用证。

（24）53A REIMBURSING BANK（偿付行），该信用证中偿付行就是开证行。

（25）78 INSTRUCTIONS（给付款行、承兑行或议付行的指示）。该信用证规定"请用特快专递将汇票和单据一次性寄给我行""我行保证：如果汇票和单据是按照本信用证内的条款开出的，我行即根据您的指示付款"。

（二）信开信用证的主要内容

信开信用证是开证行根据开证申请人的要求，将信用证的全部内容用信函方式开出并邮寄到通知行，请其通知受益人的信用证。开证行与通知行之间应事先建立代理行关系，互换签字样本和密押，以便通知行凭样本核对信开信用证上开证行的签字。另外，开证行也可将信用证开出后直接邮寄给受益人，在这种情况下，受益人应请自己的往来银行进行鉴别，而不应直接使用。以下是信开信用证实例：

STANDARD CHARTERED BANK

NEW YORK AGENCY

1 MADISON AVENUE, NEW YORK, NY, UNITED STATES

Date: Feb.15, 2022

Irrevocable documentary credit	Credit Number 002/9803668	Advising Bank
Advising Bank Pre-advised by: Airmail through Bank of China Qingdao, China	Applicant Blue Bird Trading No.80, Mosque Road, Montreal, Quebec	
Beneficiary China national Textiles Imp. & Exp. Corp. No.78 Jiangxi road, Qingdao, China	Amount Abt. CAD 174 000.00 (About Canadian dollars one hundred and seventy-four thousand and 00/100)	
	Expiry date and place For negotiation on Apr. 1, 2022.China	

Dear Sirs,

We hereby issue the Irrevocable Documentary Letter of Credit which is available by beneficiary's drafts on us for full invoice value at sight bearing the credit number and date of issue, and accompanied by the following documents:

Signed Commercial Invoice in quintuplicate;

Canadian Customs Invoice in quintuplicate;

Packing list in quintuplicate;

Weight and Measurement Certificate in quintuplicate;

Full set of clean on board Bills of Lading issued to order of shipper marked "freight prepaid" and notify accountee.

Evidencing shipment of goods:

About 300 000 yards of 65% Polyester, 35% Cotton Grey Lawn as per buyer's order No. S-0578, CFR Montreal.

We are informed insurance is to be covered by buyer.

Shipment from China to Montreal Latest Mar.15, 2022	Partial shipments permitted
	Transshipment permitted

All other bank charges are for the account of applicant.

Documents must be presented to negotiating bank or paying bank within 15 days after the on board date of Bills of Lading, but within validity of letter of credit.

Special Conditions:

Two sets of non-negotiable shipping documents must be airmailed direct to Kanematsu-Gosho (Canada) Inc., Montreal and beneficiary's certificate to this effect is required.

Special instructions for reimbursement:

We will pay the negotiating bank as per their instructions upon receipt of documents.

The amount of any draft drawn under this credit must, concurrently with negotiation, be endorsed on the reverse hereof, and the presentment of any such draft shall be a warranty by the negotiating bank that such endorsement has been made and that documents have been forwarded as herein required.

We hereby engage with the drawers, endorsers and bona fide holders of drafts drawn and negotiated under and in compliance with the terms of this credit that the same shall be duly honored on due presentation to the drawee.

The advising bank is requested to notify the beneficiary without adding their confirmation.

Yours faithfully,

STANDARD CHARTERED BANK

三、填制信用证分析单

在对信用证进行了全面和详细的审核及修改后，受益人即根据企业内部各部门工作的需要，并结合企业自身的特点以及信用证的使用情况，对信用证进行分析和整理，以"信用证分析单"（参见样单5-1）或"审证记录单"（参见样单5-2）的形式，将信用证的分析结果分发至各部门进行流转，由各部门根据需要安排相关工作；也可以直接在原证上进行标注和勾画，以信用证原件或复印件在各部门进行操作和流转。

对于分批出运的信用证，受益人在第二次或以后出运时，要注意银行在信用证背面批注的余额，不能超余额出运。

样单5-1   信用证分析单

银行编号		合约		受益人													
证号																	
开证银行				进口商													
开证日期		索汇方式		起运口岸							目的地						
金额				可否转运													
汇票付款人				可否分批													
汇票期限		见票____天		装运期限							唛头						
注意事项				效期地点													
				提单日____天内议付		____天内寄单											

单证名称	提单	副本提单	商业发票	其他发票	海关发票	装箱单	重量单	尺码单	保险单	产地证	普惠制产地证	贸促会产地证	出口许可证	装船证书	投保通知	寄投保通知邮据	寄单证明	寄单邮据	寄样证明	寄样邮据
银行																				
客户																				

提单	抬头										保险							
	通知																	
运费预付									保额另加__%		赔款地点							

样单 5-2 审证记录单

信用证号码：	合同号码：
信用证通知号码：	开证日期/地点：
开证银行：	通知行：
开证申请人（applicant）：	受益人（beneficiary）：
汇票付款人：	出票条款（drawn under）：
汇票期限：	信用证到期地点：
议付行限制：	价格条件：
装运港：	目的港：
运输方式：	运费支付方法：
可否分批：	可否转船
装运日期：	有效日期：
交单天数：	提单托运人（shipper）：
提单抬头（consignee）：	提单通知方（notifier）：
保险条款：	保险险别：
赔款地点/币别：	保险加成：
数量溢短装：	金额溢短装：
原证金额：	
总品名：	总数量：

唛头： 品名： 货号： 规格： 件数： 数量： 单价： 总值：

信用证中所要求的单据名称及份数：

正本提单	副本提单	发票	保险单	装箱单	重量单	尺码单	商检产地证	贸促会产地证	普惠制产地证	卖方产地证	海关发票	邮局收据（单）	邮局收据（样）	电抄	受益人证明	船方证明	
银行																	
客户																	

单据寄往：	需邮局收据否：	需邮样证明否：
开证人出具函电否：	内容：	
需电抄否：		
发票一般条款：		
公共附注（除汇票所有单据注明）：		
受益人声明内容：		有关单据特殊条款：
信用证特别条款：		改证情况：
审证员：		复核员：

任务二　申请信用证

以信用证方式支付的进口贸易中，开立信用证是履行进口合同的第一步，进口商必须在签订进口合同后，及时到银行办理信用证申请手续，以便国外客户（卖方）及时收到信用证，履行合同交货义务。

一、申请开立信用证实操

第一步：提交合同副本及附件

进口商向银行申请开证，要依照合同的有关规定填写开证申请书，并交付押金或其他保证金。进口商向银行申请开证时，要向银行递交进口合同的副本以及所需附件，如进口许可证、进口配额证、某些部门的审批文件等。

第二步：填写开证申请书

开证行根据申请书的要求开立信用证，正本寄送通知行，副本交进口商。进口商根据银行统一开证申请书格式，填写一式三份：一份留业务部门；一份留财务部门；一份交银行。填写开证申请书，必须按合同条款的具体规定，写明信用证的各项要求，内容要明确、完整，无词义不清的记载。

各银行信用证申请书的格式和内容大同小异，这里介绍中国银行的格式，并简单介绍申请书填制的内容、方法及注意事项。

（1）申请开证日期：在申请书右上角。

（2）传递方式：有四种，即信开（航空邮寄）、电开（电报）、快递、简电后随寄电报证实书。需要哪一种方式，就在前面方框中打"×"，如选用信开本航空邮寄，在"Issue by airmail"前的方框中打"×"。

（3）信用证性质：不可撤销跟单信用证已印制好，如要增加保兑或可转让等内容，可加上。信用证号码由开证行填写；信用证有效期及到期地点由申请人填写。

（4）申请人：必须填写全称及详细地址，还要注明联系方式，便于有关当事人之间的联系。

（5）受益人：必须填写全称及详细地址，也要注明联系方式，便于有关当事人之间的联系。

（6）通知行：由开证行填写。

（7）信用证金额：必须用数字和文字两种形式表示，并且要表明币种。信用证金额是开证行付款责任的最高限额，必须根据合同的规定明确表示清楚。如果有一定比例的浮动幅度，也应表示清楚。

（8）分批与转运：应根据合同的规定明确表示"允许"或"不允许"，在选择的项目前的方框中打"×"。

（9）装运条款：应根据合同规定填写装运地（港）及目的地（港）、最晚装运日期，如有转运地（港）也应写清楚。

（10）价格术语：通常有 FOB、CFR、CIF 及"其他条件"四个备选项目，根据合同成交的贸易术语在该项目前的方框中打"×"；如果是其他条件，则在该项目后面写明。

（11）付款方式：信用证有效兑付方式有四种，即即期支付、承兑支付、议付、延期支付，应根据合同规定，在所选方式前的方框中打"×"。

（12）汇票要求：应根据合同的规定，填写信用证项下应支付发票金额的百分比。如合同规定所有货款都用信用证支付，则应填写信用证项下汇票金额是发票金额的100%；如合同规定该笔货款以信用证和托收两种方式支付，各支付 50%，则应填写信用证项下汇票金额是全部发票金额的 50%；依此类推。另外，还应填写汇票的支付期限，如即期、远期；如果是远期汇票，必须填写具体的天数，如 30 天、60 天、90 天等。最后填写付款人，根据《UCP600》的规定，信用证项下汇票的付款人必须是开证行或指定付款行。

（13）单据条款：印制好的单据共 11 条，其中第 1～11 条是针对具体的单据，第 12 条是"其他单据"，即以上 11 种单据以外的单据要求，可填在第 12 条中。有几条可顺序添加几条.填制单据条款时应注意：①在所需单据前的括号里打"×"；②然后在该单据条款后填上具体的要求，如一式几份、应包括什么内容等，如印制好的要求不完整，可在该单据条款后面填写清楚；③申请人必须根据合同规定填写单据条款，既不可随意提出超出合同规定的要求，也不能降低或减少合同规定的要求。

（14）合同项下的货物：包括货物的名称、规格、数量、包装、单价、唛头等。所有内容必须与合同规定一致，尤其是单价、数量不得有误。包装条款如有特殊要求，如包装规格、包装物的要求等，应具体、明确。

（15）附加条款：印制好的有 6 条，是具体的条款要求，如需要可在前面括号里打"×"；内容不完整的，可根据合同规定和买方的需要填写清楚。第 7 条是"其他条款"，即以上 6 条以外还有附加条款的，可填在该条款中，有几条可顺序添加几条。

（16）申请书下面是有关申请人的开户银行（填银行名称）、账号、执行人、联系电话、申请人（法人代表）签字等内容。

第三步：缴纳保证金

按照国际贸易的习惯做法，进口商向银行申请开立信用证，应向银行缴付一定比例的保证金，其金额一般为信用证金额的百分之几到百分之几十，通常根据进口商的资信情况而定。在我国的进口业务中，开证行根据不同的企业和交易情况，要求开证申请人缴付一定比例的人民币保证金，然后才开证。

第四步：支付开证手续费

进口人在申请开证时，必须按规定支付一定金额的开证手续费（一般为 0.15%）。

以下是不可撤销跟单信用证申请实例：

IRREVOCABLE DOCUMENTARY CREDIT APPLICATION

TO：BANK OF CHINA   Date：

Beneficiary （full name and address）	L/C No. Ex-Card No.（快递单号码） Contract No.
	Date and place of expiry of the credit
Partial shipments ☐allowed ☒not allowed **Transshipment** ☐allowed ☐not allowed Loading on board/dispatch/taking in charge at/from Not later than for transportation to	☐ Issue by airmail 信开 ☐ With brief advice by teletransmission 简电通知 ☐Issue by express delivery 快递 ☐ Issue by teletransmission （which shall be the operative instrument）电传
	Amount （both in figures and words）
Description of goods：	Credit available with ☐ by sight payment ☐ by acceptance ☐ by negotiation ☐ by deferred payment at against the documents detailed herein ☐ and beneficiary's draft for_____% of the invoice value At on
Packing：	☐ FOB ☐ CFR ☐CIF ☐ or other terms

Documents required：（marked with ×）
1. （　） Signed Commercial Invoice in_____ copies indicating invoice no._____, contract no_____.
2. （　） Full set of clean on board ocean Bills of Lading made out to order and blank endorsed， marked "freight （　） to collect/ （　） prepaid （　） showing freight amount" notifying.
3. （　） Air Waybills showing "freight （　） to collect/ （　） prepaid （　） indicating freight amount" and consigned to___.
4. （　） Memorandum issued by _____ consigned to _____.
5. （　） Insurance Policy/Certificate in_____copies for_____% of the invoice value showing claims payable in China in currency of the draft，blank endorsed，covering （　） Ocean Marine Transportation/ （　） Air Transportation/ （　） Over Land Transportation （　） All Risks，War Risks.
6. （　） Packing List/Weight Memo in_____copies indicating quantity/gross and net weights of each package and packing conditions as called for by the L/C.
7. （　） Certificate of Quantity/Weight in_____copies issued by an independent surveyor at the loading port，indicating the actual surveyed quantity/weight of shipped goods as well as the packing condition.
8. （　） Certificate of Quality in_____ copies issued by （　） manufacturer/ （　） public recognized surveyor.
9. （　） Beneficiary's certified copy of FAX dispatched to the accountee with_____ days after shipment advising （　） name of vessel/ （　） date，quantity，weight and value of shipment.
10. （　） Beneficiary's Certificate certifying that extra copies of the documents have been dispatched according to the contract terms.
11. （　） Shipping Companies Certificate attesting that the carrying vessel is chartered or booked by accountee or their shipping agents.
12. （　） Other documents，if any：
a）Certificate of Origin in_____copies issued by authorized institution.
b）Certificate of Health in_____copies issued by authorized institution.
Additional instructions：
1. （　） All banking charges outside the opening bank are for beneficiary's account.
2. （　） Documents must be presented with_____days after the date of issuance of the transport documents but within the validity of this credit.
3. （　） Third party as shipper is not acceptable. Short Form/Blank Back B/L is not acceptable.
4. （　） Both quantity and amount_____% more or less are allowed.
5. （　） Prepaid freight drawn in excess of L/C amount is acceptable against presentation of original charges voucher issued by Shipping Co./Air line/or it's agent.
6. （　） All documents to be forwarded in one cover，unless otherwise stated above.
7. （　） Other terms，if any：
Advising bank：
Account No.：with_____ （name of bank）
Transacted by：（Applicant：name，signature of authorized person）
Telephone No.：（with seal）

二、申请开证时应注意的问题

（1）开证时间：如合同规定开证日期，就必须在规定期限内开立信用证；要以卖方收到信用证后能在合同规定的装运期内出运为原则。

（2）申请开立信用证前，一定要落实进口批准手续及外汇来源。

（3）开证时要注意"证同一致"，必须以对外签订的正本合同为依据。不能以"参阅××号合同"为依据，也不能将有关合同附件附在信用证后，因信用证是一个独立的文件，不依附于任何贸易合同。

（4）如合同规定为远期付款，要明确汇票期限；价格条款必须与相应的单据要求、费用负担及表示方法相吻合。

（5）由于银行是凭单付款，不管货物质量如何，也不受合同约束，所以为使货物质量符合规定，可在开证时规定要求对方提供商检证书，明确货物的规格品质，指定商检机构。

（6）信用证内容明确无误，明确规定各种单据的出单人（商业发票、保险单和运输单据除外），规定各单据表述的内容。

（7）合同规定的条款应转化在相应的信用证条件里或转化成有关单据，因为信用证结算方式下，只要单据表面与信用证条款相符，开证行就必须按规定付款。如信用证申请书中含有某些条件而未列明应提交与之相应的单据，银行将认为未列此条件而不予理睬。

（8）明确信用证为可撤销或不可撤销信用证。

（9）国外通知行由开证行指定。如果进出口商在订立合同时坚持指定通知行，可供开证行在选择通知行时参考。

（10）在信用证中规定是否允许分批装运、转运、不接受第三者装运单据等条款。

（11）我方开出的信用证，如对方要求其他银行保兑或由通知行保兑，我方原则上不能同意。

（12）我方一般不开立可转让信用证。

任务三　审核信用证

一、信用证的操作流程

信用证是银行（开证行）根据买方（申请人）的要求和指示向卖方（受益人）开立的在一定期限内凭规定的、符合信用证条款的单据，即期或在一个可以确定的将来日期，承付一定金额的书面承诺。

信用证的收付程序随信用证类型的不同而有所差异，但就其基本流程而言，大体要经过申请、开证、通知、议付、索偿、偿付、赎单等环节。信用证的审核流程如图5-1所示。

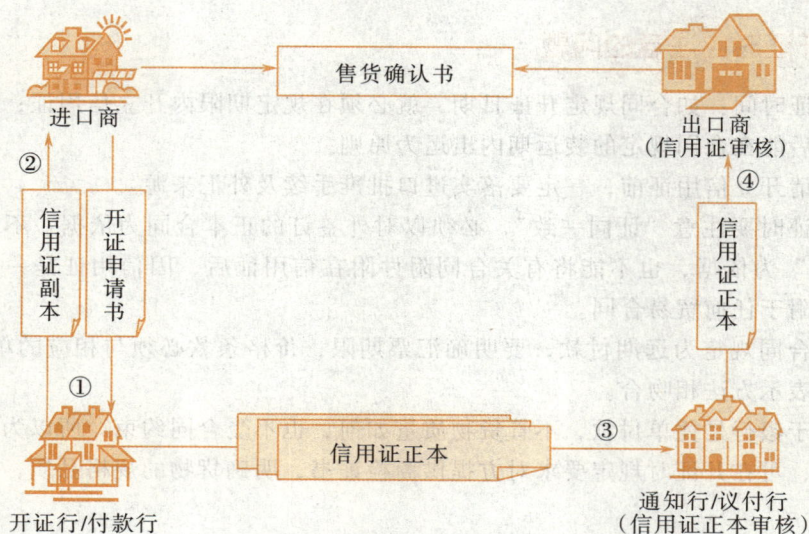

图5-1 信用证审核流程图

（一）订立买卖合同

进出口双方先就国际货物买卖的交易条件进行磋商，达成交易后订立国际货物买卖合同，明确规定进口商以信用证方式支付货款，一般还应规定开证银行的资信，信用证的类型、金额、到期日以及信用证开立并送达卖方的日期等。

（二）申请开证

开证申请人（即进口商）在买卖合同规定的时限内向所在地银行申请开立信用证。申请开证时应向开证行递交开证申请书，并交付一定比例的保证金（习惯称押金（Margin））或其他担保品。押金的多少视开证申请人的资力和信誉、市场动向、商品销售的滞畅而定。

（三）开证

开证行接受开证申请人的开证申请书后，必须按申请书规定的内容向指定的受益人开立信用证，并将其直接邮寄或以电信方式通知出口地的代理银行（通知行）转递或者通知受益人。信用证的开证方式有信开和电开两种。

（1）信开（L/C Opened by Mail）。它是指银行通过平邮、航空挂号及特快专递等方式把信用证邮寄给受益人或通知行。信开信用证的费用较低，但周转时间长，目前信开信用证已不多见。

（2）电开（L/C Opened by Teletransmission）。它是指以电报、电传或SWIFT等电信方式开立信用证。随着现代电信业务的快速发展，电开信用证在实际业务中使用广泛，尤其是以SWIFT方式开立的信用证。

电开信用证有全电本和简电本之分。全电本开立的信用证内容详细，简电本开立的信用证一般只说明信用证的性质、有效期、装运期、货物的基本情况等内容。简电本上通常注有"随寄证实书"等字样，此种简电本并非有效的信用证文件。

（四）通知

通知行收到信用证后，应立即核对开证行的签字与密押，经核对证实无误，除留存副本或复印件备查外，必须尽快将信用证转交受益人。如收到的信用证是以通知行本身为收件人的，则通知行应以自己的通知书格式照录信用证全文通知受益人。

（五）审证、交单、议付

受益人收到经通知行转来的信用证后，应根据买卖合同和《UCP600》对其进行认真审核，主要审核信用证中所列条款与买卖合同中所列条款是否相符。如发现条款有差错，时间上矛盾，概念不清，词义不明，数字有误，或有不能接受或无法照办的内容，均应通知开证申请人，要求其修改信用证。开证申请人如同意修改，就应向开证行提交修改申请书；开证行如同意修改，即据以做成修改通知书函寄或电告通知行，经通知行转交受益人。信用证修改通知书的传递方式与信用证相同。

受益人收到信用证经审核无误，或需修改的经收到修改通知书经认可后，即可根据信用证或经过认可的信用证修改通知书发运货物。货物发运完毕，缮制并取得信用证所规定的全部单据，开立汇票连同信用证正本（经修改的还需连同修改通知书）在信用证规定的交单期和有效期内，递交给有权议付的银行办理议付。

所谓议付（Negotiation），就是由议付行向受益人购进由后者出立的汇票及所附单据，是议付行在确认相符交单的前提下，对受益人的垫款，也是银行叙做的"出口押汇"业务。由于在议付时要扣除一个来回邮程的利息，因此，它也是汇票的一种"贴现"行为，在我国，习惯上称作"买单"。议付行办理议付后成为汇票的善意持票人，如遇开证行拒付，有向其前手出票人即受益人进行追索的权利。

议付行一般为出口地银行，它可以由开证行在信用证中指定，如在信用证中未指定，则可由受益人酌情选择通知行或与其有往来的其他银行作为议付行。

议付行议付后，通常在信用证正本背面作必要的有关议付事项的记录，俗称"背批"，目的主要是防止超额和重复议付。

（六）索偿

索偿就是议付行办理议付后，根据信用证的规定，凭单向开证行或其指定的银行（付款行或偿付行）请求偿付的行为。其具体做法是：议付行按信用证的要求将单据连同汇票和索偿证明（证明单据符合信用证的规定）分次以航邮的方式寄给开证行或其指定的付款行。如信用证中指定了偿付行，开证行在开出信用证后应立即向偿付行发出偿付授权书（Reimbursement Authorization），通知授权付款的金额、信用证号码、有权索偿的押汇与偿付费用由何方承担等内容。议付行在办理议付后，一面把单据分次直接寄给开证行；一面向偿付行发出索偿书（Reimbursement Claim），说明有关信用证的开证行名称和信用证号码，声明已按信用证规定进行议付，并请求按其指明的方法进行偿付。偿付行收到索偿书后，只要索偿金额不超过授权书金额，就应立即根据索偿书的指示向议付行付款。凡信用证规定有电汇索偿条款（T/T Reimbursement Clause）的，议付行需以电报、电传或SWIFT方式向开证行、付款行或偿付行索偿。

电汇索偿条款通常在即期信用证中使用，指开证行允许议付行用电报或电传等电信方式通知开证行或其指定的付款行，说明各种单据与信用证要求相符，开证行或其指定的付款行即以电汇方式将货款拨交议付行。因此，如信用证中有电汇索偿条款，出口方可以加快收回货款。付款后如发现单据与信用证规定不符，开证行或付款行有行使追索的权利。这是因为此项付款是在未审单的情况下进行的。

（七）偿付

信用证业务中的偿付（Reimbursement）是指开证行或其指定的付款行或偿付行向议付行付款的行为。开证行或其指定的付款行收到议付行寄来的汇票和单据后，经核验认为与信用证规定相符，应立即将票款偿付议付行；如发现单据与信用证规定不符，可以拒付。

如信用证中指定付款行或偿付行，则由该指定的银行向议付行偿付。

（八）付款赎单

开证行履行偿付责任后，即向开证申请人提示单据；开证申请人核验单据无误后，办理付款手续。如申请开证时曾交付押金，则付款时予以扣减；如曾交付有其他抵押品，则在付款后由开证行退还。开证申请人付款后，即可从开证行取得全套单据，包括可凭以向承运人提取货物的运输单据。若此时货物已经到达，便可凭运输单据立即向承运人提货。

二、信用证主要条款及软条款的审核

（一）信用证主要条款的审核方法

1. 开证行

其主要审核开证行的政治背景、资信状况，印鉴、密押是否相符，索汇路线是否正确，是否符合支付协定，是否要加具保兑或由偿付银行确认偿付。

2. 信用证的类型

不论是即期、远期、保兑、可转让、循环或备用信用证，都应该有"Irrevocable"字样。根据《UCP600》的规定，若信用证没有明示是否可撤销，应理解为不可撤销。当合同规定开出的是保兑信用证或可转让信用证时，应检查信用证内是否注明"Confirmed"或"Transferable"字样。

3. 开证人

一般情况下，开证人是订立货物买卖合同的买方，也有可能是买方的客户或买方委托的开证人。

4. 受益人

受益人应是订立货物买卖合同的卖方。受益人审证时应以合同为依据，逐字查核受益人的名称和地址是否存在差错。

5. 币别和币值

来证的币别和币值原则上应与合同的币别和币值相符。如用其他货币开证，应按汇率折算，看是否与合同金额相符，若不符，则要改证；如来证的币值因含折扣或佣金而与合同不一致，应核算来证的净值是否与合同的净值一致；如来证规定数量增减，应注意来证的币值也应该有相同比例的增减。

6.有效期和地点

来证应规定有效期，到期地点应在我国国内。根据《UCP600》的规定，若信用证未规定有效期，则视为无效信用证。如来证规定的有效期的最后1天适逢接受单据的银行因不可抗力以外的原因而中止营业，该期限可顺延至下一个营业日。

7.汇票条款

若信用证为即期付款，其汇票条款一般为"Credit available by your draft（s）at sight for 100 percent of invoice value drawn on..."。

若信用证为远期付款，要分清是真远期还是假远期。真远期的汇票条款一般为"Available by your draft（s）at 30 days sight drawn on the issuing bank for 100% of Invoice value"。假远期的汇票条款一般为"The negotiating bank is authorized to negotiate the usance drafts on sight basis；discount charges，acceptance commission are for buyer's account"。

在信用证支付方式中，作为资金单据的汇票的付款人应是银行，而不应是开证申请人。

8.分批装运及转运

根据《UCP600》第31条b款的规定：运输单据表明货物是使用同一运输工具并经同次航程运输的，即使每套运输单据注明的发运日期不同或装运港、接管地、发运地不同，只要运输单据注明的目的地相同，也不视为分批装运。同时规定，如果交单由数套运输单据构成，其中最晚的一个发运日将被视为发运日。

根据《UCP600》的规定，除非信用证另有规定，允许分批装运和转船。

根据《UCP600》第32条的规定，除非信用证特别授权，如信用证规定在指定时期内分期支款或分期发运，其中任何一期未按信用证规定的期限支款或发运，则信用证对该期和以后各期均告失效。

如来证不准分批，又没有数量增减条款，则实际装运数量不得减少。但《UCP600》第30条b款规定：在信用证未以包装单位件数或货物自身件数的方式规定货物数量时，货物数量允许有5%的增减幅度，只要总支取金额不超过信用证金额。

来证不准转运的，要确定能否取得直达提单，否则必须改证。来证规定在某个港口转船，或指定由某个船公司接转，或指定在某港转装集装箱的，收证后都要核实能否按来证要求办理，以避免额外的费用（如ORC、THC）大量增加。

9.装运港和目的港

来证规定海运的起运港可以为中国港口（Chinese Ports）或当地的港口，甚至可以为亚洲口岸（Asian Ports），但不能是一个内陆城市，如乌鲁木齐、拉萨或北京等。来证笼统规定目的港为欧洲主要口岸时，只需按合同或买方通知的港口发货即可，不必改证。

10.装运期

信用证的装运期一般应规定为最迟某月某日。根据惯例，如来证没有规定装运期，可理解为双到期。但《UCP600》第29条c款规定：最迟发运日不因信用证的截止日或最迟交单日适逢接受交单的银行因节假日等原因歇业顺延而跟着顺延。

11. 货物描述

来证中货物的品名、货号、规格、包装和合同号码等必须与合同一致。来证所列单价和数量应与合同一致。

12. 单据要求

（1）商业发票（Commercial Invoice）。来证要求出具两份不同买主名称的商业发票时，应要求改证。

（2）装箱单（Packing List）。如来证要求提供中性包装单（Neutral Packing List），装箱单上不显示受益人名称和地址即可，不必改证。

（3）提单（Bill of Lading，B/L）。以 FOB 术语成交，提单中应注明 FREIGHT COLLECT，如来证误开为 FREIGHT PREPAID，应要求改证。如来证要求提单上列出集装箱号和铅封号，则必须以集装箱船装运并在提单上列出集装箱号和铅封号。

（4）保险单（Insurance Policy）。保险单中的保险条款、险别、保险加成、保险人和理赔人等内容应与合同一致。除非信用证另有规定，保险单必须以与信用证相同的货币开立。保险公司一般可承保加成到30%，如来证规定加成高于30%且不是投保关税险，则要取得保险公司的同意，否则应该改证。

（5）产地证（Certificate of Origin）。来证指定由海关或贸促会出具产地证均可接受，但要求上述两家机构互相加具证明的，则不能接受。

（6）普惠制产地证格式 A（Generalized System of Preferences Certificate of Origin Form A，GSP）。中华人民共和国海关是我国签发普惠制产地证的唯一机构，如来证指定由其他机构（如贸促会）签发普惠制产地证，应要求其改证。

（7）品质证书（Certificate of Quality）和检验证书（Inspection Certificate）。如来证要求由贸促会出证，应要求其改证。

（8）受益人证明书（Beneficiary's Certificate）。其主要有寄单证明、电抄本和履约证明等。来证要求出具的受益人证明书应是受益人实际已完成或受益人力所能及的任务的证明。

（9）装船通知（Advice of Shipment）。如来证规定在装运前若干天发装船通知并且要列明装运日期，应要求其改证，改为装运后发电（Immediately after shipment）。

（10）海关发票（Customs Invoice）。如来证指定某种格式或编号的海关发票，应核查能否提供，否则应要求其改证。

13. 交单期限

来证一般会规定装运后的交单期限，如来证没有相关要求，根据《UCP600》第14条c款的规定，受益人或其代表需在不迟于《跟单信用证统一惯例》所指的发运日之后的21个日历日内交单，但是在任何情况下都不得迟于信用证规定的截止日。

14. 跟单信用证统一惯例文句

来证一般规定有依照惯例的声明，例如："This credit is subject to the Uniform

Customs and Practice for Documentary Credit（2007 Revision），International Chamber of Commerce，Publication No.600." 本信用证是根据国际商会600号出版物（2007年修订版）《跟单信用证统一惯例》而开出的。

对于SWIFT信用证，可以省略依照惯例的声明。

（二）信用证软条款的审核方法

（1）不是有效的信用证文件或信用证中包括有条件生效的条款，如信用证中有"详情后告"、"随寄证实书"、"待获得有关当局签发的进口许可证后才能生效"或"待收到货样或函电确认后生效"等。

（2）能否做到信用证项下的相符交单取决于开证申请人行为的条款。如信用证只有在收到进口许可证时方能生效，而这种生效还需经开证申请人的授权；发货需等申请人通知，申请人的通知作为结汇单据之一；运输工具和启运港或目的港需申请人确认，确认文件作为结汇单据之一；客检证书；将保险声明书的确认件作为议付单据之一等。

（3）信用证中对银行的承付或议付责任设置了超出"相符交单"若干前提条件的条款。如要求受益人提交开证申请人验货证明，则需待申请人确认后，开证行方可将款项贷记有关账户。

（4）信用证的规定前后矛盾致使受益人不可能做到"相符交单"的条款。如FOB或FCA成交方式中要求在提单上注明"Freight Prepaid"；CFR或CPT成交方式中要求受益人提交保险单等。

（5）受益人若按信用证的规定行事将会失去对货物所有权的控制的条款。如要求将提单做成以开证申请人为抬头的记名提单，要求将正本提单全部或部分直接寄交开证申请人。

三、信用证的具体审核要点

信用证是国际贸易中使用最普遍的付款方式。其特点是受益人（通常为出口商）在提供了符合信用证规定的有关单证的前提下，由开证行承担第一付款责任，其性质属于银行信用。应该说在满足信用证条款的情况下，利用信用证付款既安全又快捷。但必须特别注意的是，信用证付款方式强调"单单相符、单证相符"的"严格符合"原则，如果受益人提供的文件

视频5-2

信用证诈骗

不符合信用证的规定，不仅会产生额外的费用，而且会遭到开证行的拒付，会给安全、及时收汇带来很大的风险。信用证是依据买卖合同开立的，信用证的内容理应与买卖合同的条款相一致。但在实际业务中，由于种种原因，如国外客户或开证行的疏忽和差错，或者某些国家对开立信用证有特别规定，或者国外客户对我国的政策不了解等，会出现开立的信用证条款与买卖合同条款不符等问题。

所以事先对信用证条款进行审核，对不符合买卖合同规定或无法办到的信用证条款及时提请开证申请人（通常为进口商）进行修改，可以大大避免今后不符合信用证规定情况的发生。

（一）审核信用证的依据

审核信用证的依据主要包括以下三方面：

（1）买卖合同。信用证是根据买卖合同开立的，但信用证一经开立，就独立于买卖合同之外。信用证各当事人的权利和责任完全以信用证中所列条款为依据，不受买卖合同的约束，出口商提交的单据即使符合买卖合同的要求，但若与信用证条款不一致，仍会遭银行拒付。因此，审核信用证条款是否与买卖合同条款相符，是外贸单证员收到信用证后的首要工作。

（2）《UCP600》。审核信用证时，应遵循《UCP600》的规定来确定是否可以接受信用证中的某些条款。例如，《UCP600》第38条b款规定，可转让信用证系指特别注明"可转让"（Transferable）字样的信用证；否则，视为不可转让信用证。

（3）业务实际情况。对于买卖合同未作规定或无法根据《UCP600》来做出判断的信用证条款，应根据实际业务情况来审核，如对安全收汇的影响、进口国的法令和法规等条款。

（二）通知行审核信用证

审核信用证，是通知行和外贸企业的共同责任，但审核内容各有侧重。通知行着重审核开证行的政治背景、资信能力、付款责任及索汇路线等方面的问题。按《UCP600》的规定，信用证可经由另一银行（通知行）通知受益人，而该通知行无须承担责任，但如果该行愿意通知，则应合理审慎地鉴别通知的信用证的表面真实性。如果该行不愿意通知，则必须毫不迟延地告知开证行。如通知行无法鉴别信用证的表面真实性，必须毫不迟延地通知开证行说明它无法鉴别；如通知行仍决定通知受益人，则必须告知受益人它未能鉴别该证的真实性。

（三）受益人审核信用证

外贸企业则着重审核信用证与买卖合同是否一致，以及信用证的一些要求己方能否接受等。审核信用证的要点包括如下方面：

1. 检查信用证的付款保证是否有效

有下列情况之一的，不是一项有效的付款保证或该项付款保证是存在缺陷的：①信用证明确表明是可以撤销的，由于此信用证无须受益人同意可以随时撤销或变更，对受益人来说没有付款保证，一般不予接受。《UCP600》第3条规定，信用证是不可撤销的，即使未如此表明。②应该保兑的信用证未按要求由有关银行进行保兑。③由开证申请人提供的开证申请书。④有条件生效的信用证，如"待获得进口许可证后才能生效"。⑤信用证简电或预先通知。

小知识5-1 **《UCP600》第11条 电信传输的和预先通知的信用证和修改**

a.以经证实的电信方式发出的信用证或信用证修改即被视为有效的信用证或修改文据，任何后续的邮寄确认书应被不予理会。

如电信声明"详情后告"（或类似用语）或声明以邮寄确认书为有效信用证或修改，则该电信不被视为有效信用证或修改。开证行必须随即不迟延地开立有效信用证或修改，其条款不得与该电信矛盾。

b.开证行只有在准备开立有效信用证或做出有效修改时，才可以发出关于开立或修改信用证的初步通知（预先通知）。开证行做出该预先通知，即不可撤销地保证不迟延地开立或修改信用证，且其条款不能与预先通知相矛盾。

2.检查信用证的金额是否符合合同规定

（1）检查信用证金额是否正确。

（2）检查信用证中的单价、总值、币种及大小写是否一致。

（3）检查有无佣金，是否符合合同规定。如所开的金额已扣除佣金，就不能在信用证上再出现"议付行内扣佣金"的词句。

（4）如数量上可以有一定幅度的溢短装，那么，信用证的支付金额也应允许有一定的伸缩幅度。

3.对货物描述的审核

（1）审核信用证中货物的名称、货号、规格、包装、合同号码、订单号码等内容是否与买卖合同完全一致。

（2）检查信用证的数量是否与合同规定相一致。

（3）检查价格条款是否符合合同规定。不同的价格条款涉及具体费用如运费、保险费由谁承担。如合同中规定 FOB SHANGHAI USD50/PC，那么运费和保险费由买方承担；如果信用证中的价格条款没有按合同的规定表示，而是写成 CIF NEW YORK USD50/PC，对此条款如不及时修改，那么受益人将承担有关的运费和保险费。

小知识5-2
信用证金额、数量与单价的增减幅度

4.检查信用证受益人和开证申请人的名称和地址是否完整和准确

受益人和开证申请人的名称和地址是出口单证中必不可少的，如来证开错应及时修改，以免制单和交单困难，影响收汇。

5.检查有效期及有效地点、交单期和装运期是否合理

（1）有效期及有效地点。有效期，即信用证的交单截止日，是受益人最迟使用信用证的时间。《UCP600》第6条d款i项规定："信用证必须定一个交单的截止日。规定的承付或议付的截止日将被视为交单的截止日。"承付是指：①如果信用证为即期付款信用证，则即期付款；②如果信用证为延期付款信用证，则承诺延期付款并在承诺到期日付款；③如果信用证为承兑信用证，则承兑受益人开出的汇票并在汇票到期日付款。议付是指，指定银行在相符交单下，在其应获偿付的银行工作日当天或之前向受益人预付或者同意预付款项，从而购买汇票（其付款人为指定银行以外的其他银行）及/或单据的行为。

有效地点，也称到期地点、交单地点，即受益人兑用信用证的银行所在地。其一般有三种情况：在出口地到期、在进口地到期、在第三国到期。在这三种情况中，第一种规定方法对出口商最有利；而第二、第三两种情况，到期地点均在国外，有关单据必须寄送国外，由于无法掌握单据到达国外银行所需的时间且容易延误或丢失，因而风险较大。为此，出口商应争取在出口地到期，若争取不到，则必须提前交单，以防逾期。

小知识5-3 　　　　　**《UCP600》第6条　有效性、有效期限及提示地点**

a.信用证必须规定可以有效使用信用证的银行，或者信用证是否对任何银行均有效。对被指定银行有效的信用证同样也对开证行有效。

b.信用证必须规定它是否适用于即期付款、延期付款、承兑抑或议付。

c.不得开立包含有以申请人为汇票付款人条款的信用证。

d.i.信用证必须规定提示单据的有效期限。规定的用于兑付或者议付的有效期限将被认为是提示单据的有效期限。

ii.可以有效使用信用证的银行所在的地点是提示单据的地点。对任何银行均有效的信用证项下单据提示的地点是任何银行所在的地点。不同于开证行地点的提示单据的地点是开证行地点之外提交单据的地点。

e.除非如29（a）中规定，由受益人或代表受益人提示的单据必须在到期日当日或在此之前提交。

（2）交单期，即信用证中规定运输单据出单后，最迟向银行提交的期限。交单期通常按下列原则处理：①信用证有规定的，应按信用证规定的交单期向银行交单；②信用证没有规定的，向银行交单的日期不得迟于货物发运日之后的21个日历日内。

小知识5-4

单据审核标准

（3）装运期。它是指卖方将货物装上运往目的地（港）的运输工具或交付给承运人的日期。信用证中可以没有装运期，只有有效期。若信用证未规定装运期，卖方最迟应在信用证到期日前几天装运。如信用证中的装运期和有效期是同一天，即通常所称的"双到期"，在实际业务操作中，应将装运期提前一定的时间（一般在有效期前10天），以便有合理的时间来制单结汇。

超过信用证规定的装运期的运输单据将构成不符点，银行有权不付款。检查信用证规定的装运期应注意以下两点：①能否在信用证规定的装运期内备妥有关货物并按期出运。如来证收到时装运期太近，无法按期装运，应及时与客户联系修改。②实际装运期与交单期相距时间太短。

6.运输条款是否可以接受

（1）装运港（地）和目的港（地）。信用证运输条款中的装运港（地）和目的港（地）应与合同相符，交货地点也必须与价格条款相一致。

（2）若信用证中指定运输方式、运输工具或运输路线以及要求承运人出具船龄或船籍证明，应及时与承运人联系。

（3）分批装运和转运问题。多数信用证是允许转运或分批的（包括信用证中未注明可否转运或分批）。但也有信用证列明不许转运或不准分批，出口商应及时了解在装运期内是否有直达船到目的地，能否提供直运提单及了解货源情况，是否可以在装运期内一次出运。对信用证列有必须分批，且规定每批出运的日期和出运数量，或类似特殊的分运条款的，应根据货源情况决定能否接受。对于分期装运，《UCP600》规定，除非信用证另有规定，若一期未能按期完成，信用证对本期及以后各期均告失效。若要续运，必须修改信用证。

（4）信用证中指定唛头。如货已备妥，唛头已刷好而信用证后到，且信用证指定的唛头与原唛头不一致，应要求修改唛头；否则，需按信用证重新刷制。

小知识5-5　　　　　　　　**《UCP600》第31条　分批支款或分批发运**

a.允许分批支款或分批发运。

b.表明使用同一运输工具并经由同次航程运输的数套运输单据在同一次提交时，只要显示相同目的地，将不视为部分发运，即使运输单据上标明的发运日期不同或装卸港、接管地或发送地点不同。如果交单由数套运输单据构成，其中最晚的一个发运日将被视为发运日。

含有一套或数套运输单据的交单，如果表明在同一种运输方式下经由数件运输工具运输，即使运输工具在同一天出发运往同一目的地，仍将被视为部分发运。

c.含有一份以上快递收据、邮政收据或投邮证明的交单，如果单据看似由同一快递或邮政机构在同一地点和日期加盖印戳或签字并且表明同一目的地，将不视为部分发运。

第32条　分期支款或分期发运

如信用证规定在指定的时间段内分期支款或分期发运，任何一期未按信用证规定期限支取或发运时，信用证对该期及以后各期均告失效。

7.检查保险条款是否可以接受

（1）检查保险金额是否符合合同规定。

（2）检查保险险别及其他保险条款是否符合合同规定。

若信用证中要求的投保险别或投保金额超出了合同的规定，受益人应及时和保险公司联系，若保险公司同意且信用证上也表明由此产生的额外费用由开证申请人承担并允许在信用证项下支取，则可接受。

8.检查银行费用条款是否合理

银行费用（包括议付费、通知费、保兑费、承兑费、修改费、邮费等）一般由发出指示的一方负担。如信用证是由开证申请人申请开立的，同时又由开证行委托通知行通知议付，则来证规定由受益人承担全部费用显然是不合理的。关于银行费用，可由出口商和进口商在谈判时加以明确，一般以双方共同承担为宜。

9.检查信用证规定的单据条款是否合理

（1）检查一些需要认证的单据特别是使馆认证等能否及时办理和提供。

（2）检查由其他机构或部门出具的有关文件（如出口许可证、运费收据、检验证明等）能否及时提供。

（3）检查要求提交的单据条款是否合理。例如：汇票的付款期限与合同规定不符；在信用证方式下，汇票的付款人为开证申请人；发票种类不当；提单收货人一栏填制要求不妥；提单抬头与背书要求有矛盾；对运输工具、方式或路线的限制无法接受；产地证明书出具机构有误；要求提交的检验证书与实际不符；明明是空运，却要求提供海运提单；明明价格条款是FOB，却要求提供保险单；提单运费条款规定与成交条件有矛盾；要求提单的出单日期比装运期早等。

10. 检查信用证中有无陷阱条款

下列信用证条款对出口商来说是有收汇风险的。

（1）正本提单全部或部分直接寄交开证申请人的条款。如果接受此条款，将面临货、款两空的危险。

（2）将客检证作为议付文件的条款。如接受此条款，受益人正常处理信用证业务的主动权很大程度上掌握在对方手里，会影响安全收汇；同时，要警惕并防范假客检证书诈骗。所谓假客检证书诈骗，是指诈骗分子以申请人代表的名义在受益人出货地签发检验证书，但其签名与开证行留底印鉴不符，致使受益人单据遭到拒付，而货物却被骗走。

例如：中国银行曾收到香港DY金融公司开出的以浙江蓝天信息公司为受益人的信用证，金额为USD800 000.00元，出口货物是2 000台照相机。信用证要求发货前由申请人指定代表出具货物检验证书，其签字必须由开证行证实，且规定1/2的正本提单在装运后交予申请人代表。在装运时，申请人代表来到出货地，提供了检验证书，并以数张大额支票为抵押，从受益人手中拿走了其中一份正本提单。后来，受益人将有关支票委托当地银行议付，但结果被告知"托收支票为空头支票，而申请人代表出具的检验证书签名不符，纯属伪造"。更不幸的是，货物已被全部提走，下落不明。受益人蒙受重大损失，有苦难言。

（3）对于信用证规定必须由开证申请人或其指定的人签署有关单据的条款，如商业发票需由买方签字等，应慎重对待。

（4）信用证对银行的付款、承兑行为规定了若干前提条件，如货物清关后才付款等。

11. 检查有关信用证是否受国际商会第600号《跟单信用证统一惯例》的约束

信用证受国际商会第600号《跟单信用证统一惯例》（即《UCP600》）的约束，可以使买卖双方在处理具体信用证业务时，对信用证的有关规定有一个公认的解释和理解，避免因对某一规定的不同理解而产生争议。

四、SWIFT信用证格式说明

SWIFT是环球同业银行金融电信协会（Society for Worldwide Interbank Financial Telecommunication）的缩写，是一个国际银行间非营利性的国际合作组织。它成立于1973年，目前已有200多个国家/地区的10 000多家金融机构加入，通过同业交换电文办理成员银行间的资金调拨、汇款结算和信用证传递等业务。SWIFT系统的特点是电文标准化，采用SWIFT信用证，必须遵守SWIFT使用手册的规定，使用专门的格式和代号，而且信用证必须符合国际商会《跟单信用证统一惯例》的规定。只有SWIFT成员银行才能用密码在它的电信网上进行信用证资料传递，因此该类信用证真实可靠。

SWIFT项下开立的跟单信用证MT格式一共有18种，如MT 700、701、705等，受益人收到的信用证大多是MT700/701格式（开立信用证时使用）、MT707格式（信用证修改时使用）、MT710/711格式（通知由第三家银行开立跟单信用证时使用）。

（一）跟单信用证MT700/701格式说明

MT700/701格式是开立信用证时使用的，MT700格式最长不能超过2 000个字符，若超过2 000个字符，银行将其分为若干部分，采用一个MT700最多3个MT701格式传递有关跟单信用证条款。表5-3为MT700格式说明。

表5-3　　　　　　　　　　　　跟单信用证MT700格式说明

序号	选择	域名	含义	说明
1	必选	20：Documentary Credit Number	跟单信用证号码	
2	可选	23：Reference to Pre-Advice	预先通知号码	如果信用证采取预先通知的方式，该项目内应该填入"PREADV/"，再加上预先通知的编号或日期
3	必选	27：Sequence of Total	报文页次	如果该信用证条款能够全部容纳在MT700报文中，那么该项目内显示1/1；如果该信用证由一份MT700报文和一份MT701报文组成，那么在MT700报文的该项目中显示1/2，在MT701报文的该项目中显示2/2，依此类推
4	可选	31C：Date of Issue	开证日期	如果这项没有填，则开证日期为电文的发送日期
5	必选	31D：Date and Place of Expiry	信用证有效期和有效地点	列明跟单信用证最迟交单日期和交单地点
6	必选	32B：Currency Code，Amount	信用证结算的货币和金额	
7	可选	39A：Percentage Credit Amount Tolerance	信用证金额上下浮动的最大允许范围	该项目的数值表示百分比，如5/5，表示上下浮动最大为5%
8	可选	39B：Maximum Credit Amount	信用证金额最高限额	39B与39A不能同时出现
9	可选	39C：Additional Amounts Covered	附加金额	列明信用证所涉及的附加金额，如保险费、运费、利息等
10	必选	40A：Form of Documentary Credit	跟单信用证形式	见注1
11	必选	41A/D：Available with...by...	指定的有关银行及信用证兑付方式	信用证兑付方式见注2。如果是自由议付信用证，对该信用证的议付地点不做限制，该项目代号为41D

序号	选择	域 名	含 义	说 明
12	可选	42A：Drawee	汇票付款人	必须与42C同时出现
13	可选	42C：Drafts at…	汇票付款日期	必须与42A同时出现
14	可选	42M：Mixed Payment Details	混合付款条款	
15	可选	42P：Deferred Payment Details	延期付款条款	
16	可选	43P：Partial Shipments	分装条款	列明该信用证项下的货物是否允许分批装运
17	可选	43T：Transshipment	转运条款	列明该信用证项下的货物是否允许转运
18	可选	44A：Loading on Board/Dispatch/Taking in Charge at/from	装船、发运和接收监管的地点	
19	可选	44B：For Transportation to…	货物发送的最终目的地	
20	可选	44C：Latest Date of Shipment	最迟装运日期	列明最迟装船、发运和接受监管的日期
21	可选	44D：Shipment Period	装船期	44C与44D不能同时出现
22	可选	45A：Description of Goods and/or Services	货物描述	货物的情况、价格条款
23	可选	46A：Documents Required	单据要求	各种单据的要求
24	可选	47A：Additional Conditions	附加条款	
25	可选	48：Period for Presentation	交单期限	表明开立运输单据后多少天内交单
26	必选	49：Confirmation Instructions	保兑指示	CONFIRM：要求保兑行保兑该信用证 MAY ADD：收报行可以对该信用证加具保兑 WITHOUT：不要求收报行保兑该信用证
27	必选	50：Applicant	开证申请人	一般为进口商
28	可选	51A：Applicant Bank	开证申请人的银行	如果开证行与开证申请人的银行不是同一家银行，则该项目列明开证申请人的银行
29	可选	53A：Reimbursement Bank	偿付行	列明被开证行授权偿付该信用证金额的银行
30	可选	57A："Advise through" Bank	通知行	
31	必选	59：Beneficiary	受益人	一般为出口商

续表

序号	选择	域　名	含　义	说　明
32	可选	71B：Charges	费用负担	出现该项目即表示费用由受益人承担。如无此项目，则表示除议付费、转让费外，其他费用均由开证申请人承担
33	可选	72：Sender to Receiver Information	附言	
34	可选	78：Instruction to The Paying / Accepting /Negotiating Bank	给付款行、承兑行、议付行的指示	

注：跟单信用证有六种形式：①Irrevocable（不可撤销跟单信用证）；②Revocable（可撤销跟单信用证）；③Irrevocable Transferable（不可撤销可转让跟单信用证）；④Revocable Transferable（可撤销可转让跟单信用证）；⑤Irrevocable Standby（不可撤销备用信用证）；⑥Revocable Standby（可撤销备用信用证）。

信用证兑付的方式有五种：①Payment（即期付款）；②Acceptance（承兑）；③Negotiation（议付）；④Deferred Payment（延期付款）；⑤Mixed Payment（混合付款）。

（二）信用证修改通知书MT707格式说明

MT707格式是在对跟单信用证进行修改时使用的，用来通知收报行跟单信用证条款的修改内容，该修改应被视为跟单信用证的一部分。表5-4为MT707格式说明。

表5-4　　　　　　　　　　信用证修改通知单MT707格式说明

序　号	选择	域　名	含　义	说　明
1	必选	20：Sender's Reference	发报行编号	
2	必选	21：Receiver's Reference	收报行编号	发电文的银行不知道收报行的编号，填写"NONREF"
3	可选	23：Issuing Bank's Reference	开证行编号	
4	可选	26E：Number of Amendment	修改次数	该信用证修改的次数，要求按顺序排列
5	可选	30：Date of Amendment	修改日期	如果信用证修改没填这项，修改日期就是发报日期
6	可选	31C：Date of Issue	开证日期	如果这项没有填，则开证日期为电文的发送日期
7	可选	31E：New Date of Expiry	信用证新的有效期	信用证修改后的最后交单日期
8	可选	32B：Increase of Documentary Credit Amount	信用证金额的增加	

续表

序号	选择	域 名	含 义	说 明
9	可选	33B: Decrease of Documentary Credit Amount	信用证金额的减少	
10	可选	34B: New Documentary Credit Amount after Amendment	修改后信用证的金额	
11	可选	39A: Percentage Credit Amount Tolerance	修改后信用证金额上下浮动允许的范围	该项目的数值表示百分比，如5/5，表示上下浮动最大为5%
12	可选	39B: Maximum Credit Amount	修改后信用证金额的最高限额	39B与39A不能同时出现
13	可选	39C: Additional Amounts Covered	附加金额的修改	表示信用证所涉及的保险费、利息、运费等金额的修改
14	可选	44A: Loading on Board/Dispatch /Taking in Charge at/from	装船、发运和接收监管的地点的修改	
15	可选	44B: For Transportation to...	货物发运的最终目的地的修改	
16	可选	44C: Latest Date of Shipment	最后装船期的修改	列明最迟装船、发运和接受监管的日期的修改
17	可选	44D: Shipment Period	装船期的修改	44C与44D不能同时出现
18	可选	52A: Issuing Bank	开证行	
19	必选	59: Beneficiary (before this Amendment)	受益人（在本修改前的）	该项目为原信用证的受益人，如果要修改信用证的受益人，则新的受益人名称应该在79 NARRATIVE中写明
20	可选	72: Sender to Receiver Information	附言	/BENCON/: 要求收报行通知发报行受益人是否接受该信用证的修改。/PHONBEN/: 请电话通知受益人（列出受益人的电话号码）。/TELEBEN/: 用快捷有效的电信方式通知受益人
21	可选	79: Narrative	修改详述	详细的修改内容

注意：审核信用证时需要注意以下两个方面：

（1）审核信用证的主要依据是贸易合同、《UCP600》的相关条款、国际贸易惯例及进口国相关法律的规定。

（2）审核信用证的步骤为：①熟悉买卖合同的内容；②对照买卖合同条款，逐条审核信用证各条款；③列出信用证中的不符条款及漏开条款。

任务四　修改信用证

一、信用证修改的流程

在对信用证进行全面细致的审核之后，如果发现信用证上的条款与合同条款不符，受益人（通常为出口商）应遵循"非改不可的坚决要改，可改可不改的根据实际情况酌情处理"的原则处理。凡是不符合相关法律、法规规定，影响合同执行或安全收汇的条款，受益人应立即要求开证申请人通过原开证行进行必要的书面修改。信用证修改的一般程序是：卖方向买方发函要求改证→买方向开证行申请改证→开证行改证并转交通知行→通知行将改证通知卖方。

信用证的修改可以由开证申请人提出，也可以由受益人提出。由于修改信用证的条款涉及各当事人的权利和义务，因而不可撤销信用证在其有效期内的任何修改，都必须征得各有关当事人的同意。

二、修改信用证的原则

出口商对信用证的修改应掌握的原则和注意的问题包括以下几个方面：

（1）非改不可的坚决要改，可改可不改的根据实际情况酌情处理。如合同中规定可以"分批装运"，信用证中规定"不许分批装运"，若实际业务中可以不分批装运，则无须修改该条款。

（2）不可撤销信用证的修改必须被各有关当事人全部同意后，方为有效。开证行发出修改通知后不能撤回。

（3）保兑行有权对修改不保兑，但它必须不延误地将该情况通知开证行及受益人。

（4）受益人应对开证申请人提出的修改发出接受或拒绝的通知。根据《UCP600》的规定，受益人对不可撤销信用证的修改表示拒绝的方法有两种：一是向通知行提交一份拒绝修改的声明书；二是在交单时表示拒绝修改，同时提交仅符合未经修改的原证条款的单据。

（5）在同一信用证上，如有多处需要修改，原则上应一次提出。一份修改通知书包括两项或多项内容，要么全部接受，要么全部拒绝，不能只接受一部分而拒绝另一部分。

（6）受益人提出修改信用证，应及时通知开证申请人，同时规定一个修改通知书到达的时限。

（7）收到信用证修改（书）后，应及时检查修改内容是否符合要求，并分情况表示接受或重新提出修改。

（8）有关信用证修改必须通过原信用证通知行才真实有效，通过客人直接寄送的修改申请书或修改书复印件不是有效的修改。

（9）一般按照责任归属来确定修改费用由谁承担。

三、改证函的基本写法

出口方在审核信用证后，如果发现有与合同不符或有不利于出口方安全收汇的条款，应及时联系进口商通过开证行对信用证进行修改。对改证函的写法并无统一规定和要求，但一般应包括如下三个方面的内容：

（一）开头部分

开头部分主要是感谢对方开来的信用证并引出信用证的号码。例如：

（1）We are very pleased to receive your L/C No.06SHGM356 issued by the bank of Tokyo，Ltd.New York agency dated Jun.15，2022.

（2）Thank you for your L/C No.MQC0278 established by AlAhli Bank of Kuwait dated May.5，2022.

（二）主要修改内容

列明开证行开来的信用证中存在的不符点并说明如何修改。例如：

（1）However we are sorry to find it contains the following discrepancies.

（2）But the following points are in discrepancy with the stipulation of our S/C No.02CH98.

（3）As to the description of the goods please insert the word...before... .（有关货物的描述，请在……前插入……）

（4）The...should be...not....

（5）The...should be...instead of....

（6）Please delete the clause....

（7）As there is no direct sea sailing to your port next month，please amend the relative L/C to read "transshipment allowed".

（8）Please extend the shipment date and the validity of the L/C to...and...respectively.（请分别把装运期和信用证的有效期扩展到……和……）

（三）结束部分

感谢对方的合作，希望信用证修改书在××××年××月××日前开到。例如：

Thank you for your kind cooperation，please see to it that the L/C amendment reach us before July 8，2022，failing which we shall not be able to effect punctual shipment.

在修改信用证时要注意以下两个方面：

（1）由于信用证是开证行接受开证申请人的指示开立的，信用证的修改也必须由开证申请人去指示银行，受益人直接向开证行发出修改通知是无效的。受益人只能向他的合同关系人（开证申请人）提出要求，进而由开证申请人去指示银行修改。

（2）受益人收到信用证修改通知书后，还需要继续审核，直到确认与买卖合同条款内容一致，或者虽然不一致，但也能接受的时候，才能准备发货。

■ 关键术语

信用证　电开信用证　信开信用证　交单期　装运期　有效期

应知考核

一、单项选择题

1.目前，我国银行开出的进口信用证基本上是不可撤销议付信用证。信用证的第一付款人是（　　　）。

A.开证申请人　　　　　　B.汇票出票人

C.开证行　　　　　　　　D.开证申请人或汇票出票人

2.信用证上若未注明汇票付款人，根据《UCP600》的解释，汇票的付款人应是（　　　）。

A.The Applicant　　　　　　　　　B.The Issuing Bank

C.The Negotiation Bank　　　　　　D.The Beneficiary

3.当信用证条款与买卖合同规定不一致时，受益人可以要求（　　　）。

A.开证行修改　　　B.开证申请人修改　　　C.通知行修改　　　D.议付行修改

4.在汇票的使用过程中，使汇票一切债务终止的环节是（　　　）。

A.提示　　　　　　　B.承兑　　　　　　　C.背书　　　　　　　D.付款

5.在信用证结算方式下，汇票的受款人通常的抬头方式是（　　　）。

A.限制性抬头　　　B.指示性抬头　　　C.持票人抬头　　　D.来人抬头

6.信用证上如未明确付款人，则制作汇票时，受票人应为（　　　）。

A.开证申请人　　　B.开证行　　　　　C.议付行　　　　　D.通知行

7.备用信用证是（　　　）。

A.跟单信用证的一种

B.一种特殊形式的光票信用证

C.既可以是跟单信用证，也可以是光票信用证

D.不适用于投标、履约、还款、预付、赊销等业务

8.开立信用证时要注意信用证和合同一致，必须做到或标明（　　　）。

A.使用"参阅第×××号合同"或"第×××号合同项下货物"等条款

B.以对外签订的买卖合同（包括修改后的买卖合同）为依据，合同中规定要在信用证上明确的条款都必须列明

C.将有关合同作为信用证附件附在信用证后

D.标明信用证是合同的附属文件

9.在信用证结算方式下，银行保证向信用证受益人履行付款责任的条件是（　　　）。

A.受益人按期履行合同

B.受益人按信用证规定交货

C.受益人提交严格符合信用证要求的单据

D.开证申请人付款赎单

10.一份信用证若经另一家银行保证对符合信用证要求的单据履行付款义务，这份信用证就成为（　　　）。

A.不可撤销信用证   B.不可转让信用证

C.保兑信用证   D.议付信用证

二、多项选择题

1.在国际贸易中，常用于中间商转售货物交易的信用证有（   ）。

A.对背信用证   B.对开信用证

C.可撤销信用证   D.可转让信用证

2.某信用证每期用完一定金额后即可自动恢复到原有金额使用，无须等待开证行的通知，这份信用证是（   ）。

A.自动循环信用证   B.非自动循环信用证

C.半自动循环信用证   D.按时间循环信用证

3.审核信用证的依据包括（   ）。

A.开证申请书   B.合同   C.《UCP600》   D.发票

4.属于商业信用的国际贸易结算方式包括（   ）。

A.信用证   B.托收   C.汇付   D.汇款

5.信用证结算方式所涉及的主要当事人有（   ）。

A.受益人   B.开证行   C.通知行   D.议付行

6.在分批交货的大宗交易中，为节省开证费用易使用（   ）。

A.对开信用证   B.循环信用证

C.时间循环信用证   D.金额循环信用证

7.对于成套设备、大型机械产品和交通工具的交易，一般采用的清偿货款的方式有（   ）。

A.分期付款   B.延期付款   C.信用证   D.托收

8.信用证支付方式的特点有（   ）。

A.是一种银行信用   B.是一种商业信用

C.是一种自足文件   D.是一种单据的买卖

9.以下对可转让信用证表述正确的有（   ）。

A.只能转让一次   B.可转让无数次

C.第二受益人可将信用证转回给第一受益人

D.信用证上必须有"transferable"字样

10.对于信用证与合同的关系，下列表述正确的有（   ）。

A.信用证的开立以买卖合同为依据

B.信用证的履行不受买卖合同的约束

C.银行只根据信用证的规定办理信用证业务

D.合同是审核信用证的依据

三、判断题

1.汇票、本票、支票都可以分为即期和远期两种。   （   ）

2.信用证支付方式是银行信用。   （   ）

3.在票汇情况下，买方购买银行汇票直接寄给卖方，因采用的是银行汇票，故这种付款方式属于银行信用。（　　）

4.银行对信用证未规定的单据将不予审核。（　　）

5.对于单证不符，开证行若要拒付，必须在5个工作日内做出。（　　）

6.如果来证指定保险勘察代理人，受益人不能接受，应要求改证。（　　）

7.在信用证和托收支付条件下，汇票的出票依据是买卖合同。（　　）

8.保兑信用证中的保兑行对保兑信用证负第一性的付款责任。（　　）

9.当买卖合同与信用证内容有差别时，卖方应按照合同来履行义务，这样才能保证按期得到足额货款。（　　）

10.无论什么性质的交易，均可开立对背信用证。（　　）

应会考核

观念应用

某出口企业收到一份国外开来的即期议付信用证，正准备按信用证的规定发运货物时，突然收到开证银行通知，声称开证申请人已经倒闭。对此，出口企业应如何处理？依据何在？

技能应用

销售合同及买方开来的信用证如下所示：

销售合同

SALES CONTRACT

Sellers：SHANGHAI IMPORT & EXPORT CO.，LTD.　　　　Contract No.：RT05342

Address：31，GANGXIANG ROAD，SHANGHAI，CHINA　　Signed at：SHANGHAI

Buyers：MAMMUT ENTERPRISESAV　　　　　　　　　　Date：APR.22，2022

Address：TARRAGONA 75-3ER，BARCELONA，SPAIN

This sales contract is made by and between the sellers and the buyers，whereby the sellers agree to sell and the buyers agree to buy the undermentioned goods according to the terms and conditions stipulated below：

（1）Name of commodity and specification	（2）Quantity	（3）Unit	（4）Unit price	（5）Amount
HALOGEN FITTING W500 10% more or less both in amount and quantity allowed	9 600 PCS	PC	FOB SHANGHAI USD 3.80/PC	USD 36 480.00
	Total amount			USD 36 480.00

（6）Packing：CARTON

（7）Delivery from：SHANGHAI to BARCELONA

（8）Shipping marks：N/M

（9）Time of shipment：Within 30 days after receipt of L/C，allowing transshipment and partial shipments.

（10）Term of payment：By 100% confirmed irrevocable letter of credit in favor of the sellers to be available by sight draft to be opened and to reach China before <u>MAY 1，2022</u> and to remain valid for negotiation in China until the 15th day after the foresaid time of shipment.L/C must mention this contract number.L/C advised by <u>BANK OF CHINA，SHANGHAI BRANCH</u>. All banking charges outside China（the mainland of China）are for account of the Drawee.

（11）Insurance：To be effected by the buyers.

（12）Arbitration：All disputes arising from the execution of or in connection with this contract shall be settled amicably by negotiation.In case no settlement can be reached through negotiation the case shall then be submitted to China International Economic & Trade Arbitration Commission in Shenzhen（or in Beijing）for arbitration in accordance with its rules. The arbitral award is final and binding upon both parties for setting the dispute.The fee，for arbitration shall be borne by the losing party unless otherwise awarded by the Commission.

The Seller: The Buyer:

SHANGHAI IMPORT & EXPORT CO.，LTD.   MAMMUT ENTERPRISESAV

李立   JANE

Issue of Documentary Credit

ISSUING BANK	CREDIT ANDORRA ANDORRA LA VELLA，ANDORRA
FORM OF DOC.CREDIT	REVOCABLE
DOC.CREDIT NUMBER	LRT9806457
DATE OF ISSUE	220428
APPLICABLE RULES	UCP LATEST VERSION
DATE AND PLACE OF EXPIRY	DATE 220616 PLACE SPAIN
APPLICANT	MAMMUT ENTERPRISESAV TARRAGONA75-3ER，BARCELONA，SPAIN
BENEFICIARY	SHANGHAI IMPORT & EXPORT CO.，LTD. 31，GANGXIANG ROAD，SHANGHAI，CHINA
CURRENCY CODE，AMOUNT	USD 3 648.00（SAY U.S.DOLLARS THIRTY SIX THOUSAND FOUR HUNDRED AND EIGHTY ONLY.）
AVAILABLE WITH...BY...	ANY BANK IN ADVISING COUNTRY BY NEGOTIATION
DRAFTS AT...	DRAFTS AT 20 DAYS' SIGHT FOR FULL INVOICE VALUE
DRAWEE	CTBAAU2SITS
PARTIAL SHIPMENTS	NOT ALLOWED
TRANSSHIPMENT	ALLOWED

续表

ISSUING BANK	CREDIT ANDORRA ANDORRA LA VELLA，ANDORRA
PORT OF LOADING	SHANGHAI
PORT OF DISCHARGE	BARCELONA（SPAIN）
LATEST DATE OF SHIPMENT	MAY 30，2022
DESCRIPTION OF GOODS	960 PCS OF HALOGEN FITTING W500.USD 3.80 PER PC AS PER SALES CONTRACT RT05234 DD22.4.2022.FOB BARCELONA
DOCUMENTS REQUIRED	* COMMERCIAL INVOICE 1 SIGNED ORIGINAL AND 5 COPIES * PACKING LIST IN 2 COPIES * FULL SET OF CLEAN ON BOARD MARINE BILLS OF LADING, MADE OUT TO ORDER, MARKED "FREIGHT PREPAID" AND NOTIFY APPLICANT（AS INDICATE ABOVE） * GSP CERTIFICATE OF ORIGIN FORM A.CERTIFYING GOODS OF ORIGIN IN CHINA.ISSUED BY COMPETENT AUTHORITIES * SHIPPING ADVICES MUST BE SENT TO APPLICANT WITHIN 2 DAYS AFTER SHIPMENT ADVISING NUMBER OF PACKAGE, GROSS & NET WEIGHT, VESSEL NAME, BILL OF LADING No.AND DATE, CONTRACT No., VALUE
PRESENTATION PERIOD	6 DAYS AFTER ISSUANCE DATE OF SHIPPING DOCUMENT
CONFIRMATION	WITHOUT
INSTRUCTIONS	THE NEGOTIATING BANK MUST FORWARD THE DRAFTS AND ALL DOCUMENTS BY REGISTERED AIRMAIL DIRECT TO US IN TWO CONSECUTIVE LOTS, UPON RECEIPT OF THE DRAFTS AND DOCUMENTS IN ORDER, WE WILL REMIT THE PROCEEDS AS INSTRUCTED BY THE NEGOTIATING BANK

【考核要求】

审核上述信用证，将其中内容的不符点指出来并加以改正。

■ 案例分析

1.大连A进出口公司与加拿大客商签订了一份销售合同。A方收到不可撤销信用证后，发现多处内容与合同规定不符，于是提出了改证的要求。加拿大客商只同意A方的部分改证要求，向开证行提出了改证申请，并经其确认后发出信用证修改通知书。

【考核要求】

请问该信用证修改通知书有效吗？为什么？

2.某公司从国外某商行进口一批钢材，货物分两批装运，支付方式为即期信用证，每批分别由中国银行开立一份信用证。第一批货物装运后，卖方在有效期内向银行交单议付，议付行审单后，即向该商行议付货款，随后，中国银行对议付行作了偿付。我方在收到第一批货物后，发现货物品质与合同不符，因而要求开证行对第二份信用证项下的单据拒绝付款，但遭开证行拒绝。

【考核要求】

请问：开证行这样做是否合理？为什么？

项目实训

【实训项目】

审核信用证。

【实训情境】

SALES CONFIRMATION

Contract No.YM0806009

Date：June 05，2022

The Seller：Tianjin Yimei International Corp.

Address：58 Dongli Road Tianjin，China

The Buyer：VALUE TRADING ENTERPRISE，LLC

Address：Rm1008 Green Building Kuwait

This Sales Confirmation is made by and between Seller and Buyer，whereby the Seller agree to sell and the Buyer agree to buy the undermentioned goods according to the terms and conditions stipulated below：

Specification of Goods	Quantity	Unit Price	Amount
Man's Windbreaker		CIFC5 KUWAIT	
Style No.YM082			
Colour：Black	2 500PCS	USD15.10/PC	USD37 750.00
Khaki	2 500PCS	USD15.10/PC	USD37 750.00
TOTAL	5 000PCS		SUSD75 500.00

TOTAL AMOUNT：Say U.S.Dollars Seventy Five Thousand Five Hundred Only.

Packing：20pcs are packed in one export standard carton.

Shipping Marks：

VALUE

ORDER No.A01

KUWAIT

C/No.1-UP

Time of Shipment：Before AUG.10，2022

Loading Port and Destination：From Tianjin，China to Kuwait

Partial Shipment：Not allowed

Transshipment：Allowed

Insurance：To be effected by the seller for 110% invoice value covering All Risks and

War Risk as per CIC of PICC dated 01/01/1981.

Terms of Payment：By L/C at 60 days after sight，reaching the seller before June 15，2022，and remaining valid for negotiation in China for further 15 days after the effected shipment. L/C must mention this contract number. L/C advised by BANK OF CHINA. All banking charges outside China （the mainland of China）are for account of the Drawee.

Documents：

+Signed commercial invoice in triplicate.

+Full set （3/3）of clean on board ocean Bill of Lading marked Freight Prepaid made out to order blank endorsed notifying the applicant.

+Insurance Policy in duplicate endorsed in blank.

+Packing List in triplicate.

+Certificate of Origin issued by China Chamber of Commerce.

Signed by：

THE SELLER：	THE BUYER：
Tianjin Yimei International Corp.	VALUE TRADING ENTERPRISE，LLC
Jack	Julia

信用证：

27：SEQUENCE OF TOTAL：1/1

40A：FORM OF DOC.CREDIT：IRREVOCABLE

20：DOC.CREDIT NUMBER：KR369/03

31C：DATE OF ISSUE：220614

40E：APPLICABLE RULES：UCP LATEST VERSION

31D：DATE AND PLCA OF EXPIRY：220825 KUWAIT

51D：APPLICANT BANK：VALUE TRADING ENTERPRISE CORP.

RM1008 GREEN BUILDING KUWAIT

50：APPLICANT：AORE SPECIALTIES MATERIAL CORP.

YARIMCA，KOCAELI 41740，IZMIT，TURKEY

59：BENEFICIARY：TIANJIN YIMEI INTERNATIONAL CORP.

58 DONGLI ROAD TIANJIN，CHINA

32B：CURRENCY CODE，AMOUNT：USD71 500.00

41A：AVAILABLE WITH...BY：BANK OF CHINA BY NEGOTIATION

42C：DRAFTS AT...：90 DAYS AFTER SIGHT

42A：DRAWEE：VALUE TRADING ENTERPRISE，LLC

43P：PARTIAL SHIPMENTS：NOT ALLOWED

43T：TRANSSHIPMENT：NOT ALLOWED

44E：PORT OF LOADING/AIRPORT OF DEPARTURE：ANY CHINESE PORT

44F： PORT OF DISCHARGE/AIRPORT OF DESTINATION： KUWAIT BY SEA

FREIGHT

    44C：LATEST DATE OF SHIPMENT：220710

    45A：DESCRIPTION OF GOODS AND/OR SERVICES：5 000PCS WINDBREAKER STYLE NO.YM085

    AS PER ORDER No.A01 AND S/C No.YM009

    AT USD15.10/PC CIF KUWAIT

    PACKED IN CARTON OF 20PCS EACH

    46A：DOCUMENTS REQUIRED

    +SIGNED COMMERCIAL INVOICE IN TRIPLICATE INDICATING L/C NO. AND CONTRACT NO.

    +FULL SET（3/3）OF CLEAN ON BOARD OCEAN BILL OF LADING MADE OUT TO APPLICANT AND BLANK ENDORSED MARKED "FREIGHT TO COLLECT" NOTIFY THE APPLICANT.

    +SIGNED PACKING LIST IN TRIPLICATE SHOWING THE FOLLOWING DETAILS：TOTAL NUMBER OF PACKAGES SHIPPED；CONTENT(S) OF PACKAGE(S)，GROSS WEIGHT，NET WEIGHT AND MEASUREMENT.

    +CERTIFICATE OF ORIGIN ISSUED AND SIGNED OR AUTHENTICATED BY A LOCAL CHAMBER OF COMMERCE LOCATED IN THE EXPORTING COUNTRY.

    +INSURANCE POLICY/CERTIFICATE IN DUPLICATE ENDORSED IN BLANK FOR 120% INVOICE VALUE，COVERING ALL RISKS AND WAR RISK OF CIC OF PICC（01/01/1981）.

    71B：CHARGES：ALL CHARGES AND COMMISSIONS ARE FOR ACCOUNT OF BENEFICIARY INCLUDING REIMBURSING CHARGES

【实训任务】

1.根据实训情境审核信用证，指出不符之处，并提出修改意见。

2.撰写"审核信用证"实训报告。

"审核信用证"实训报告				
项目实训班级：		项目小组：	项目组成员：	
实训时间：　　年　　月　　日		实训地点：	实训成绩：	
实训目的：				
实训步骤：				
实训结果：				
实训感言：				
不足与今后改进：				
项目组长评定签字：　　　　　　　　　　项目指导教师评定签字：				

项目六

国际贸易单证缮制

知识目标

理解：各种外贸单证的含义、作用和分类；

熟知：各种外贸单证缮制的要求及方法；

掌握：各种外贸单证的基本缮制流程。

技能目标

能够读懂常用外贸单证涉及的外贸专业英语，并在此基础上分析单单相符、单证相符、单合相符；能够运用所学的常用外贸单证的缮制知识，培养和提高在特定业务情境中分析与解决问题的能力。

思政目标

能够正确地理解"不忘初心"的核心要义和精神实质；树立正确的世界观、人生观和价值观，做到学思用贯通、知信行统一。明确在外贸业务工作中的基本工作方法和基本实践操作，提升职业本领和职业技能，从而提升自己的职业素养和职业成就。

项目引例　　　　　单证不符酿大错

2022年11月，大连某出口公司A向国外某贸易有限公司B出口一批大麻籽。对方开来L/C规定："...Credit available by the beneficiary's draft at sight，pay to The Standard Bank Ltd. only. ...covering 150 M/T of Hempseeds，admixture and moisture must be identical with the contract No. DHF04308 stipulated. ... A certificate issued by the beneficiary and countersigned by buyer's representative Mr. Smith，his signature must be verified by opening bank，certifying the quality to conform to sample submitted on 15th，July，××××."（……由受益人开具的即期汇票，只限付给标准银行……150公吨大麻籽，杂质及水分必须与第DHF04308号合同规定的一致……受益人出具证明并由买方代表史密斯先生会签，其签字必须由开证银行核实，证明货物品质符合××××年7

月 15 日提供的样品。)

A 公司审查 L/C 后，认为 L/C 条款与合同规定相符。在货物备妥后即邀请买方代表史密斯先生检验货物。买方代表看货后也认为货物符合样品和合同的要求，表示同意装船。A 公司即按 L/C 要求出具证书，证明所装运货物品质符合××××年 7 月 15 日提供的样品，并由买方代表史密斯先生会签。A 公司在装运后，于 9 月 13 日将 L/C 所要求的单据向议付银行交单议付。9 月 29 日开证行提出如下不符点：

（1）我方 L/C 规定"只限付给标准银行"，你方提交的汇票收款人却只表示为 "pay to The Standard Bank Ltd."（付给标准银行），漏了 "only"，违反了 L/C 的规定。

（2）我方 L/C 规定货物的杂质和水分必须与第 DHF04308 号合同的规定一致。从你方发票和其他有关单据上都无法确定杂质和水分的含量已符合上述合同的规定。

（3）你方出具的证书虽然已由史密斯先生会签，但其签字并不真实，经与申请人事先向我行备案的签字存样对照，差别很大，故该证书无法生效。

以上三点与证不符，经联系申请人也不同意接受单据。速告处理意见，我行暂代保管单据。

引例评析：A 公司根据开证行的意见，邀请有关专家研究，意欲反驳开证行。但研究后认为开证行的意见无可挑剔，无法反驳对方。关于第三项不符点——签字不符的问题，A 公司立即寻找买方代表史密斯先生，才知他早已回国了。A 公司又直接责问买方：单据由你方代表史密斯先生亲笔签字，为何与你方在开证行备案的签字不符？但对方一直不答复。开证行再三催促 A 公司处理单据意见。最终 A 公司只好委托其他代理商就地降价处理货物，造成了不小的损失。

■ 知识精讲

任务一　制作商业发票

一、商业发票概述

商业发票（Commercial Invoice）简称发票（Invoice），是在货物装运时，卖方开立的凭以向买方索取货款的价目清单和对整个交易和货物有关内容的总体说明。它是买卖双方收付货款、记账、收发货物、清关、纳税、报验时的依据，也是买卖双方索赔、理赔以及保险索赔的依据，更是进出口报关完税必不可少的单据之一，同时还是办理各种产地证时，作为凭证由签署机关留存的单据。

（一）商业发票的作用

进口商凭发票核对货物及了解货物的品质、规格、价值等情况。它是进出口商记账与核算的依据。在没有汇票时，出口商可凭发票向进口商收款。发票还是报关纳税和实施其他管理的基本依据。发票在作为结汇单据前即货物出运时，有以下作用：①作为国际商务单据中的基础单据，发票是缮制报关单、产地证、报检单、投保单等其他单据的依据。②发票是报关单据的组成部分。出运过程中，报关单据需要附上发票才能起到相应的作用。③发票还有核销外汇的作用。收到外汇办理核销时需提供发票。

（二）商业发票的一般内容

发票体现了以价格为中心的买卖合同的主要内容，包括品质条款、数量条款、价格条款，有时还包括包装条款。发票分首文、正文和结文三部分。首文部分包括发票名称、号码、出票日期和地点、抬头人、合同号、运输路线等；正文部分包括货物描述、单价、总金额、唛头等；结文部分包括有关货物产地、包装材料等各种证明文句、发票制作人签章等。

二、商业发票实操认知

（一）设计商业发票的格式

视频6-1

商业发票

商业发票的格式，目前都是现成的模板，单证员根据交易磋商的内容进行填写即可。

注意：①模板的格式是固定的，根据合同或信用的实际要求，必要时可进行调整和修改；②发票设计的格式通常代表一个公司的风格，最好简洁明了，不要设计得过于花哨和复杂。

（二）商业发票的内容填写

（1）出票人名称、地址等描述必须醒目、正确。如果采用信用证方式收汇，必须与信用证上受益人的名称、地址等完全一致。同时，要注意与其他单据上显示的出口商的名称、地址保持一致。如果信用证已被转让，银行也可接受由第二受益人出具的发票。

发票的出票人有两种表示方式：一是发票的信头直接显示受益人名称；二是由受益人在发票上签字。在实务中，如果发票的出票人是受益人下属的某个部门（如 ABC Co. Ltd.，Export Dept.），根据国际商会专家小组的意见，这是不允许的。

例1　信用证条款如下：

APPLICANT：XYZ COMPANY，ANYTOWN

BENEFICIARY：ABC COMPANY NANJING

DOCUMENTS REQUIRED：COMMERCIAL INVOICE IN 6 COPIES

发票的出具人应为：ABC COMPANY NANJING

（2）出票日期及出票的基础信息方面必须注意的事项如下：①出票日期不能迟于装运日。有的商品，如矿砂、煤等散装货物，必须装完后才能根据装货实际重量制作商业发票。信用证有规定，发票不能早于信用证的开证日。②如果发票中的货物涉及不止一个合约，发票上显示的合约号必须包括全部合约。在信用证方式下，必须标明该笔交易中的信用证号码。

（3）在显示发票抬头人时，必须注意显示信用证的申请人名称、地址。如果信用证有指定其他抬头人的，按来证规定制单。如果信用证已被转让，则银行也可接受由第二受益人提交的以第一受益人为抬头的发票。

例 2　信用证条款如下：

APPLICANT：XYZ COMPANY，ANYTOWN

BENEFICIARY：ABC COMPANY NANJING

DOCUMENTS REQUIRED：COMMERCIAL INVOICE IN 6 COPIES

发票的抬头人应为：XYZ COMPANY，ANYTOWN

例 3　信用证条款如下：

APPLICANT：MIDDLEMAN COMPANY，HONGKONG

BENEFICIARY：ABC COMPANY，NANJING

DOCUMENTS REQUIRED：

FULL SET OF CLEAN ON BOARD OCEAN B/L MADE OUT TO ORDER AND BLANK ENDORSED MARKED FREIGHT PREPAID NOTIFYING XYZ COMPANY，NEW YORK，USA.

COMMERCIAL INVOICE IN 6 COPIES MADE OUT TO ABOVE NOTIFY PARTY.

发票的抬头人应为：XYZ COMPANY，NEW YORK，USA

（4）运输线路、起运地、目的地必须与其他单据上显示的相一致，并且要订明具体的地名，不要用统称。如信用证中只标明国名，在制作发票时，应打上具体的地名（除非一些特定交易出运时还未确定目的地）。

例 4　◆FROM GUANGZHOU TO NEW YORK W/T HONGKONG BY VESSEL.

例 5　PER S.S. "RED STAR" FROM QINGDAO TO LONDON W/T ROTTERDAM.

（5）货物描述部分是发票的中心内容，一般情况下，必须描述得具体。如所列商品较多，信用证上有统称时，发票上可在具体品名上方按来证显示统称。托收和汇款方式收汇的没有限制。

信用证项下，商业发票中对货物的描述必须逐字符合信用证中的描述。在实务中通常有以下几种情况：①信用证只规定了货物的总称，发票除照样显示外，还可加列详细的货名，但不得与总称矛盾。例如：信用证规定 "blue cotton wears"，而发票却显示 "colored cotton wears"，这是不允许的。②信用证未规定货物的总称，但列举的货名很详细，则发票应按照信用证的规定列明。③信用证规定的货名并非英文，这时发票也应照原文显示出来（可同时用英文表述）。④信用证规定了多种货名，应根据实际发货情况注明其中的一种或几种，不可盲目照抄。除了信用证规定的货物外，发票不能再显示其他货物或免费样品等。

（6）货物的规格。规格是货物品质、特征的标志，如一定的大小、长短、轻重、精密度、性能、型号、颜色等。当信用证开列了对规格的要求和条件时，所制发票必须和信用证的规定完全一致，并且应正确表达。如信用证规定 "水分不超过×%"，应在发票上注明实际含水量。

（7）货物的包装、件数和数量必须在发票中注明，并与其他单据一致。凡 "约"

"大概""大约"或类似的词语用于信用证数量时，应理解为有关数量不超过10%的增减幅度。

如果信用证中所列货物以重量、长度、面积或体积等作为数量单位，而不是按包装单位或个数计数的，在信用证对货物数量没有不得增减的要求和所支取的金额未超过信用证金额的前提下，允许货物数量有5%的增减幅度。

做中学6-1

合同规定"500 M/T 5% more or less at seller's option"，这是什么条款？卖方最多可交多少吨？最少可交多少吨？

精析：溢短装条款，最多：500+500×5%=525（公吨）；最少：500-500×5%=475（公吨）。

（8）货物重量和包装情况。出口货物的重量在单据中是一项不可忽视的内容，除了重量单、装箱单上应注明毛重、净重外，商业发票上也应注明总的毛重、净重。如信用证上明确要求在发票上列明货物重量或以重量计价的商品，在缮制发票时，应详细列明毛重、净重。

包装情况是指包装性质（箱、袋等）、包装件数等。发票上的重量和包装情况应与其他单据上的一致。

（9）价格条件。发票中的价格条件十分重要，因为它涉及买卖双方责任、费用的承担和风险的划分问题。另外，它也是进口地海关核定关税的依据。

来证的价格条件如与合同中规定的有出入，应及时修改信用证；如事先未修改，仍应该按照信用证的规定制单，否则会造成单证不符。有的信用证在规定的价格条件后会列出一些附加条件，如FOB Liner Terms等，制作发票时，必须按此表述在发票上注明。

（10）单价和总值。这是发票的主要项目，必须准确计算、正确缮打，并认真复核，特别要注意小数点的位置是否正确，金额和数量的横乘、竖加是否有矛盾。若信用证的金额是扣除佣金后的净值，发票金额处应显示总额减佣金。

凡"约""大概""大约"或类似的词语用于信用证金额时，应理解为有关金额可有不超过10%的增减幅度。

第一，"约"的容差范围为10%增减。需要注意的是，"约"放在哪一项，就适用于哪一项，不能以此类推。例如，信用证中货物的单价与数量条款中有"约"等词语，但金额中没有此类词语，金额就不允许有上述幅度的增减。

第二，数量的容差范围为5%增减。如果信用证没有规定货物数量有增减幅度，只要同时符合下述三个条件，对货物数量的容差允许有5%的增减幅度：①信用证未规定数量不得增减；②支取金额不超过信用证金额；③货物数量不是按包装单位或个数而是以长度（米、码）、体积（立方米）、容量（升、加仑）、重量（吨、磅）等计数的。

当信用证规定的金额和数量允许有5%的增减幅度时，该信用证项下不同颜色、规格的货物，分别可以满足该增减幅度。但是如果其中有单独一项货物的数量或金额超过规定，即使总金额和总数量在规定的范围内，也是不允许的。

（11）唛头。它是运输标志，便于货物的装卸、运输等。凡是来证有指定唛头的，必须逐字按照规定制唛；如无指定，出口商可自行设计唛头。唛头的制作一般以简明、易于识别为原则。唛头的内容包括进口商名称的缩写、合同号（或发票号）、目的港、件号。如货物运至目的港后还要转运到内陆城市的，可在目的港下面加打"IN TRANSIT TO ×××"或"IN TRANSIT"字样。

国际贸易中的装运唛头是为了便于识别货物而制作的。如果信用证规定了具体唛头，而且有"唛头仅限于……"（Mark is restricted to...）或"只有这样的唛头才能接受"（Only such mark is acceptable）或"唛头应包括……"（Mark should include...）等类似语句时，则唛头中的每一个字母、数字、排列顺序、位置、图形和特殊标注等都应按信用证规定的原样显示在发票上。

如果信用证规定了具体唛头，如"QTY，G.W."等，但没有"仅限于"等类似字样，则可以按文字要求加注实际内容，如"QTY 100 SETS，G.W.1 000 KGS"等。

如果信用证规定唛头用英文表示图形，如"In Diamond"或"In Triangle"等，则发票应将菱形或三角形等具体图形表示出来。

如果信用证中没有规定唛头，则发票既可以显示具体唛头，也可以用"No Mark"或"N/M"来表示无唛头。

（12）发票上加注各种证明。国外来证有时要求在发票上加注各种费用金额、特定号码、有关证明文句，一般可将这些内容打在发票商品栏下的空白处，大致有以下三种：①注明特定号码，如配额许可证号码等；②运费、保险费等；③缮打证明句，如澳大利亚来证要求加注原料来源证明句等。

（13）折扣、佣金和预付款。如信用证的价格条件中含有佣金，如CIFC3，并明确在发票中扣除，则应列示予以扣除；如价格条件中含有佣金，但信用证没有规定扣减，但规定发票金额是减佣后的净值，则在发票上也应显示减佣。

（14）关于"错漏当查"（Errors and Omissions Excepted，E&O.E.）。应该注意的是，当发票已经显示了证明真实、正确等文句时，就不能再出现"E&O.E."字样。

（15）更正处。发票的更正处应盖有签发人的更正章。如果该发票是经领事等签证的，则在更正处一定还要有领事的签字或小签。

（16）发票份数。提交的发票份数应与信用证规定的一致，如果信用证中没有特殊要求，其中一份必须是正本。如信用证要求"In duplicate"或"In two copies"，所提供的发票中必须有一张是正本。

（17）签署。如果信用证没有规定，用于对外收汇的商业发票不需要签署（但用于报关、退税等国内管理环节的发票，必须签署）。当信用证要求"Signed invoice"时，发票就需要签署；而要求"Manually signed invoice"时，该发票必须手签。如果发票上有证明的字句（We certify that...），此类发票必须签署。

另外需注意的事项有：

（1）以影印、自动或电脑处理或复写方式制作的发票，作为正本者，应在发票上注明"正本"（Original）字样，并由出单人签字。《UCP600》规定商业发票可不必签字，但有时来证规定发票需要签字的，还是要签字，如 Signed commercial invoice 等。

（2）近几年，我国陆续推出了国内税务机关统一印制的通用出口发票，通常为一套六联，根据用途分为发票联、记账联、税务联、报关联、核销联、存根，内容与上述介绍的一般发票项目相同。

如进口商接受的话，此种格式的发票也可用于收汇。但若与 L/C 或进口商的要求不一致，则不对外使用，只在报关、报检等国内环节中使用。对外收汇时，另外再制作原来常用格式的发票。

（3）现在还有一些进口商要求出口商按其公司特有的格式发票制单，栏目基本上也与一般发票相同，若对出口商而言无不妥之处，出口商可协助进口商按其要求办，在对外收汇和国外进口商办理有关手续时使用。

做中学 6-2

根据合同及信用证的相关内容制作商业发票。

信用证内容如下：

APR.05，2022　　　　09：36：32　　　　　　LOGICAL TERMINAL P005

MT：S 700 ISSUE OF DOCUMENTARY CREDIT PAGE 00001

FUNC SWPR3

UMR 00182387

MAGACK DWS7651 AUTH OK，KEY B19604214 FAEA9B2，BKCHCHBJ SAIVJPJT

RECORD BASIC HEADER 0 700 1547 970225 SAIBJPJTC×××3846992024 970315

　　　　　　*STANDARD CHARTERED BANK

　　　　　　*LONDON

USER HEADER

SERVICE CODE　　　　103：

BANK.PRIORITY　　　　113：

MSG USER REF.　　　　108：INFO.FROM

SEQUENCE OF TOTAL　　*27：1/1

FORM OF DOC.CREDIT　*40A：IRREVOCABLE

DOC.CREDIT NUMBER　*20：IM02023502

DATE OF ISSUE　31C：220405

DATE AND PLACE OF EXPIRY　*31D：DATE220615 AT NEGOTIATING BANK'S COUNTER

APPLICANT　*50：CHR TRADING CO.，LTD.

　　　　39 TOTTENHAM COURT ROAD，MARYLEBONE，

　　　　LONDON W1T 2AR，UNITED KINGDOM

BENEFICIARY *59： NINGBO TEXTILES IMP. AND EXP. CORPORATION

      12 GUOYI STREET，NINGBO，CHINA

AMOUNT *32B： CURRENCY USD AMOUNT 16 000.00

AVAILABLE WITH...BY... *41D：ANY BANK

      BY NEGOTIATION

DRAFTS AT... 42C：AT 30 DAYS AFTER SIGHT FOR FULL INVOICE VALUE

DRAWEE 42A：HARMY BANK LTD.，LONDON

PARTIAL SHIPMENTS 43P：PROHIBITED

TRANSSHIPMENT 43T： PERMITTED

LOADING IN CHARGE 44A：CHINA

FOR TRANSPORT TO 44B：LONDON

LATEST DATE OF SHIPMENT 44C：220531

DESCRIPTION OF GOODS 45A：

FULL COTTON KNITTED WOMEN TROUSERS AS PER S/C No.DE236256

ART No. QUANTITY UNIT PRICE

88-701 6 000 PCS USD 1.00/PC

88-702 8 000 PCS USD 1.25/PC

PRICE TERM： CIF LONDON

DOCUMENTS REQUIRED 46A：

    + FULL SET （3/3） OF ORIGINAL CLEAN ON BOARD OCEAN BILLS OF LADING MADE OUT TO ORDER AND BLANK ENDORSED AND MARKED "FREIGHT PREPAID" NOTIFY APPLICANT （WITH FULL NAME AND ADDRESS）.

    + SIGNED COMMERCIAL INVOICE IN 5 FOLDS CERTIFYING THAT THE GOODS ARE OF CHINESE ORIGIN AND SHOWING H.S.CODE 610462.

    + BENEFICIARY'S CERTIFICATE STATING THAT ONE SET OF NON-NEGOTIABLE SHIPPING DOCUMENTS HAVE BEEN SENT TO APPLICANT BY AIRMAIL WITHIN 2 DAYS AFTER SHIPMENT.

    + DETAILED PACKING LIST IN 3 FOLDS.

    + G.S.P.FORM A. ISSUED BY AUTHORITY.

    + MARINE INSURANCE POLICY IN DUPLICATE ENDORSED IN BLANK FOR 110% OF THE INVOICE VALUE INCLUDING：OCEAN MARINE CARGO CLAUSES （ALL RISKS） AND OCEAN MARINE CARGO WAR RISK CLAUSES OF THE PEOPLE'S INSURANCE COMPANY OF CHINA INCLUDING WAREHOUSE TO WAREHOUSE CLAUSE，CLAIMS PAYABLE IN LONDON IN CURRENCY OF DRAFTS.

ADDITIONAL COND. 47A：

（1）ALL DOCUMENTS SHOULD MENTION L/C No..

（2）AN ADDITIONAL FEE OF USD 50.00 OR EQUIVALENT WILL BE DEDUCTED

FROM THE PROCEEDS PAID UNDER ANY DRAWING WHERE DOCUMENTS PRESENTED ARE FOUND NOT TO BE IN STRICT CONFORMITY WITH THE TERMS OF THIS CREDIT.

（3）THE GOODS TO BE PACKED IN EXPORT CARTONS.

DETAILS OF CHARGES 71B: ALL BANK CHARGES OUTSIDE LONDON INCLUDING REIMBURSEMENT COMMISSIONS ARE FOR ACCOUNT OF BENEFICIARY.

PRESENTATION PERIOD 48: DOCUMENTS MUST BE PRESENTED WITHIN 10 DAYS AFTER THE DATE OF SHIPMENT, BUT WITHIN THE VALIDITY OF THE CREDIT.

CONFIRMATION *49: WITHOUT

INSTRUCTIONS 78:

THE NEGOTIATING BANK MUST FORWARD THE DRAFTS AND ALL DOCUMENTS BY REGISTERED AIRMAIL DIRECT TO US （INTERNATIONAL CENTER MAIL ADDRESS IN TWO CONSECUTIVE LOTS, UPON RECEIPT OF THE DRAFTS AND DOCUMENTS IN ORDER）.

WE WILL REMIT THE PROCEEDS AS INSTRUCTED BY THE NEGOTIATING BANK.

TRAILER MAC: CF6F97BC

CHK: F04138D93C1B

补充材料如下：

（1）发票号码：GD04-017

（2）提单号码：COS365

（3）船名、航次：BILLJIE V.998

（4）包装情况：100 PCS/CTN

　　　　　　GROSS W.T.10 KGS/CTN

　　　　　　NET W.T.8 KGS/CTN

　　　　　　MEASUREMENT：60×50×40 CM/CTN

（5）提单签单人及签发日期：NINGBO DAHAI SHIPPING CO., LTD.李大为

（6）SHIPPED ON BOARD DATE：MAY 28, 2022

（7）唛头：ITOCHU/DE236256/LONDON/No.1-UP

（8）出口企业有权签字人：刘淑

（9）原产地标准及产地证号："P"，ZJNB888788

（10）保单号：PICC2009128

根据上述信息制作发票如下：

COMMERCIAL INVOICE				
TO：	INVOICE No.：		INVOICE DATE：	
	L/C No.：		L/C DATE：	
	S/C No.：			
EXPORTER：				
TRANSPORT DETAILS：	TERMS OF PAYMENT：BY　L/C			
唛头 MARKS & NUMBERS	货名 DESCRIPTION OF GOODS	数量 QUANTITY	单价 UNIT PRICE	总值 AMOUNT
			NINGBO TEXTILES IMP.AND EXP.CORPORATION	
			刘淑	

任务二　制作包装单据

一、包装单据概述

包装单据（Packing Documents）是记载或描述商品包装情况的单据，是商业发票的附属单据，也是货运单据中的一项重要单据。其主要作用是补充商业发票的不足。除散装货物外，包装商品一般都需要提供包装单据。进口地海关验货、公证行检验、进口商核对货物时，常常都以包装单据为依据，了解包装件号内的具体内容和包装情况。

（一）包装单据的种类

包装单据的种类很多，常见的有以下几种：①装箱单（Packing List）；②包装说明（Packing Specification）；③详细装箱单（Detail Packing List）；④包装提要（Packing Summary）；⑤重量单（Weight List/Note）；⑥重量证书（Weight Certificate）；⑦磅码单（Weight Memo）；⑧尺码单（Measurement List）；⑨花色搭配单（Assortment List）。

其中，装箱单载明装箱货物的名称、规格、数量、重量、唛头以及箱号、件数和包装情况等。如系定量箱装，每件包装货物都是统一的重量，则只需说明总件数、单件重量和合计重量；若系不定量包装，则必须提供尽可能详细的装箱内容，逐件列出每件包装货物的细节，包括商品的货号、花色搭配、毛净重、尺码等。

重量单除载明装箱单上的内容外，还要尽量清楚地表明商品每箱毛重、净重及总重量，供买方参考。

尺码单侧重于说明每件货物的尺码和总尺码，即在装箱单内容的基础上再重点说明每件、每个不同规格项目的尺码和总尺码。不是同一规格尺码的，要逐一列明。

（二）包装单据的作用

包装单据的作用包括：①它是出口商缮制商业发票及其他单据时计量、计价的基础资料；②它是进口商清点数量或重量以及销售货物的依据；③它是海关查验货物的凭证；④它是公证或商检机构查验货物的参考资料。

一般情况下，根据商品和信用证的不同要求，出口商要提供适当的包装单据。包装单的各项内容必须与其他单据一致，尤其是重量、件数或尺码等必须与提单一致，还要与实货相符。

二、包装单据实操认知

1. 设计包装单据的格式

包装单据的设计以商业发票为基础，商业发票的格式目前都是现成的模板，单证员只要根据交易磋商的内容进行填写即可。

2. 设计文头

文头，即出口商的名称和详细地址、电话、传真等，要求名称、地址等必须醒目、正确。如果是采用信用证方式收汇的，必须与信用证上受益人的名称、地址等完全一致。同时，要注意与其他单据上显示的出口商的名称、地址的一致性。

3. 包装单据的内容

包装单据并无固定的格式和内容，通常由出口商根据货物的种类和进口商的要求依照商业发票的大体格式来制作。出口商制作的包装单格式不尽相同，但基本内容相似，主要包括单据名称、编号、出单日期、货物名称、唛头、规格、件数、毛重与净重、签章等，有时还涉及包装材料、包装方式、包装规格等。

（1）单据名称（Name of Document），即在包装单上应标明"Packing List"字样。信用证中经常要求这样的单据："Packing Note，Packing Specification，Measurement List，Assortment List"等，这些都是类似包装单的内容。由于这些单据的名称不同，所以依据各种商品的包装情况和要求，其具体内容也不同。

（2）编号或商业发票编号（No./Invoice No.）。包装单可以有自己的编号，但是由于商业发票是核心单据，所以一般都用商业发票的编号作为包装单的编号，有的包装单上会直接出现商业发票编号栏。

（3）出单日期（Date）。它可按发票日期填。包装单的缮制一般在发票之后，所以也可比发票日期晚，但不要晚于提单日期。

（4）出口商名称和地址（Exporter's Name and Address），即出票人，要求与信用证受益人或合同卖方一致。

（5）买方名称和地址（Buyer's Name and Address），即抬头人，要求与开证申请人或合同买方一致。

（6）运输方式和路线（Means of Transportation and Route）。包装单上也可表示运输方式及运输路线，写法可与发票相同。

（7）唛头及件数（Marks & No.）。唛头应与发票、提单等单据的唛头一致。在单位包装货量或品种不固定的情况下，需注明每个包装件内的包装情况，因此包装件应编号。在每个包装件内，一般应尽可能详细地列出有关的包装细节，如规格、型号、色泽、内装量等。

（8）品名和规格（Name of Commodity & Specification）。品名必须与发票和信用证一致。规格包括商品的规格和包装的规格，都要按货物情况和信用证要求详细填列。

（9）数量（Quantity）。如果每种规格产品包装单位的重量不同，应将不同规格的数量分别表示出来，最后累计出合计数。

（10）毛重（Gross Weight）。如果有几种规格，每种规格的毛重不同，则应分别列出毛重。如果货物的单件不是定量包装（如粮谷类麻袋包装的商品，一般只是每袋大约的重量，如第一袋90千克，第二袋89.7千克，第三袋90.4千克），应尽可能不出具包装单；如果要出具，则必须整批货物每袋过磅、编号，并作记录。如果10 000袋，则必须过磅10 000次，然后在包装单上列出10 000个数。这种包装单又称为"磅码单"，相当麻烦。

（11）净重（Net Weight）。这里的净重指每件的净重及合计的净重。

（12）尺码（Measurement）。这里的尺码指每件的体积及合计体积。

（13）签章（Signature）。如果信用证无特别规定，装箱单、重量单或尺码单无须签署；但当包装单据中含有证明文句时，则应该签署。如果信用证要求中性包装（Neutral Packing）或规定中性包装单（in white paper/in plain），本栏应空白不签章。

做中学 6-3

根据任务一中"做中学 6-2"的信用证和补充资料，制作装箱单。

			PACKING LIST				
EXPORTER:			INVOICE No.:				
			INVOICE DATE:				
			FROM:			TO:	
			SHIPPED BY				
TO:			SHIPPING MARK:				
C/Nos.	No. AND KINDS OF PKGS.	GOODS&PACKING	QTY.		G.W.	N.W.	MEAS.

任务三 申请产地证明书

产地证明书（Certificate of Origin）是证明货物原产地或制造地的文件，也是进口国海关核定进口货物应征税率的依据。

一、产地证明书的作用

（1）实施差别税率。当进口国与出口国两国政府之间签订的贸易协定中规定对协定所载明的商品减免其进口税率，或协定中规定了最惠国条款，即对来自协定国的货物适用于从第三国输入的同样货物的相同的低税率时，由进口国海关查验货物的产地证明书，并据此对协定国与非协定国的商品课征不同的进口关税。

（2）实行进口限制。进口配额分为全球配额和国别配额。对于国别配额，需提供产地证明书，以便海关据此查核输入的货物是否在其国别配额内。有些国家限制从某个国家或地区进口货物，也要求以产地证明书来确定货物来源国。

二、产地证明书的种类

（一）一般原产地证书（Certificate of Origin，C/O）

知识链接6-1

一般原产地证书又称原产地证，在我国出口业务中使用的是中华人民共和国出口货物原产地证明书，它是证明中国出口货物符合《中华人民共和国出口货物原产地规则》、确系中华人民共和国原产地的证明文件。

"单一窗口"标准版用户手册（海关原产地证申报）

1．一般原产地证书的种类

一般原产地证书可分为以下四种：

（1）海关签发的产地证（见表6-1）。

表6-1　　　　　　　　　海关签发的产地证

1.Exporter	Certificate No. CERTIFICATE OF ORIGIN OF THE PEOPLE'S REPUBLIC OF CHINA			
2.Consignee				
3.Means of transport and route	5.For certifying authority use only			
4.Country/region of destination				
6.Marks and numbers	7.Number and kind of packages；description of goods	8. H. S. Code	9.Quantity	10. Number and date of invoices
11.Declaration by the exporter The undersigned hereby declares that the above details and statements are correct；that all the goods were produced in China and that they comply with the Rules of Origin of the People's Republic of China. ————————— Place and date，Signature and stamp of authorized signatory	12.Certification It is hereby certified that the declaration by the exporter is correct. ————————— Place and date，Signature and stamp of certifying authority			

（2）中国国际贸易促进委员会签发的产地证（见表6-2）。

表6-2　　　　　　　　　　　　　　ORIGINAL

1. Exporter	Serial No. Certificate No.
	ICC CERTIFICATE OF ORIGIN CEPA专用 CERTIFICATE OF ORIGIN OF THE PEOPLE'S REPUBLIC OF CHINA
2. Consignee	
3. Means of transport and route	5. For certifying authority use only
4. Country / region of destination	

6. Marks and numbers	7. Number and kind of packages; description of goods	8. H.S.Code	9. Quantity	10. Number and date of invoices
	SAMPLE			

11. Declaration by the exporter 　The undersigned hereby declares that the above details and statements are correct, that all the goods were produced in China and that they comply with the Rules of Origin of the People's Republic of China.	12. Certification 　It is hereby certified that the declaration by the exporter is correct.
Place and date, signature and stamp of authorized signatory	Place and date, signature and stamp of certifying authority

page 1 of 1

（3）出口商自己出具的产地证。当信用证要求受益人提供产地证，或只要求提供产地证而未指定签发人时，可出具受益人产地证，有时要求该证由贸促会认证（见表6-3）。

表6-3　　　　　　　　　　　　　受益人出具的产地证

产地证明书
CERTIFICATE OF ORIGIN

发票号
Invoice No.
大连
Dalian
收货人
Consignee： _____
运输方式
Means of transportation： _____
出口时间
Time of export： _____
目的地
Destination： _____

标记及号码 （Marks & Nos.）	品　名 （Commodity）	数　量 （Quantity）

兹证明上列商品确系中国出产或制造。
We hereby certify that the above-mentioned commodities were produced or manufactured in China.

BEIJING OKEA CORP.

(Signed)

－ － － － － － － － － －

Authorized Signature

（4）生产厂商出具的产地证（见表6-4）。

表6-4　　　　　　　　　　　　普惠制原产地证FORM A

1.Goods consigned from （Exporter's business name， address， country）	Reference No. **GENERALIZED SYSTEM OF PREFERENCES** **CERTIFICATE OF ORIGIN** （Combined declaration and certificate） **FORM A** Issued in THE PEOPLE'S REPUBLIC OF CHINA （country） See Notes Overleaf			
2.Goods consigned to （Consignee's name， address， country）				
3. Means of transport and route （as far as known）	4.For official use			
5.Item number	6. Marks and numbers	7. Number and kind of packages； description of goods	8. Origin criterion （See Notes Overleaf）	9.Gross weight or other quantity / 10. Number and date of invoices
11.Certification It is hereby certified， on the basis of control carried out， that the declaration by the exporter is correct. － － － － － － － － － － Place and date， Signature and stamp of certifying authority	12. Declaration by the exporter The undersigned hereby declares that the above details and statements are correct； that all the goods were produced in **CHINA** － － － － － － － － － － （country） and that they comply with the origin requirements specified for those goods in the Generalized System of Preferences for goods exported to － － － － － － － － － － （importing country） － － － － － － － － － － Place and date， Signature and stamp of authorized signatory			

在实际业务中，应根据买卖合同或信用证的规定，提交相应的产地证。海关和中国国际贸易促进委员会签发的产地证最多、最权威。

申请单位申请一般原产地证书（C/O）时需要提交如下资料：①"一般原产地证明书申请书"一份；②正式出口商业发票正本一份，如发票内容不全，另附装箱单（盖章，不得涂改）；③含有进口成分的产品，必须提交"含有进口成分产品成本明细单"；④签证机构需要的其他单据。

2.一般原产地证书实操认知

第一步：申请注册登记。申请单位凭营业执照和批准证书到海关领取产地证注册登记表和其他有关资料，并按要求填写。

第二步：调查与审核。海关对申请单位提交的材料进行审核，并派人员到生产企业进行产地证注册调查。生产企业应配合海关调查人员工作，并负责提供调查所需的有关材料。调查后，海关给出是否给予注册的结论。

第三步：办理注册登记。审核后，对符合规定的企业，海关将为其建立企业注册档案；每个注册企业只有一个注册号，在申请原产地证时填在申请书上，以便计算机识别。

第四步：产地证书的缮制

（1）出口商（Exporter）：此栏填写信用证受益人（出口方）的名称、详细地址及国家（地区）。若经其他转口商买卖，可在出口商后面缮打"VIA"，然后填写转口商名称、地址和国家（地区）。此栏不得留空。

（2）收货人（Consignee）：此栏填写最终收货人名称、详细地址和国家（地区），一般是合同中的买方或信用证的开证申请人。有时由于贸易的需要，信用证规定所有单证收货人一栏留空，则在此栏加注"TO WHOM IT MAY CONCERN"（致有关的人）或"TO ORDER"（凭指示）。

（3）运输方式与路线（Means of transport and route）：此栏应填写装运港和目的港的具体港口名称及运输方式。如需转运还应填写转运地，如FROM XINGANG/TIANJIN TO NEWYORK BY VESSEL VIA HONGKONG。

（4）目的地国家或地区（Country/region of destination）：填写目的港及国家名（地区名）。

（5）仅供签证机构使用（For certifying authority use only）：此栏为签证机构在签发后发证书、补发证书或加注其他声明时使用。证书申领单位应将此栏留空。

（6）标记及号码（Marks & Numbers）：此栏应按信用证唛头完整填写，与出口发票上的唛头保持一致；不可简单地填写"AS PER INVOICE No. ..."或"AS PER B/L No. ..."。此栏不得留空，如果没有唛头，应填"NO MARK"或"N/M"。如果唛头多，此栏填不下，可填在第7～10栏的空白处。

（7）包装的数量及种类、货物描述（Number and kind of packages; description of goods）：包装的数量及种类要按实际情况填写，并与其他单据一致，如500 CARTONS（FIVE HUNDRED CARTONS ONLY）OF BEJING ROYAL JELLY。如果货物为散装，在

商品名称后应加注"IN BULK"。商品名称要求按照信用证填写具体名称，不得用概括性表述，如不能笼统地填"MACHINE"或"GARMENT"等。有的国外来证要求在所有单据上加注合同号、信用证号，则可在此栏填写。本栏的末行下紧接着要打上一行"****"符号表示结束，以防再添加内容。

（8）商品 H.S. 税目号（H.S.Code）：按照《中华人民共和国海关进出口税则》填写商品的 H.S. 税目号，必须准确无误，并与报关单一致。若同一证书包含多种商品，则应将相应的 H.S. 税目号全部填上。

（9）数量（Quantity）：此栏应填写出口货物的数量及计量单位。

（10）发票号码与日期（Number and date of invoices）：此栏必须严格按照商业发票填写。日期应早于实际出口日期或与实际出口日期相同。此栏应注意英文日期的表述方式。

（11）出口商声明（Declaration by the exporter）：此栏要求填写出口商申领证书的地点和日期，由出口商在签证机构注册的人员签字，并加盖出口商中英文的单位印章。注意：申领日期不得早于发票日期，最早为同日。

（12）签证机构证明（Certification）：此栏由签证机构签字、盖章，注明签署地点、日期。注意：签字与盖章不得重合。签发日期不得早于第 10 栏的发票日期和第 11 栏的申领日期，但应略早于提单日期，表明货物在装船前检验，并且应注意不能超过检验有效期限才装船。

第五步：签证缴费

缴费后，原产地证签发时间为一个工作日。

（二）普惠制产地证

1. 普惠制与普惠制产地证

普惠制（Generalized System of Preference，GSP）是发达国家对来自发展中国家的商品（特别是制成品和半制成品）普遍给予优惠待遇的一种制度。这种优惠待遇是普遍的、非歧视的、非互惠的。目前给予我国普惠制待遇的国家共 39 个：欧盟 27 国（比利时、丹麦、德国、法国、爱尔兰、意大利、卢森堡、荷兰、希腊、葡萄牙、西班牙、奥地利、芬兰、瑞典、波兰、捷克、斯洛伐克、拉脱维亚、爱沙尼亚、立陶宛、匈牙利、马耳他、塞浦路斯、斯洛文尼亚、罗马尼亚、保加利亚、克罗地亚）和挪威、瑞士、土耳其、俄罗斯、白俄罗斯、乌克兰、哈萨克斯坦、日本、加拿大、澳大利亚、新西兰和列支敦士登公国。

普惠制产地证（Generalized System of Preference Certificate of Origin）是普惠制的主要单据。凡是向给予我国普惠制待遇的国家出口受惠商品，需提供这种产地证，作为进口国海关减免关税的依据。普惠制产地证的书面格式名称为"格式 A"（Form A），见表 6-4。根据大多数给惠国的规定，享受普惠制必须持凭受惠国政府指定的机构签署的普惠制原产地证书（注：我国政府指定各地海关签发普惠制原产地证书）。

知识链接 6-2

"单一窗口"标准版用户手册（原产地证自助打印）

　　根据我国《普遍优惠制原产地证明书签证管理办法》及其实施细则的规定，有进出口经营权的国内企业，中外合资、中外合作和外商独资企业，国外企业、商社常驻中国代表机构，对外承接来料加工、来图来样加工、来件装配和补偿贸易业务的企业，经营旅游商品的销售部门，参加国际经济、文化交流及拍卖等活动需出售展品、样品等的有关单位，均可向当地海关申请办理普惠制原产地证书的签证。

　　2. 普惠制产地证实操认知

　　普惠制对我国企业的商品出口是有利的，因此我们应充分利用。最常见的普惠制单据是GSP FORM A，此格式产地证适用于一般商品，由出口商缮制后，由海关签发。

　　第一步：注册申请。根据有关规定，凡是在我国市场监督管理部门取得注册登记的国有外贸进出口企业和生产企业、三资企业和三来一补企业，均可向企业所在地的海关提出注册申请。

　　注册时应提供：①政府主管部门授予企业进出口经营权的文件；②企业营业执照副本；③填制完整的"普惠制产地证注册登记证"和"申请签发普惠制原产地证明书注册登记表"；④含有进口成分的商品，必须提交"产品成本明细单"；⑤"原产地证手签人员授权书"。

　　第二步：调查。申请注册的企业，其产品必须符合给惠国的原产地规则。在收到有关企业的注册申请后，海关将派人员对生产企业进行实地调查，核对企业提供的有关资料，查看生产企业的原材料情况、生产和加工工序，如其产品使用了进口原材料，则需核算产品中使用的进口原材料的价值在制成品中所占的比例，以便确定其原产地资格。

　　第三步：审核。经审核，产品的原产地资格符合有关规定，海关将对企业进行注册登记，给予注册编号。至此，该企业便可向海关申请办理普惠制产地证了。

　　第四步：签证。普惠制产地证是联合单证，即申请单位的申报和签证机构的证明。因此，普惠制产地证需由申请单位缮制，并在规定的栏目签名、盖章后，送到海关。海关根据发票等有关单证对产地证进行审核，若审核无误，在证书的有关栏目盖章、签名。

　　企业应在货物出运前至少5天申请签证，申请时应提供的单证有：①"普惠制原产地证明书申请书"；②"普惠制原产地证明书FORM A"一式三份；③出口货物商业发票；④签证机构认为必要的其他证明文件。

　　第五步：缮制普惠制产地证"格式A"（FORM A）。产地证标题栏（右上角）"Certificate No."后填写签证机构所编的证书号；"Issued in"后填写"中华人民共和国"全称的英文："THE PEOPLE'S REPUBLIC OF CHINA"，意为"在中华人民共和国签发"。

　　（1）Goods consigned from（Exporter's business name, address, country）：出口商的名称、地址、国别。此栏具有强制性，必须填写出口商详细的地址，包括街道名、门牌号等。此栏中的出口商必须为合约签署方，不能填中间商。

　　（2）Goods consigned to（Consignee's name, address, country）：此栏一般填写给惠国最终收货人（即信用证上规定的提单通知人或特别声明的收货人）的名称、地址、国家（地区）。如最终收货人不明确，可填写发票抬头人，但不要填中间商的名称。在特殊情况下，欧盟国家要求此栏留空或填"To whom it may concern"，也可接受。

（3）Means of transport and route（as far as known）：运输方式与路线（就所知而言）。此栏应填写装运港和目的港的具体港口名称及运输方式。如需转运，还应填写转运地。

（4）For office use：供官方使用。出口公司应将此栏留空，由签证机构填写。

（5）Item number：商品顺序号。此栏应根据不同类别的商品依次列出序列号。在收货人、运输条件相同的情况下，如果同批出口货物有不同的品种，则可按不同品种、发票号分列"1""2""3"等，对于单项商品，此栏可填"1"或留空。

（6）Marks and number of package：唛头和包装编号。此栏应与发票一致。如货物无唛头，应填"N/M"；如果唛头内容过多，此栏不够，可向第7～10栏延伸，如还不够，可另加附页，打上原证件号，并由海关授权签证人手签，加盖公章。

（7）Number and kind of packages；description of goods：包装的数量及种类；货物描述。商品名称应具体填写，其详细程度应能在H.S.的四位数字级品目中准确归类。商品的商标、牌名、货号因与关税无关，可不填具。商品名称填写完毕，应加上"****"作为结束符，以防他人加填伪造内容。若L/C中有特殊规定，如要求填具合同、信用证号码等，均可在该栏体现。包装件数应在阿拉伯数字后面用括号加注大写英文数字。

（8）Origin criterion（See Notes Overleaf）：原产地标准（参照证书背面）。原产地标准是国外海关审证的核心内容。为了确保GSP仅给予在发展中国家生产、收获和制造，并从发展中国家出运的产品，各给惠国都制定了详细的原产地标准。特别是对于含有进口成分的产品，情况复杂，国外要求更加严格，出口商极易弄错而造成退证。原产于第三国的产品如果仅在受惠国进行轻微加工或仅经受惠国转运，一般是没有资格享受普惠制待遇的。因此此栏应参照证书背面认真而谨慎地填写。现将给予中国最惠国待遇的国家对此栏的填写规定说明如下：

① "P"：产品无进口成分，完全系中国生产。

② "W"：货物运往欧盟成员国、挪威、瑞士和日本等国，货物含有进口成分，但符合加工标准。在"W"后标注产品的H.S.税目号。如欧盟成员国将加工标准作为确定产品是否经过实质性改造的标准，即如果进口成分与其制成品的H.S.税目号不同，则认为经过了实质性改造，该出口商品可享受GSP待遇。

③ "Y"：货物运往保加利亚、捷克斯洛伐克、匈牙利等国，在出口受惠国增值的产品，填"Y"，并在其后加注进口原料和部件的价值在该产品离岸价中所占的百分比。这些国家规定进口成分价值不得超过产品离岸价的50%。

④ "F"：货物运往加拿大，含有进口成分，进口成分占产品出厂价的40%以下。

⑤ "G"：货物运往加拿大，含有进口成分，实施全球性原产地累计条款。

⑥ "PK"：货物在一个受惠国生产而在另一个或多个受惠国制作或加工，并出口至东欧等国家，实施全球性或区域性原产地累计条款，即将全球所有的受惠国或某一个经

济区域的若干个受惠国的原料和劳务价值进行累加，作为判断该出口国加工产品的增值标准。对我国来说，从其他受惠国进口原料、零部件加工成成品出口至给惠国，仍可享受关税减免的待遇。

⑦出口到澳大利亚、新西兰的产品，此栏可留空。

（9）Gross weight or other quantity：毛重或其他数量。此栏应按商品的正常计量单位填写，如"只""件""匹""双""台""打"等，如5 000DOZENS、3 500KGS。以毛重计算的填毛重，只有净重的填净重亦可，但要标上"N.W."。注意：此栏的数量为出口货物的数量，不要缮打货物包装的数量。

（10）Number and date of invoices：发票号码和日期。按正式发票填写，为避免对月份、日期的误解，月份必须用英文缩写格式。

（11）Certification：检验检疫机构的签证证明。此栏填写签署地点、日期（如BEIJING，CHINA，JUNE 20，2022）及授权签证人手签、签证机构的印章。此栏的签发日期不得早于发票日期和出口商申报日期，且不能迟于提单日期。手签与公章的位置不得重合。

（12）Declaration by the exporter：出口商的声明。此栏填写申报地点、日期，由申报人员签字，并加盖出口商中英文对照的印章（正副本上都需加盖）。注意：此栏日期不得早于发票日期（第10栏），不得迟于签证机构签发日期（第11栏）。各公司应指派专人负责在此栏手签，手签姓名应在出入境检验检疫机构登记，并保持相对稳定；进口国横线上的国名一定要正确填写。进口国一般与最终收货人或目的港的国别一致，如果难以确定，以第3栏目的港所属国别为准。凡货物运往欧盟27国范围内，进口国不明确时，进口国可填E.U.；在证书正本和所有副本上盖章时，应避免覆盖进口国名称和手签人姓名；国名应是正式的全称。

（三）对美纺织品原产地证书

对美国出口纺织品一般使用原产地声明书（Declaration of Country of Origin），由出口商出具。此声明书有三种格式：①格式A，为单一国家声明书（Single Country Declaration），声明商品的原产地只有一个国家；②格式B，为多国家声明书（Multiple Country Declaration），声明商品的原材料是由几个国家生产的；③格式C，是非多种纤维纺织品的声明书，也称否定式声明（Negative Declaration），适用于主要价值或主要重量属于麻或丝的原料，或其中所含羊毛量不超过17%的纺织品。

（四）对欧盟纺织品原产地证书

对欧盟国家出口纺织品时，信用证中一般规定需提供特定的产地证，即纺织品产地证（Certificate of Origin Textile Product）。这种产地证由商务部（厅）签发。其中，EEC纺织品产地证（European Economic Community Certificate of Origin（Textile Products））（见表6-5）专门用于需要配额的纺织品类产品，是欧盟进口国海关控制配额的主要依据。

表6-5　　　　　　　　　　　　　　　输欧盟纺织品产地证

1.Exporter（EID，name，full address，country）	ORIGINAL		2.No.
	3.Quota year		4.Category number
5. Consignee （name， full address， country） Means of transport and route	CERTIFICATION OF ORIGIN （Textile product）		
	6.Country of origin		7. Country of destination
8. Place and date of shipment——Means of transport	9.Supplementary details		
10.Marks and numbers/Number and kind of package/Description of goods		11. Quantity（1）	12.FOB Value（2）
13. CERTIFICATION BY THE COMPETENT AUTHORITY， the undersigned， certify that the goods described above originated in the country shown in box No.6， in accordance with the provisions in force in the European Community.			
14.Competent authority（name， full address， country）	At_____on_____ （Signature）_____（Stamp）		

（五）区域性经济集团互惠原产地证书

目前，区域性经济集团互惠原产地证书主要有中国-东盟自由贸易区优惠原产地证明书、《亚太贸易协定》原产地证明书、中国-巴基斯坦自由贸易区优惠原产地证明书、《中国-智利自贸协定》原产地证书等。区域性经济集团互惠原产地证书是具有法律效力的在协定成员国之间就特定产品享受互惠减免关税待遇的官方凭证。为推动共建"一带一路"高质量发展，构建面向全球的高标准自由贸易区网络，实施互利共赢的开放战略，根据中国与有关国家或地区签订的自贸协定或优惠贸易安排，2020年中国继续对原产于23个国家或地区的部分商品实施协定税率。其中，进一步降税的有中国与新西兰、秘鲁、哥斯达黎加、瑞士、冰岛、新加坡、澳大利亚、韩国、格鲁吉亚、智利、巴基斯坦的自贸协定以及《亚太贸易协定》。

1. 中国-东盟自由贸易区优惠原产地证明书（FORM E）

中国-东盟自由贸易区原产地证明书又称格式E或FORM E。自1991年中国-东盟建立对话关系以来，我国与东盟国家的交往日益密切，2010年中国-东盟自由贸易区全面建成；2013年中国与东盟携手建设更为紧密的中国-东盟命运共同体；2019年中国-东盟自由贸易区升级《议定书》全面生效，双边经贸发展取得了举世瞩目的成就。其中，可以签发中国-东盟自由贸易区优惠原产地证明书的国家有：文莱、柬埔寨、印度尼西亚、老挝、马来西亚、缅甸、菲律宾、新加坡、泰国、越南10个国家。印度尼西亚的申请要求比较严，需要单单一致。

职场指南6-1

江西奋发营销有限公司位于南昌市安义县，该公司下个月将要出口一批门窗五金配件到东盟，现想了解清楚该怎么办理自己的原产地证明书FORM E，需要走哪些程序。

办理原产地证明书分企业备案和证书申请两个环节。

（1）企业备案。登录"互联网+海关"一体化网上办事平台（http：//online.customs.gov.cn），点击"税费业务"模块，点击"原产地企业备案"（注：如果企业没有电子口岸卡或没有在"互联网+海关"注册，需在"互联网+海关"注册后，凭注册账号、密码登录）。进入原产地综合服务平台后，点击"备案申请"，填写备案信息，提交营业执照扫描件等4项电子资料。提交的备案信息、电子资料经审核无误的，系统提示审核成功，并将备案号反馈给企业；提交的备案信息、电子资料经审核有误的，系统会将错误信息反馈给企业，企业需根据情况进行修改后重新提交。

（2）证书申请。登录"互联网+海关"一体化网上办事平台，点击"税费业务"模块，在"原产地管理"项下点击"更多"，在新弹出的窗口中点击"原产地证书签发"。进入相关页面后，点击"新建证书"菜单，选择要申请的原产地证书，录入"基本信息"和"货物信息"后，点击"申报"按钮。其中，带有黄色底纹的字段为必填项，不填写无法完成申报。申报完成之后，点击"证书查询"界面查看单据状态和海关审核回执。提交的申请信息经审核无误的，系统提示审核成功；提交的申请信息经审核有误的，系统会将错误信息反馈给企业，企业需根据情况进行修改后重新提交。系统审核成功之后，在"查询结果列表"中勾选一条记录，点击界面中的"打印"按钮，可选择打印申请书、打印发票、打印认证凭条。企业可通过国际贸易"单一窗口"（https：//www.singlewindow.cn）自行打印海关审核通过的原产地证明书。

2.《亚太贸易协定》原产地证明书（FORM B）

自2018年7月1日起，《亚太贸易协定》第四轮关税减让成果文件——《亚太贸易协定第二修正案》（以下简称《修正案》）正式生效实施。《亚太贸易协定》是我国参加的第一个优惠贸易安排，成员包括中国、印度、韩国、斯里兰卡、孟加拉国、老挝6国。根据《修正案》达成的成果，自7月1日起，6个成员国将对10 312个税目的产品削减关税，数量较第三轮谈判增长2.5倍，平均降税幅度达33%。《修正案》对原产地规则进行了优化，首次增加了产品特定原产地规则，为清单内产品设立了税则归类改变标准；新增对"累积成分"和"直接运输"两个术语的注释，原产地规则描述更加清晰；海关税则编码填写由原来的"4位"改为"6位"，原产地证明书填制更趋完善。

3.中国-巴基斯坦自由贸易区原产地证明书（FORM P）

2019年12月1日，中国和巴基斯坦修订了双边贸易协定的协定书，并已正式生效。根据协定书的内容，降低关税的安排自2020年1月1日起正式实施。中巴两国间相互实施零关税的产品的税目数比例从此前的35%逐步增加至75%。此外，双方还将对占各自税目数比例5%的其他产品实施20%幅度的部分降税。具体降税安排可查询中国自由贸易区服务网。两国将占各自全部税目80%的产品纳入关税减让范围，并对彼此重点关注的主要出口产品给予了充分考虑。巴方将中方重点关注的机电、家具、纺织、磷肥、玻璃制品、汽车及摩托车零部件等出口优势产品纳入关税减让名单；中方将巴方重点关注的棉纱、皮革、服装、水产品、坚果等出口优势产品纳入关税减让名单。该协定书降税安排的实施，将进一步扩大两国间的市场开放，使两国企业和消费者享受到更多优惠，推动中巴自贸区建设进入新阶段。

4.《中国-智利自贸协定》原产地证书（FORM F）

《中国-智利自贸协定》是我国与拉美国家签署的第一个自贸协定，自2006年10月正式实施。此后，绝大部分产品通过最多10轮（年）降税进程已实现零关税。而根据《中华人民共和国政府与智利共和国政府关于修订<自由贸易协定>及<自由贸易协定关于服务贸易的补充协定>的议定书》，中智双方承诺在原有97%以上的产品已实现零关税的基础上，再增加家电、纺织服装等54个产品，税率由原6%直接降为零，总体零关税产品比例达到约98%，自2019年3月1日起正式实施。

5. 中国-新西兰自由贸易区优惠原产地证书

自2008年10月1日起，各地海关开始签发中国-新西兰自由贸易区优惠原产地证书。中国与新西兰2008年4月7日在北京正式签署双边自由贸易协定，于2008年10月1日生效，这是中国与其他国家签署的第一个全面的自由贸易协定，也是中国与发达国家签署的第一个自由贸易协定。2016年11月，中新双方启动了自贸协定升级谈判，并于2019年11月达成，但有待中国正式签署。

目前，中国是新西兰最大的贸易伙伴，双边货物和服务贸易额每年近1 500亿元。其中，乳制品是双方一大核心业务板块。新西兰是世界上最大的乳制品出口国，出口总量占世界乳制品贸易量的1/3。2019年，新西兰对中国的奶制品出口额超过266亿元人民币，同比增长超过25%，并以40%的市场占有率，稳居中国进口乳制品市场第一位。

据中国海关统计，2020年1—11月，中国共进口婴幼儿配方奶粉30.67万吨，其中从新西兰进口6.38万吨，占比20.8%，位列第二位，仅次于欧盟。2020年1—11月，中国共进口大包粉90.17万吨，主要来自新西兰，占比71.6%。

6. 中国-新加坡自由贸易区原产地证书（FORM X）

自2009年1月1日起，各地海关开始签发中国-新加坡自由贸易区原产地证书。截至2020年，我国企业在中新自由贸易协定项下累计享惠进口565亿元，获税款减让114亿元。

7. 中国-秘鲁自由贸易区原产地证书

2010年3月1日，《中国-秘鲁自由贸易协定》正式生效，这标志着中国-秘鲁自贸区货物贸易降税进程正式启动，为双边贸易发展提供了新的机遇和更广阔的空间。自2014年7月1日起，海关启用其"单一窗口"签发中国-秘鲁自由贸易区原产地证书。

秘方新调整的有关原产地证书的填制规则如下：①原产地证书号由"4位数年份"+"-08-"+"7位数编号"组成；②若原产地证书为补发，则其右上角"See

Overleaf Instruction"下方应印制"ISSUED RETROSPECTIVELY"字样；③原产地证书第13栏及第14栏的日期为印制或加盖，不再采用手写形式；④原产地证书第1栏至第14栏栏目规定以外的信息均应填制在第5栏"备注栏"内；⑤原产地证书第5栏"备注栏"应标明该份证书总页数及当前页数，如1/1或1/3等；⑥如原产地证书上所列货物的制造商不止一个，应附页列明。附页应包含原产地证书上的商品对应项号、制造商的唯一税务编码、制造商名称、地址及商品H.S.编码等。

8.《区域全面经济伙伴关系协定》

《区域全面经济伙伴关系协定》（RCEP）是由中国、日本、韩国、澳大利亚、新西兰和东盟10国共15方成员于2012年制定的。其意义在于大幅提升区域内的贸易活动，推进贸易投资自由化、便利化，帮助各国更好地应对挑战，增强本地区未来发展的潜力，造福于本地区的各国人民。

RCEP的核心目标是：规定参与国之间90%的货物贸易实现零关税；实施统一的原产地规则，允许在整个RCEP范围内计算产品增加值；拓宽对服务贸易和跨国投资的准入；增加电子商务便利化的新规则。2020年11月15日，东盟10国、中国、日本、韩国、澳大利亚和新西兰签署了RCEP协定。RCEP协定生效后，区域内90%以上的货物出口实现零关税，区域产业链、供应链和价值链进一步融合，我国出口企业会获得更多的发展机遇。

做中学6-4

根据任务1中"做中学6-2"提供的信用证和补充资料，制作普惠制产地证。

1. Goods consigned from (Exporter's name, address, country)	Reference No.				
	GENERALIZED SYSTEM OF PREFERENCES CERTIFICATE OF ORIGIN （combined declaration and certificate） FORM A Issued in THE PEOPLE'S REPUBLIC OF CHINA （country）				
2. Goods consigned to (Consignee's name, address, country)					
					see notes overleaf
3. Means of transport and route（as far as known）	4.For official use				
5.Item number	6. Marks and numbers	7. Number and kind of packages; description of goods	8. Origin criterion (see notes overleaf)	9. Gross weight or other Quantity	10. Number and date of invoices
11.Certification It is hereby certified, on the basis of control carried out, that the declaration by the exporter is correct.	12.Declaration by the exporter The undersigned hereby declares that the above details and statements are correct; that all the goods were produced in____CHINA____ and that they comply with the origin requirements specified for those goods in the Generalized System of Preferences for goods exported to_____（importing country）				
Place and date, Signature and stamp of certifying authority	Place and date, Signature and stamp of authorized signatory				

9. CEPA 优惠原产地证书

CEPA（Closer Economic Partnership Arrangement）优惠原产地证书是指内地、香港、澳门更紧密经贸关系的相关协定。为促进内地与澳门的经贸往来，根据《〈内地与澳门关于建立更紧密经贸关系的安排〉货物贸易协议》的有关规定，海关总署2018年对部分商品的原产地标准进行了修订（见表6-6），经修订的标准自2021年1月1日起执行。

表6-6　　　　　　　　澳门CEPA项下原产地标准修订表

序号	《协调制度》编码	商品名称	现行原产地标准	经修订的原产地标准
1	0210.11	带骨的猪前腿、后腿及其肉块，干、熏、盐腌或盐渍	从在一方出生并饲养的活动物中获得	从其他品目改变至此，且区域价值成分按扣减法计算40%或按累加法计算30%
2	0210.20	牛肉，干、熏、盐腌或盐渍	从在一方出生并饲养的活动物中获得	从其他品目改变至此，且区域价值成分按扣减法计算40%或按累加法计算30%
3	0210.99	其他肉及食用杂碎，干、熏、盐腌或盐渍	从在一方出生并饲养的活动物中获得	从其他品目改变至此，且区域价值成分按扣减法计算40%或按累加法计算30%
4	04.10	其他税目未列名的食用动物产品	喷湿处理、清除杂毛、风干及定型，且区域价值成分按扣减法计算40%或按累加法计算30%	（1）风干及定型，且区域价值成分按扣减法计算30%或按累加法计算20%；或（2）区域价值成分按扣减法计算40%或按累加法计算30%
5	0813.50	本章的什锦坚果或干果	主要制造工序为混合、调味及烘干，且区域价值成分按扣减法计算40%或按累加法计算30%	（1）主要制造工序为混合、调味及烘干，且区域价值成分按扣减法计算30%或按累加法计算20%；或（2）区域价值成分按扣减法计算40%或按累加法计算30%
6	1211.90	主要用作药料的植物及其某部分	区域价值成分按扣减法计算40%或按累加法计算30%	纳入"产品特定原产地规则（PSR）"内，适用（1）从原料加工，主要加工工序为切割及烘焙；或（2）区域价值成分按扣减法计算40%或按累加法计算30%
7	2103.90	其他调味汁及其制品；混合调味品	从其他子目改变至此	（1）从其他子目改变至此；或（2）区域价值成分按扣减法计算40%或按累加法计算30%

10. ECFA 原产地证书

ECFA（Economic Cooperation Framework Agreement）即《海峡两岸经济合作框架协议》，于 2010 年 9 月 12 日正式生效。协议的目的是加强和增进海峡两岸双方之间的经济、贸易和投资合作，促进双方货物和服务贸易的进一步自由化，逐步建立公平、透明、便利的投资及其保障机制；扩大经济合作领域，建立合作机制。

任务四　填制商检证书

一、商品检验

出入境检验检疫是指海关依照法律、行政法规和国际惯例等的要求，对出入境的货物、交通运输工具、人员等进行检验检疫、认证等监督管理工作。出入境检验检疫的目的是保护国家经济的顺利发展、保护人民的生命安全以及生活环境的安全与健康。

商品检验（Commodity Inspection）是指在国际货物买卖中，对于卖方交付的货物的质量、数量和包装进行检验，以确定合同标的是否符合买卖合同的规定；有时还对装运技术条件和货物在装卸、运输过程中发生的残损、短缺进行检验和鉴定，以明确事故的起因和责任的归属。商品检验也包括根据一国的法律或行政法规对某些进出口货物或有关事项进行质量、数量、包装、卫生、安全等方面的强制性检验或检疫。

职场指南 6-2

我国出口商品
进行检验的
程序

海关受理鉴定业务的范围主要有：①进出口商品的质量、数量、重量、包装鉴定和货载衡量；②进出口商品的监视装载和监视卸载；③进出口商品的积载鉴定、残损鉴定、载损鉴定和海损鉴定；④装载出口商品的船舶、车辆、飞机、集装箱等运载工具的适载鉴定；⑤装载进出口商品的船舶封舱、舱口检视、空距测量；⑥集装箱及集装箱货物鉴定；⑦与进出口商品有关的外商投资财产的价值、品种、质量、数量和损失鉴定；⑧抽取并签封各类样品；⑨签发价值证书及其他鉴定证书；⑩其他进出口商品鉴定业务。

二、报检单证

对外经济贸易关系人在向海关报验时，应按照海关的要求，真实、准确地填写报验单并签名盖章。报验单是关系人向海关申请检验的正式文件，也是海关进行检验的一种原始凭证。一般对于不同合同、不同发票、不同提单或装运单的商品应分别填写申请单。报验时除了提交申请单外，还应根据以下不同情况分别提供各种单证。

出口商品在报验时，一般应提供外贸合同（或售货确认书及函电）、信用证原件的复印件或副本，必要时提供原件。合同如果有补充协议的，要提供补充的协议书；合同、信用证有更改的，要提供合同、信用证的修改书或更改的函电。对订有长期贸易合同而采取记账方式结算的，各外贸进出口公司每年一次将合同副本送交海关。申请检验时，只在申请单上填明合同号即可，不必每批附交合同副本。凡属危险或法定检验范围内的商品，在申请品质、规格、数量、重量、安全、卫生检验时，必须提交海关签发的出口商品包装性能检验合格单证，海关凭此受理上述各种报验手续。

凭样品成交的商品，需提供经国外买方确认，双方签封或合同、信用证已明确需经海关签封的样品。临时看样成交的商品，申请人还必须将样品的编号送交海关一份。对于服装、纺织品、皮鞋、工艺品等商品，在报验时还应提交文字表达不了的样卡、色卡或实物样品。

属于必须向海关办理卫生注册和出口商品质量许可证的商品，报验时必须提供海关签发的卫生注册证书或出口质量许可证编号和厂检合格单。冷冻品、水产品、畜产品和罐头食品等需办理卫生证时，必须附交海关签发的卫生注册证书和厂检合格单。

经发运地海关检验合格的商品，需在口岸申请换证的，必须附交发运地海关签发的"出口商品检验换证凭单"（简称"换证凭单"）正本①。

经生产经营部门检验的，应提交检验结果单。第一次检验不合格，经返工整理后申请重新检验的，应附交原来的海关签发的不合格通知单和返工整理记录；申请重量/数量鉴定的，应附交重量明细单、装箱单等资料；申请积载鉴定、监视装载的，应提供配载图、配载计划等资料；申请出口商品包装使用鉴定的，应附交海关签发的包装性能检验合格单；申请委托检验的，报验人应填写"委托检验申请单"并提交检验样品、检验标准和方法。国外委托人在办理委托检验手续时，还应提供有关函电、资料。

三、检验检疫证书

检验检疫证书（Inspection and Quarantine Certificate）是各种进出口商品检验证书、鉴定证书和其他证明书的统称，是对外贸易有关各方履行契约义务、处理索赔争议和仲裁、诉讼举证时具有法律依据的有效证件，也是海关验放、征收关税和优惠减免关税的必要证明。目前检验检疫证书共有30多种，其种类和用途主要有：

（1）品质检验证书，是出口商品交货结汇和进口商品结算索赔的有效凭证；法定检验商品的证书，是进出口商品报关、输出输入的合法凭证。

（2）重量或数量检验证书，是出口商品交货结汇、签发提单和进口商品结算索赔的有效凭证；出口商品的重量证书，也是国外报关征税和计算运费、装卸费用的证件。

（3）兽医检验证书，是证明出口动物产品或食品经过检疫合格的证件。其适用于冻畜肉、冻禽、禽畜罐头、冻兔、皮张、毛类、绒类、猪鬃、肠衣等出口商品，是对外交货、银行结汇和进口国通关的重要证件。

（4）卫生/健康证书，是证明可供人类食用的出口动物产品、食品等经过卫生检验

---

① 海关总署公告2018年第50号（海关总署关于全面取消《入/出境货物通关单》有关事项的公告）规定如下：

（1）涉及法定检验检疫要求的进口商品申报时，在报关单随附单证栏中不再填写原通关单代码和编号。企业可以通过"单一窗口"（包括通过"互联网+海关"接入"单一窗口"）报关报检合一界面向海关一次申报。如需使用"单一窗口"单独报关、报检界面或者报关报检企业客户端申报，企业应当在报关单随附单证栏中填写报检电子回执上的检验检疫编号，并填写代码"A"。

（2）涉及法定检验检疫要求的出口商品申报时，企业无须在报关单随附单证栏中填写原通关单代码和编号，应当填写报检电子回执上的企业报检电子底账数据号，并填写代码"B"。

（3）对于特殊情况下仍需检验检疫纸质证明文件的，按以下方式处理：①对入境动植物及其产品，在运输途中需提供运递证明的，出具纸质"入境货物调离通知单"；②对出口集中申报等特殊货物，或者因计算机、系统等故障问题，根据需要出具纸质"出境货物检验检疫工作联系单"。

（4）海关统一发送一次放行指令，海关监管作业场所经营单位凭海关放行指令为企业办理货物提离手续。

或检疫合格的证件。其适用于肠衣、罐头、冻鱼、冻虾、蛋品、乳制品、蜂蜜等，是对外交货、银行结汇和通关验放的有效证件。

（5）消毒检验证书，是证明出口动物产品经过消毒处理保证安全、卫生的证件。其适用于猪鬃、马尾、皮张、山羊毛、羽毛、人发等商品，是对外交货、银行结汇和国外通关验放的有效凭证。

（6）熏蒸证书，是用于证明出口的粮食、谷物、油籽、豆类、皮张等商品，以及包装用木材与植物性填充物等，已经过熏蒸灭虫的证书。

（7）残损检验证书，是证明进口商品残损情况的证件。其适用于进口商品发生残、短、渍、毁等情况，可作为受货人向发货人或承运人或保险人等有关责任方索赔的有效证件。

（8）积载鉴定证书，是证明船方和集装箱装货部门正确配载、积载货物，履行运输契约义务的证件，可供货物交接或发生货损时处理争议之用。

（9）财产价值鉴定证书，是对外贸易关系人和司法、仲裁、验资等有关部门处理索赔、理赔、评估或裁判等事宜的重要依据。

（10）船舱检验证书，证明承运出口商品的船舱清洁、密固，冷藏效能及其他技术条件符合保证承载商品的质量和数量完整与安全的要求。它可作为承运人履行租船契约适载义务、对外贸易关系方进行货物交接和处理货损事故的依据。

（11）生丝品级及公量检验证书，是出口生丝的专用证书。其作用相当于品质检验证书和重量/数量检验证书。

（12）舱口检视证书、监视装/卸载证书、舱口封识证书、油温空距证书、集装箱监装/拆证书，作为证明承运人履行契约义务、明确责任界限、便于处理货损货差责任事故的证明。

（13）价值证明书，作为进口国管理外汇和征收关税的凭证。在发票上签盖海关的价值证明章与价值证明书具有同等效力。

（14）货载衡量检验证书，是证明进出口商品的重量、体积吨位的证件，可作为计算运费和制订配载计划的依据。

（15）集装箱租箱交货检验证书、租船交船剩水/油重量鉴定证书，可作为契约双方明确履约责任和处理费用清算的凭证。

同步案例 6-1   伪造健康证书，法不容情

同步案例 6-1

分析提示

江苏常州海关人员对来自日本的伯利兹籍"永盛1号"轮实施检疫查验时，发现2名中国籍船员的健康证书都出自"营口海关"，而两份证书中的印章却有明显差异。其中，船长钟××的健康证书与海关总署网站上公布的伪造健康证书的破绽一致，印章中"营口"的拼音误拼为"YINGKOV"，"中华人民共和国"的"PEOPLE'S"误拼为"PEOPLI'S"，且印章的颜色与规定的红色相比偏黑。海关人员立即对该船长进行了询问，最终该船长承认证书是伪造的。海关人员当场没收了伪造证书，并安排该船长尽快重新体检。为慎重起见，海关人员立即与辽宁营口海关取得联系，并将伪造的健康证书复印件传真过去。经营口局

保健中心体检人员仔细核对，确认该证书系伪造，并出具了伪造确认书。常州海关对该船长进行了批评教育，没收了假健康证，对该船长行政处罚500元人民币。

做中学6-5　　　　　　　　　　　　　　　　　正确更改证单

　　大连某进出口企业出口货物10吨，经海关对货物进行检验，检验合格，取得了证书。这时，卖方接到买方来函称，市场上对该货物的需求很大，所以市场价格上涨，要求卖方追加20吨货物一同运出。卖方考虑到所要追加的货物和原来的货物品质以及各项指标完全一致，无须报海关重新进行检查，遂自行对其证书进行了局部的修改。你认为该公司的做法符合规范吗？为什么？

做中学6-5
精析

职场指南6-3
检验检疫证单
的丢失处理

任务五　填制租船订舱单据

一、出口货物订舱业务

（一）出口货物订舱业务流程

　　在CIF和CFR条件下，出口商应在合同和信用证规定的装运时间内办理好货物的运输手续。出口货物订舱业务流程如图6-1所示。

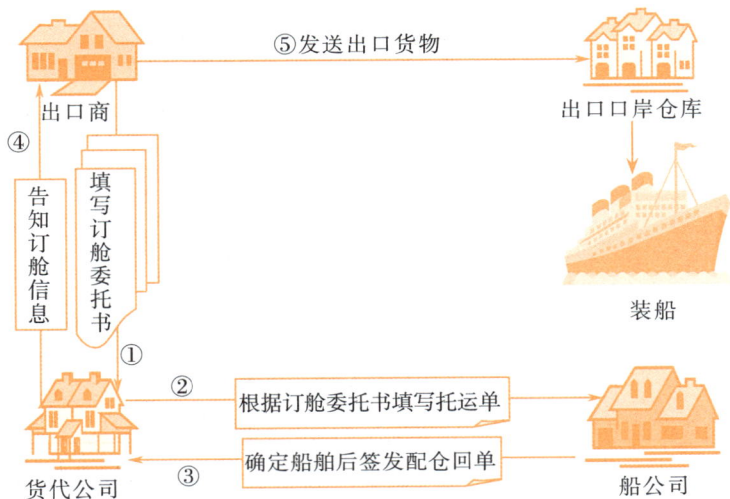

图6-1　出口货物订舱业务流程图

解读：①出口商缮制订舱委托书，随附商业发票和装箱单，委托货代公司向船公司办理订舱；②货代公司缮制托运单向船公司订舱；③船公司确定船舶后，向货代公司签发配仓回单；④货代公司将订舱信息告知出口商，通知装货时间；⑤货代公司或出口商按指定装货时间将出口货物送到码头指定仓库。

（二）出口订舱委托书的缮制方法

订舱委托书是出口企业和货运代理公司之间委托代理关系的证明文件，无统一格式，各货运代理公司制作的内容大致相同，其样单见表6-7。

表6-7　　　　　　　　　　　　　　　　订舱委托书样单

经营单位（托运人）				编号	
B/L项目要求	发货人 Shipper				
	收货人 Consignee				
	被通知人 Notify Party				
海洋运费 Sea Freight	预付（　）或到付（　）Prepaid or Collect	提单份数		提单寄送地址	
起运港	目的港	可否转船		可否分批	
集装箱预配数	20'×（　）40'×（　）	装运期限		有效期限	
标记唛头	包装件数	中英文货号 Description of Goods	毛重	尺码	成交条件
			特种货物 □冷藏货 □危险品	重件：每件重量	
				大件（长×宽×高）	
内装箱（CFS）地址			特种集装箱		
门对门装箱地址			物资备妥日期		
外币结算账号			物资进栈：自送（　）或派送（　）		
声明事项			人民币结算单位账号		
			托运人签章		
			电话		
			传真		
			联系人		
			地址		
			制单日期		

订舱委托书的主要内容及缮制方法如下：①经营单位：填写出口商名称，并与发票同项内容一致。②编号：由货运代理公司提供，并由其填写。③发货人：填写实际发货人的名称。④收货人：应根据信用证的规定填写。⑤被通知人：指货到目的港后

及时接受船方发出的到货通知的人，其职责是及时转告真实收货人接货。在国际贸易中，被通知人有时是买方本人，有时也可能是其代理人。注意：被通知人的填写必须严格依照信用证的规定，并注明地址。⑥海洋运费：CIF 和 CFR 条件下选择预付，FOB 条件下选择到付。⑦毛重：填写本批货物的总毛重。⑧尺码：填写本批货物总的体积数。

二、进口货物订舱业务

（一）进口货物订舱业务流程

在 FOB 条件下，由进口商或其委托货运代理公司办理货物运输和保险手续。进口订舱、保险业务流程如图 6-2 所示。

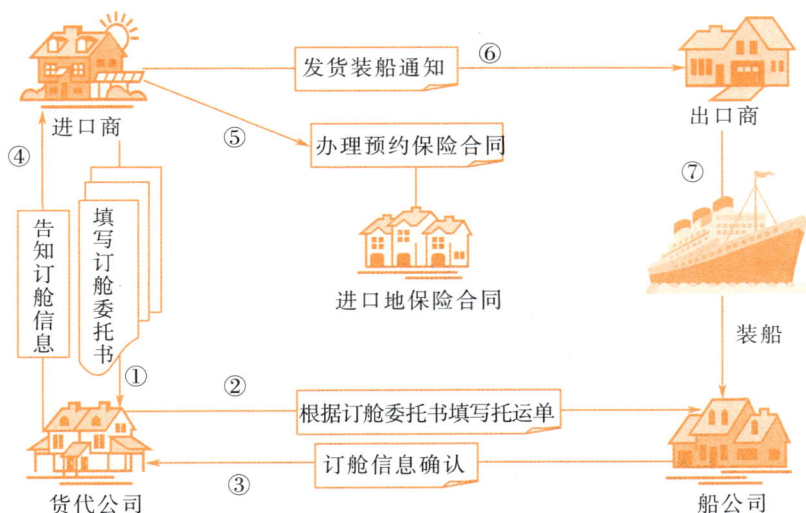

图 6-2　进口订舱、保险业务流程

解读：①进口商缮制订舱委托书，委托货代公司向船公司办理订舱手续；②货代公司向船公司递交货物托运单，代办订舱手续；③④货代公司获知订舱信息后告知进口商；⑤⑥进口商与保险公司签订进口货物预约保险合同，并通知出口商装船信息。

（二）进口订舱委托书的缮制方法

进口商通常在本地委托本国外运公司承办进口货物的运输事宜。按照海运运输的业务要求，必须由委托人（进口商）填写进口订舱委托书（其样单见表 6-8）。

三、预约保险合同的填制

我国进口业务一般都以 FOB 或 CFR 价格条件成交，在这种情况下，通常由进口企业办理保险事宜，采用预约保险的做法。在货物运输保险中，对于有大量运输业务的单位，如对逐笔业务进行保险，不仅烦琐，而且容易发生漏保等差错。为了简化投保手续，可以与保险公司签订预约保险合同。

表 6-8   进口订舱委托书

编号：   日期：

货名（英文）			
重量		尺码	
合同号		包装	
装运港		交货期	
装货条款			
发货人名称、地址			
发货人联系方式			
订妥船名		抵达港口	
备注		委托单位：	

注：①危险品需注明性能，重大件需注明每件重量及尺码；②装货条款需详细注明。

预约保险合同一般要求投保人对所有的运输业务都投保，双方约定保险标的、保险险别、保险费率、适用保险条款、保险费和赔款的支付方法等。遇到特殊情况，即使未及时办理投保手续，只要货物装上了保险单载明的运输工具，或被承运人收受并签发运单，保险公司就自动承担被保险人货物灭失或损坏的风险。但这并不意味着可以不办投保手续，被保险人仍需向保险公司逐笔投保，只不过投保时限没有那么严格。同时，保险公司也会经常核查投保人的账目，一旦发现漏保或未投保的货物，无论是否发生保险事故，即使货物已经安全运抵，都会要求补办投保手续并收取相应的保险费。预约保险合同样单如下：

中国人民财产保险股份有限公司
进口货物运输预约保险合同

合同号：TX 200923   日期：2022 年 9 月 15 日
甲方：林海进出口贸易公司
乙方：中国人民财产保险股份有限公司上海分公司
双方就进口货物的运输预约保险拟定各条以资共同遵守：

1. 保险范围

甲方从国外进口的全部货物，不论运输方式，凡贸易条款规定由买方办理保险的，都属于本合同范围之内。甲方应根据本合同规定，向乙方办理投保手续并支付保险费。

乙方对上述保险范围内的货物负有自动承保的责任，在发生本合同规定范围内的损失时，均按本合同的规定负责赔偿。

续表

2.保险金额

保险金额以货物的到岸价（CIF）即货价加运费加保险费为准（运费可采用实际运费，亦可由双方协定一个平均运费率计算）。

3.保险险别和费率

各种货物需要投保的险别由甲方选定并在投保单中填明。乙方根据不同的险别规定不同的费率。现暂定如下：

货物种类	运输方式	保险险别	保险费率
扳手	江海运输	一切险、战争险	按约定

4.保险责任

各种险别的责任范围，以中国人民保险公司制定的"海洋运输货物保险条款""海洋运输货物战争险条款""海运进口货物国内转运期间保险责任扩展条款""航空运输一切险条款"和其他有关条款的规定为准。

5.投保手续

甲方一经掌握货物发运情况，即应向乙方寄送起运通知书，办理投保手续。通知书一式五份，由保险公司签认后，退回一份。如不办理投保，货物发生损失，乙方不予赔偿。

6.保险费

乙方根据甲方寄送的起运通知书并依照前列相应的费率逐笔计收保费，甲方应及时付费。

7.索赔手续和期限

本合同所保货物发生保险责任范围内的损失时，乙方应按其制定的"关于海运进口保险货物残损检验的赔款给付方法"和"进口货物施救整理费用支付方法"迅速处理。甲方必须尽力采取防止货物受损范围扩大的措施，对已遭受损失的货物积极抢救，尽量减少货物的损失。向乙方办理索赔的有效期限以保险货物卸离海港之日起满一年终止；如有特殊需要，可向乙方提出延长索赔期。

8.合同期限

本合同自 2022 年 9 月 15 日起开始生效。

四、装船通知的缮制方法

货物装船后，卖方应及时向国外买方发出装船通知（Shipping Advice），以便对方准备付款、赎单以及办理进口报关和接货手续。特别是在 CFR 合同下，卖方负责安排在装运港将货物装上船，而买方需自行办理货物运输保险，以就货物装上船（越过船舷）后可能遭受灭失或损坏的风险取得保障。因此，在货物装上船前，即风险转移至买方前，买方及时向保险公司办理保险是一个至关重要的问题。《2010 年通则》中规定，卖方必须给予买方关于货物已按规定交至船上的充分的通知。虽然《2010 年通则》对"卖方未能给予买方该项充分的通知的后果"没有做出具体的规定，但是根据有关货物买卖合同的适用法律，因遗漏或未及时向买方发出装船通知，而使买方未能及时办妥货运保险所造成的后果，卖方应承担违约责任。为此，货物装船后，卖方应及时以电传或双方商定的其他形式发出装船通知。

买方办妥租船订舱手续后，应及时将船名、航次、舱位信息、船期、预期到达时间和船籍等有关内容告知卖方，以便卖方根据船期调整生产进度及备货，保证船货衔接得当。在执行 FOB 术语时，应特别注意船货衔接的问题；在合同的具体履行过程中，买卖双方应加强沟通，以降低损失发生的可能性。

装船通知没有固定的内容和格式，通常由卖方根据买方的要求自行拟定。装船通知样单如下：

Shipping Advice	
From：	Date：
To：	
Date of Shipment： Contract No.：	Letter of Credit No.：
Dear Sirs：	
We wish to advise that the following stipulated vessel will arrive at port.	
On/about Vessel's name Voy. No.	
We'll appreciate to see that the covering goods would be shipped on the above vessel on the date of L/C called.	

任务六 填制海运单据

国际货物的运输 70% 以上是通过海洋运输来完成的，主要原因是海洋运输具有通过能力强、运量大、运费低廉等优点。海洋运输的重要凭证是海运提单。出口商在货物备妥后，通常委托货运代理进行租船订舱，这一过程主要涉及两种单据：海运托运单和海运提单。

一、海运托运单

（一）海运托运单概述

海运托运单是出口商向外运公司提供出运货物的必要资料，是外运公司向船公司订舱、配载及外运公司与出口仓库或生产厂家之间往来提货的依据。它不是出口结汇的正式单据，是日后制作提单、出口结汇的主要背景材料。

海洋运输有两种方式：一种是传统的散货运输；另一种是现代化的集装箱运输。两种不同的运输方式，分别使用不同的托运单。实际业务中，90%的货物都使用集装箱托运，故海运托运单也称为集装箱货物托运单。

集装箱货物托运单又称"场站收据"，是集装箱运输专用出口单证，一式十二联，性质与散货运输托运单相同（见表6-9）。

表6-9　集装箱货物托运单

Shipper（发货人）	D/R No.（编号） 场站收据 DOCK RECEIPT
Consignee（收货人） Tel:	
Notify Party（被通知人） Tel:	Received by the Carrier the Total number of containers or other Packages or units stated below to be transported subject to the terms and conditions of the Carrier's regular form of B/L（for Combined Transport or Port to Port Shipment）which shall be deemed to be incorporated herein.

Pre-carriage by（前程运输）	Place of Receipt（收货地点）	

Ocean Vessel（船名）	Voy. No.（航次）	Port of Loading（装货港）	Date（日期）
Port of Discharge（卸货港）	Place of Delivery（交货地点）	Final Destination for the Merchant's Reference（目的地）	

Container No./Seal No.（集装箱号/封号）	Marks & Nos.（唛头和铅封号）	No.of Containers/of Packages（箱数/件数）	Kind of Packages/ Description of Goods（包装种类/货名）	Gross Weight（Kgs）（毛重）	Measurement（m³）（尺码）

TOTAL NUMBER OF CONTAINERS OR PACKAGES（IN WORDS）
集装箱数或件数合计（大写）

Received（实收）	By Terminal Clerk/Tally Clerk（场站员/理货员签字）

Freight & Charges（运费计算）	Prepaid at（预付地点）	Payable at（到付地点）	Place of Issue（签发地点） Booking Approved by（订舱确认）
	Total Prepaid（预付总额）	No. of Original B（s）/L（正本提单份数）	Monetary Amount（货值金额）

Service Type on Receiving（接收服务类型） □-CY，□-CFS，□-DOOR	Service Type on Delivery（交付服务类型） □-CY，□-CFS，□-DOOR	Reefer Temperature Required（冷藏温度）	℉	℃

Type of Goods（货物种类）	□ Ordinary（普通），□ Reefer（冷藏）， □ Dangerous（危险品），□ Auto（裸装车辆） □ Liquid（液体），□ Live Animal（活动物），□ Bulk（散货）	Dangerous Goods（危险品）	Class: Property IMDG Code Page: UN No.

发货人或代理地址：			联系人：　电话：	
可否转船	可否分批	装期	备注	装箱场站名称
有效期		制单日期		
海运费由____支付 如预付运费托收承付，请填准银行账号				

集装箱货物托运单各联用途如下：第一联，货主留底；第二联，集装箱货物托运单，船代理留底；第三联，运费通知（1）；第四联，运费通知（2）；第五联，装货单，场站收据副本（第五联正联），附页，缴纳出口货物港务费申请书（第五联附页）；第六联，场站收据副本，大副联；第七联，场站收据；第八联，货运代理留底；第九联，配舱回单（1）；第十联，配舱回单（2）；第十一、第十二联，由货主机动使用。

（二）集装箱货物托运单实操认知

（1）编号（D/R No.）：这一栏填写将要签发的集装箱提单号码。

（2）发货人（Shipper）：即托运人，指委托运输人，一般为出口方。本栏填写卖方的名称，需与提单一致。

（3）收货人（Consignee）：具体填写方法见海运出口托运单，常采用指示收货人（To Order 或 To Order of...）的填写方法，不标明具体收货人的名址，以方便单据的转让。

（4）被通知方（Notify Party）：填写方法同散货运输托运单。在信用证支付方式下，按来证规定的通知人缮制。如来证不要求在提单上注明被通知方，可提供目的港收货人的名称和地址，并注明仅缮制在副本提单上，以便船公司通知客户提货清关。

（5）集装箱号（Container No.）。

（6）封号、唛头与号码（Seal No., Marks & Nos.）：第五、第六栏的内容可以连在一起填写。如果托运时已装好箱，即整箱货（FCL），则填集装箱号码及海关查验后作为封箱的铅封号；如果为拼箱货（LCL），可先填入货物具体唛头，在场站装箱完毕后，填集装箱号码。但如 L/C 有规定，则必须严格与信用证的规定一致。在集装箱号和铅封号之后，还应加注货物的具体交接方式，如 FCL/FCL、CY/CY、LCL/LCL、CFS/CFS、CY/CFS、CFS/CY 等。

（7）箱数或件数（No. of Container/of Packages）：如为托运人装箱的整箱货，可只标注集装箱数量，如"3 Containers"，只要海关已对集装箱封箱，承运人对箱内的内容和数量不负责任。如需注明箱内小件数量，数量前应加"said to container..."。如果是拼箱货，该栏的填制可参照散货运输托运单相同栏目的填制方法，填写货物最大包装件数。

（8）包装种类与货名（Kind of Packages/Description of Goods）：①填写包装材料及形式，必须与合同及 L/C 的要求一致；②货名可只填写统称，如同时出口两种及两种以上货物，需分别填写，不允许只填写其中一种数量较多或金额较大的货物。

（9）毛重（Gross Weight）：填写货物毛重，以千克计。

（10）尺码（Measurement）：此栏填货物尺码总数，它不仅包括各件货物尺码之和，还包括件与件之间堆放时的合理空隙所占的体积。

（11）集装箱数或件数合计（Total Number of Containers or Packages）：用大写表示集装箱数（整箱托运时）或本托运单项下的商品总件数（拼箱托运时）。

（12）～（14）由场站员或理货员（Terminal Clerk/Tally Clerk）于理货后填写。

（15）Freight 由船方或其代理填写。正本提单份数（No. of Original B（S）/L）按证中规定填写，若证中只规定"Full Set""Complete Set"等，未规定具体份数，可掌握2～3份；提单份数通常用大写英文数字注明，有的在大写字母之后用括号或斜线隔开，加注阿拉伯数字，如"TWO/2"。

（16）签发地点（Place of Issue）：通常为承运人接收货物或装船地址，但有时也不一致，按实际情况填写即可。

（17）（18）货物交接方式，一般有 9 种：CY-CY、CY-DOOR、DOOR-CY、DOOR-DOOR、CY-CFS、CFS-CY、CFS-CFS、CFS-DOOR、DOOR-CFS

（19）种类（Type of Goods）：在确认的托运种类前打"√"。冷藏货物需填冷藏温度。危险品必须提供下列内容：危险品的化学成分、国际海运危险品法规号码、包装标志和使用鉴定、港监签证，外包装上注明危险品标志。

此外，部分集装箱货物托运单还有以下一些项目：

（20）～（24）根据货物不需要转运①和需要转运②两种情况填制：

（20）前程运输（Pre... Carriage by）：①空白；②填第一程船的船名或联合运输过程中在装货港装船前的运输工具名称。例如，从沈阳用火车将集装箱及货物运到大连新港，再运至目的港，此栏可填"Wagon No.××××"。

（21）收货地点（Place of Receipt）：①空白或场站；②指前段运输的收货地点，按上例情形，此栏应填沈阳（ShenYang）。

（22）船名、航次（Ocean Vessel & Voy. No.）：①船名；②第二程船名。

（23）装货港（Port of Loading）：①装货港名称；②中转港名称。

本栏应按 L/C 规定填写。若证中只笼统规定装货港名称，如"Chinese main port"，制单时应根据实际情况填具体港口名称，并加注"China"；如有重名的，需加注地区名以示区别，如 Xingang/Dalian/China 或 Xingang/Tianjin/China；若证中同时列明几个启运港，如"Xingang/Qinhuangdao/Tangshan"，制单时只填实际装运港的名称。

（24）卸货港（Port of Discharge）：①卸货港（目的港）名称；②二程卸货港（目的港）名称。

（25）交货地点（Place of Delivery）：如为港至港运输，此栏填目的港名称；如为联合运输，此栏填最终将货物交与收货人的地点（城市）名称。除 FOB 术语外，目的港不能填笼统名称，如信用证规定目的港为"Negoya/Kobe/Yokohama"，这表示由卖方选港，制单时根据实际只填一个即可；若来证规定"Option Negoya/Kobe/Yokohama"，则表示由买方选港，制单时应按次序全部照打。

（26）目的地（Final Destination for the Merchant's Reference）：填货物实际到达的目的地，供货主参考。

（27）～（29）分别为发货人或代理人地址、联系人、电话。

（30）可否转船：填 N/Y 或可/否，注意前后一致。

（31）可否分批：填 N/Y 或可/否，如为"Y"，则在备注栏内加以具体说明。

（32）装运期（Time of Shipment）：严格按照信用证或合同的规定填写，如 Not later

than July 8，2022。装运期既可表示为一段时间，如 Month of Shipment：May，2022；也可表示为不早于××日，不迟于××日，如 Shipment not earlier than...and not later than...，latest Shipment be...。

（33）有效期（Expiry Date）：在信用证支付条件下，有效期与运期有着较密切的关系。一般规定信用证在运输单据签发日后21天内有效。这一栏要参照信用证的规定填写。如果装运期空白不填的话，这一栏也可空白。

（34）制单日期：它必须早于最迟装运期和有效期，可以是开立发票的日期，也可以早于发票日期。

（35）海运费由哪一方支付，如预付费用托收支付，填银行账号。

（36）装箱场站名称。

（27）～（36）栏均用中文填写。

视频6-2

海运单和提单的区别

（37）备注：特别说明处。

（38）场站签章、日期：在货物入站 CY 或 CFS 后，由场站签收。

二、海运提单

（一）海运提单的性质与作用

海运提单（Bill of Lading，B/L）简称提单，是承运人或其代理人在收到有关承运货物时签发给托运人的一种收据，也是目前海运业务中使用最为广泛的运输单据。它是证明托运的货物已经收到，或已经装载到船上，并允诺将其运往指定目的地交付收货人的书面凭证。海运提单也是收货人在目的港据以向船公司或其代理人提取货物的凭证。它具有以下性质和作用：

（1）货物收据。提单是由船长或船公司或其代理人签发给托运人的表明货物已经讫的收据（Receipt for the Goods）。它证明货物已运至承运人指定的仓库或地点，并置于承运人的有效监控之下，承运人许诺按收据内容将货物交付给收货人。因此，提单是托运人向银行结汇的主要单据之一。

（2）运输契约的证明（Evidence of the Contract of Carriage）。提单本身并不是运输契约，提单背面的条款一般由承运人单方拟定并签字，而不是由双方协商拟定。但提单条款的有关规定可以作为制约承运人与托运人或提单持有人等各方之间的权利与义务、责任与豁免，处理他们之间有关海运方面的争议的依据。

（3）物权凭证。提单是货物所有权的凭证（Document of Title），即提单就是货物的象征。在国际贸易中，正本提单作为钱与货的衔接点，是卖方凭以议付、买方凭以提货、承运人凭以交货的依据。提单可以通过背书进行转让，转让提单意味着转让物权。卖方将物权（正本提单）转让给了银行，就可以得到相应的货款；买方只有将款项交付给银行，才能得到物权（正本提单）并凭以提货。正因为提单具有此性质，所以提单的持有人可凭提单向银行办理抵押贷款或叙作押汇，从而获得银行的融资。

（二）海运提单的关系人

（1）承运人（Carrier），是与托运人签订运输合同的关系人。根据不同情况，他可能是船舶所有人，也可能是租船人。

（2）托运人（Shipper），是与承运人签订运输合同的关系人。根据情况不同，他可能是发货人，也可能是收货人。

（3）收货人（Consignee），指提单的抬头人、受让人、持有人或记名提单载明的特定人。收货人有在目的港凭提单向承运人提取货物的权利。

（4）被通知方（Notify Party），是承运人在货物到港后通知的对象，一般是收货人的代理人，负责办理清关提货手续。提单上要详细列明被通知方的名称、地址，以及电话、传真号码和具体经办人等，以便货到目的港后及时通知。

（5）受让人（Transferee/Assignee），是经过背书转让接受提单的人，也是提单的持有人。受让人有权向承运人提货，同时承担托运人在运输契约中的义务。比如，采用FOB术语时，提单显示"Freight Collect"，则受让人应支付运费。

（6）持单人（Holder），是经过正当手续持有提单的人。持单人可凭提单提取货物。

（三）提单的签发

（1）提单的签署。提单必须经过签署才能产生效力。有权签署提单的人包括：①承运人，即船东（也称轮船公司）；②承运人的具名代理或代表；③船长；④船长的具名代理或代表。签署提单时必须加注承运人的名称，而且后两种签署人签署时还应加注船长的名称和身份。

（2）提单的签发地点和日期。提单的签发地点为货物的装船港，签发日期应当是货物实际装船完毕的日期。在装运散装货物时，可按开装日期签发提单。

（3）提单签发的份数。提单是货物收据，最好签发一份正本，但实际业务中通常都签发三份正本，主要是防止提单遗失、被窃或延迟到达。每一份正本都必须正式签字，正本提单的正面印有正本份数，其中一份凭以提货后，其他两份就会自动失效。根据信用证的要求，可以签发若干份提单副本。信用证通常都要求受益人提交全套提单，即船公司签发的所有提单正本。

（四）海运提单的种类

在进出口贸易实践中，会遇到各种各样的海运提单，从不同的角度划分可以将其分为不同的种类。

1.按是否已装船划分

（1）已装船提单（On Board/Shipped B/L）。它是指承运人将货物装上指定船舶后所签发的提单，特点是提单上必须以文字表明货物已装在某条船上，并载有装船日期，同时还应由船长或其代理人签字。根据《跟单信用证统一惯例》，如信用证要求海运提单作为运输单据，银行将接受注明货物已装船或已装指名船舶的提单。在国际贸易中，一般要求卖方提供已装船提单。

（2）备运提单（Received for Shipment B/L）。它又称收讫待运提单，是指承运人已收到托运货物等待装运期间所签发的提单。在签发备运提单的情况下，发货人可在货物装船后凭以调换已装船提单；或经承运人或其代理人在备运提单上批注货物已装上某具名船舶及装船日期，并签署后使其成为已装船提单。

2. 按提单上对货物外表状况有无不良批注划分

（1）清洁提单（Clean B/L）。它是指货物在装船时"表面状况良好"、承运人在提单上未加注任何有关货物受损或包装不良等批注的提单。根据《跟单信用证统一惯例》，除非信用证中明确规定可以接受的条款或批注，银行只接受清洁提单。清洁也是提单转让时所必备的条件。

（2）不清洁提单（Unclean/Foul B/L）。它是指承运人在提单上对货物表面状况或包装有不良或存在缺陷等进行批注的提单。例如，提单上批注"××件损坏"（…packages in damaged condition）、"铁条松散或丢失"（Iron strap loose or missing）等。

同步案例 6-2

同步案例 6-2

某加拿大商人打算购买我国某商品，向我国某进出口公司报价：每吨 5 000 加元 CIF 魁北克，1 月份装运，即期不可撤销信用证付款，并要求我方提供已装船、清洁的记名提单。对此条件我方应如何考虑并如何答复？

分析提示

3. 按提单收货人抬头的不同划分

（1）记名提单（Straight B/L）。它是指提单上的收货人栏内填明特定收货人名称，只能由该特定收货人提货。由于这种提单不能通过背书方式转让给第三方，不能流通，故在国际贸易中很少使用。有些国家的惯例甚至规定，记名提单的收货人甚至可以不凭提单提货，只要在"到货通知单"上背书即可提货，这样对卖方不利。

优点：安全。缺点：不能流通转让，不便利。

（2）不记名提单（Bearer B/L）。它是指提单收货人栏内不注明任何收货人，只注明提单"持有人"（Bearer）字样或空缺。谁持有提单，谁就可以提货，承运人交货只凭单，不凭人。

优点：流通性强。缺点：风险大，不安全。一旦提单遗失，很难区分提单的非法获得者和提单的善意受让人，故其在国际贸易中很少使用。

（3）指示提单（Order B/L）。它是指在提单上的收货人栏内注明"凭指定"（To Order）或"凭××人指定"（To Order of...）字样。这种提单可经过背书转让，故其在国际贸易中广为使用。

背书可分为"记名背书"和"空白背书"。背书人（提单转让人）在提单后签名盖章，并指明受让人（被背书人）的名字，叫记名背书。记名背书的提单受让人如需再转让，必须再加以背书。在提单后签名盖章而不写受让人的名字，叫不记名背书或空白背书。

4. 按运输方式的不同划分

（1）直达提单（Direct B/L）。它是指轮船中途不经过换船而直接驶往目的港所签发的提单。凡合同和信用证规定不准转船者，必须使用直达提单。

（2）转船提单（Transshipment B/L）。它是指从装运港装货的轮船不直接驶往目的港，而需在中途换装另外船舶所签发的提单。在这种提单上要注明"转船"或"在××

港转船"字样。

（3）联运提单（Through B/L）。它是指以海运和其他运输方式联合运输时由第一程承运人所签发的包括全程运输的提单。与转船提单一样，货物在中途转换运输工具和进行交接，由第一程承运人或其代理人向下一程承运人办理。联运提单虽包括全程运输，但签发联运提单的承运人一般都在提单中规定，只承担他负责运输的一段航程内的货损责任。

5. 按船舶营运方式的不同划分

（1）班轮提单（Liner B/L）。它是由班轮公司承运货物后签给托运人的提单。

（2）租船提单（Charter Party B/L）。它是承运人根据租船合同而签发的提单。这种提单上通常注明"一切条件、条款和免责事项遵照××××年×月×日的租船合同"或"根据××租船合同出立"字样。这种提单受租船合同条款的约束。银行或买方在接受这种提单时，通常要求卖方提供租船合同的副本。

6. 按提单内容的繁简划分

（1）全式提单（Long Form B/L）。它是指既有提单正面条款又有提单背面条款的提单。背面条款一般详细规定了承运人与托运人之间的权利和义务。

（2）简式提单或略式提单（Short Form B/L）。它是指仅有提单正面条款，而没有提单背面条款的提单。此种提单一般都列有"本提单货物的收受、保管、运输和运费等项，均按本公司提单上的条款办理"字样。此外，租船合同项下所签发的提单，通常也是略式提单，在这种略式提单上应注明"所有条件根据××××年×月×日签订的租船合同"。这种提单与全式提单在法律上具有同等效力。但租船合同项下的略式提单，除非信用证另有规定，银行一般不予接受。

7. 按提单使用效力的不同划分

（1）正本提单（Original B/L）。它是指提单上有承运人、船长或其代理人签字盖章并注明签发日期的提单。这种提单在法律上和商业上都是公认有效的单证。提单上必须要标明"正本"（Original）字样，正本提单一般签发一式两份或三份，凭其中的任何一份提货后，其余的即作废。根据《跟单信用证统一惯例》，银行接受仅有一份的正本提单，如签发一份以上正本提单时，应包括全套正本提单。买方与银行通常要求卖方提供船公司签发的全部正本提单，即所谓"全套"（Full Set）提单。

（2）副本提单（Copy B/L）。它是指提单上没有承运人、船长或其代理人签字盖章，而仅供工作上参考之用的提单。副本提单上一般都有"Copy"或"Non-negotiable"（不作流通转让）字样，以示与正本提单有别。

8. 其他种类提单

（1）集装箱提单（Container B/L）。它是指由负责集装箱运输的经营人或其代理人，在收到货物后签发给托运人的提单。集装箱提单与传统的海运提单有所不同，其中包括集装箱联运提单（Combined Transport B/L）和多式联运单据（Multimodal Transport Document，MTD）等。

（2）舱面提单（On Deck B/L）。它是指承运货物装在船舶甲板上所签发的提单，故又称甲板货提单。根据《跟单信用证统一惯例》，除非信用证另有约定，银行不接受甲板货提单。

由于货物装在甲板上风险较大，故托运人一般都向保险公司加保甲板险，承运人在签发提单时加批"货装甲板"字样。《海牙规则》不适用甲板货，除非在提单条款中明确订明。货物装在甲板上受损的风险很大，所以进口商一般不愿意货物装在甲板上，不接受甲板货提单。

在《海牙规则》下，舱面货是指"在运输合同上声明装载于舱面上并且已经这样装运的货物"。因此，构成舱面货必须同时满足两个条件：货物装在甲板上，需在运输合同中声明货物装载于甲板。所谓在运输合同中声明，是指承运人在签发的海运提单上记载货物被装于甲板上，通常以"on deck"字样标记在提单正面。如果提单上没有这样的记载，即被视为货物装于舱内。

（3）过期提单（Stale B/L）。它是指过了装运期的提单、过了银行规定的交单议付日期的提单、晚于货物到达目的港的提单，常见于近洋运输。故在近洋国家间的贸易合同中，一般都订有"过期提单可以接受"（Stale B/L is acceptable）的条款。

（4）倒签提单（Anti-dated B/L）。它是指承运人应托运人的要求，提单签发的日期早于实际装船日期的提单，以符合信用证对装船日期的规定，便于在信用证下结汇。

（5）预借提单（Advanced B/L）。它是指由于信用证规定的结汇日期已到，而货主因故未能及时备妥货物装船，或因为船期延误，影响了货物装船，托运人要求承运人先行签发已装船提单，以便结汇。

（五）海运提单实操认知

（1）提单正面印明承运人的全名，最好还要表明承运人的完整身份。

（2）提单的名称（见前面关于提单的介绍）。

（3）提单号码（B/L No.）。提单上必须注明承运人及其代理人规定的提单编号，以便核查，否则提单无效。

（4）托运人（Shipper）：即发货人，一般为L/C的受益人，也可以是第三方。如发货人为出口商，此处缮打出口商的名称、地址。

（5）收货人（Consignee）：即提单抬头人，应严格按合同及L/C的具体规定填写。一般填法有下面几种：

第一，记名收货人：来证中有条款"Consigned to ×××"，则提单的"收货人"栏应照打"Consigned to ×××"，意为"交付×××"。

第二，不记名式，即"收货人"一栏留空不填或填"To Bearer"（极少采用）。

第三，不记名指示：来证中有条款"Full set of B/L made out to order"，在提单的"收货人"栏中应缮打"To order"，意为凭指示。

第四，记名指示。它又包括以下几种情况：①来证中有条款"Full set of B/L made out to order of shipper"，则提单需经托运人背书进行转让，在提单的"收货人"栏中应缮打"To order of shipper"，意为凭托运人指示。②来证中有条款"Full set of B/L made out to order of Applicant"，则提单需经开证申请人背书进行转让，在提单的"收货人"栏中应缮打"To order of 开证申请人名称（完全按照信用证中开证申请人的名称缮制）"，意为凭开证申请人指示。③来证中有条款"Full set of B/L made out to order of Issuing Bank"，则提单需经开证行背书进行转让，在提单的"收货人"栏中应缮打"To order of 开证行名称"，意为凭开证行指示。④来证中有条款"Full set of B/L made out to order of Negotiation"，则提单需经议付行背书进行转让，在提单的"收货人"栏中应缮打"To order of 议付行名称"，意为凭议付行指示。

（6）被通知方（Notify Party）：一般应按 L/C 的规定填写被通知方详细的名称、地址。若 L/C 中规定"NOTIFY…ONLY"（仅通知×××），则此栏中不可漏填"ONLY"。由于在指示性提单中无收货人的名址，因此需有被通知人接受收货人的委托，通知收货人提货。被通知人通常为船运公司（收货人的代理人）、买方或其他与买方联系密切的人，在我国一般为中国对外贸易运输总公司或其代理公司或分公司。被通知人也可能是进口方或开证行，如信用证中规定"Notify Party Applicant"，则将开证申请人的全称缮打在此栏即可；若信用证中规定"Notify Party Applicant and Us"，则缮打开证申请人的全称和开证行名称。若 L/C 未规定 Notify Party，提单正本中此栏可留空不填，但交给承运人随船带去的副本提单上必须缮打收货人详细的名称和地址，以便货抵目的港后可联系被通知人做好报关提货准备。

（7）一程船名（Pre-Carriage by）：如货物需要转运，在这一栏填写第一程船的船名；如果货物不需要转运，此栏留空。

（8）收货地点（Place of Receipt）：指向船方实际交货的地点（又称接受监管地）。如货物需要转运，在这一栏填写收货的港口名称或地点；如果货物不需要转运，此栏留空。

（9）船名（Ocean Vessel）、航次（Voyage No.）：均按配舱回单填写，没有航次的船舶可不填航次。货装直达船时，直接填写直达船名；货物需要转运的，填写第二程船的船名；采用联合运输方式装运集装箱时，应注明海运船名和第一种运输方式的运输工具的名称。

（10）装货港（Port of Loading）：填实际装运货物的港口的名称，应严格按照 L/C 的规定与要求填写。如果 L/C 中仅笼统规定，如"China Port"，或同时列有几个起运港，如 Xingang/Qinhuangdao/Dalian 的，应根据实际情况填写具体港口名称。

（11）卸货港（Port of Discharge）：指海运承运人中止承运责任的港口，在直达运输情况下一般填目的港，在转船运输情况下一般填转运港。对于 L/C 中尚未确定目的港的情形（如 One Suitable American Port at Opener's Option），提单上应按 L/C 的规定填写。

（12）交货地（Place of Delivery）：即最终目的地。如果货物目的地就是目的港，这一栏可留空。

（13）集装箱号（Container No.）：填写集装箱号，若无，填"N/M"。

（14）唛头及号码（Marks & Nos.）：如信用证中有明确规定，则应按信用证缮制，每个字符和数字、图形的排列位置都应与L/C完全一致，但箱数要明确，不能按L/C "1-UP" 的形式填写，且提单上的唛头应与发票和装箱单上的完全一致。如果信用证中没有规定，则按买卖双方的约定或由卖方缮制，并注意单单一致。如果没有唛头，填 "N/M"。

（15）集装箱数或最大包装件数（No.of Containers or Packages）：填集装箱数或其他形式最大包装的件数。

（16）货名（Description of Goods）：应与托运单的内容完全一致，所使用的文字遵照L/C的要求。如无特殊说明，用英文填写。

（17）毛重（Gross Weight）：一般填写货物的总毛重，以千克表示。

（18）尺码（Measurement）：一般填写货物的总尺码，以立方米表示。

（19）大写件数（Total Number of Containers or Packages（IN WORDS））：用大写表示集装箱数或其他形式最大包装的件数，与第15栏中的数字一致；由数字、单位和ONLY组成，如 "SAY THREE HUNDRED FIFTY CARTONS ONLY"。

（20）提单签发的份数（Number of Original B/L）。一般来说，一份L/C缮打一套提单，不能两个L/C合打一套提单，否则结汇有困难。有时，L/C中规定了许多商品的品种或数量，买方为了提货方便或需转让提单，要求每一种商品或每一定数量制一套提单，则将出现同一L/C项下多套提单的情况。提单正本一般一式两份或三份，当凭借其中任意一份提货时，其余各份均告失效。副本非流通提单数量不限，除非信用证另有规定，签发的正本提单必须全套提交。正本提单上应印有 "ORIGINAL" 字样，并需注明发单日和承运人、船长或其代理人的签章。对于未注明 "ORIGINAL" 字样或标有 "COPY" 或 "NEGOTIABLE" 字样的提单，只能是供参考用的副本提单，这种提单往往没有承运人、船长或其代理人的签章。

（21）运费（Freight & Charges）：除非L/C另有规定，提单上一般不必列出运费的具体金额。如可注明 "Freight Prepaid as Arranged" 字样。

（22）提单签发日期、地点（Date and Place of Issue）：提单签发日期不得迟于货物装运期。在备运提单下，提单签发日期为承运人收到货物的日期；在已装船提单下，提单签发日期与装船日期一致，为货物全部装上船的日期。提单签发地点指货物实际装运的港口或接受监管的地点。

（23）承运人签章（Signed by the Carrier）：提单上必须有承运人本人或其代理的签章才能生效，签章的方式应遵照L/C的规定。

（24）如果信用证规定提供已装船提单，必须由船长签字并注明开船时间（有Date…和 "Laden on Board" 或 "Shipped on Board" 字样）。

海运提单样单见表6-10。

表6-10　　　　　　　　　　　　海运提单

Shipper		COSCO　　　　　　　　　　　　　　　　　　　B/L No.
		中国远洋运输公司
Consignee		CHINA OCEAN SHIPPING COMPANY
		Cable：　　　　　　　　　Telex：
		COSCO BEIJING　22264 CRCPK CN
		GUANGZHOU　44330 COSCA CN
Notify Party		Combined Transport BILL OF LADING
		RECEIVED in apparent good order and condition except as otherwise noted the total number of containers or other packages or units enumerated below for transportation from the place of receipt to the place of delivery subject to the terms and conditions hereof. One of the Bill of Lading must be surrendered duly endorsed in the exchange for the goods or delivery order. On presentation of this document duly endorsed to the Carrier by or on behalf of the Holder of the Bill of Lading, the rights and liabilities arising in accordance with the terms and conditions hereof shall, without prejudice to any rule of common law or statute rendering them binding on the Merchant, become binding in all respects between the Carrier and the Holder of the Bill of Lading as though the contract evidenced hereby had been made between them. IN WITNESS whereof the number of original Bill of Lading stated under have been signed, all of this tenor and date, one of which being accomplished, the other（s）to be void.
Pre-carriage by	Place of Receipt	
Ocean Vessel Voy. No.	Place of Loading	
Port of Discharge	Place of Delivery	

Container No.	Seal No. Marks & Nos.	No. of Containers or Packages	Kind of Packages; Description of Goods	Gross Weight	Measurement

TOTAL NUMBER OF CONTAINERS
OR PACKAGES（IN WORDS）

Freight & Charges	Revenue Tons	Rate	Per	Prepaid	Collect
Ex. Rate	Prepaid at	Payable at		Place and date of Issue	
	Total Prepaid	No. of Originals B（s）/L		Signed for the Carrier	

LADEN ON BOARD THE VESSEL
Date
By

任务七　填制保险单据

出口货物如按 CIF 和 CIP 条件成交，则由出口企业在发票填制完毕后向当地中国人民保险公司办理投保手续；如按 CFR 或 FOB 条件成交，则由进口方办理保险。卖方必须将货物出运的情况及时通知买方，如果因卖方原因导致买方投保不及时，保险公司拒赔货物损失，一切责任由卖方承担。

一、投保单

职场指南 6-4

出口企业办理
货物保险的
具体程序

（一）投保单概述

在进出口业务中，投保海运保险时，投保人均需填写进出口货运投保单，作为其对保险标的及其他相关事实的告知和陈述，保险人则根据投保单所填写的内容决定是否接受保险。保险人如果接受保险，即以投保单为依据，出立保险单，确定其所承担的保险责任，并由此确定保险费率，计算投保人应缴纳的保险费。

（二）投保单实操认知

（1）保险人。保险人即承保人，一般为保险公司或保险商或其代理人，但不能为保险经纪人。

（2）被保险人。被保险人为受保险合同保障的一方。一般是谁为投保人，谁就为被保险人。如果以 CIF 条件成交，由卖方办理保险，一般以卖方本人为被保险人。如果以 FOB 或 CFR 条件成交，由买方自行投保，直接以其本人为被保险人。若信用证要求以进口商为被保险人或指明要过户给某一银行或第三者，应在投保单上填明。

（3）保单号次。保单号次确定保险保障的贸易货物的具体批号，以便索赔时进行核对。出口货物填写该批货物的发票号码，进口货物则填写贸易合同号码。

（4）标记。此项应填写商品的运输标志，或写明按发票规定（as Invoice）。

（5）包装及数量。此项写明包装方式以及包装数量，并填写最大包装的件数。如果一次投保有数种不同包装时，可以件（Packages）为单位。散装货应填写散装重量。如果采用集装箱运输，应予注明（in Container）。

（6）保险货物项目。应填写保险货物的名称，按发票或信用证填写，如果货名过多，可只写统称，不必过于具体。

（7）保险金额与货币。填写按照贸易合同或信用证规定的加成计算得出的保险金额数值。计算时一般按发票的金额加成。保险金额货币名称要与发票一致。

（8）运输工具。海运时应写明具体的船名。如果中途需转船，已知第二程船名时应写上船名；如果第二程船名未知，则只需标明"转船"字样。集装箱运输应写明用集装箱。

（9）开航日期。一般应注明"按照提单"或注明船舶的大致开航日期。

（10）装运港和目的港。填写起始地和目的地名称。中途如需转船，则应注明转船地。到目的地后若需转运内陆，应注明内陆目的地名称。如果到达目的地路线不止一条，要填写经过的中途港（地）的名称。

（11）承保险别。具体写明险别以及按什么保险条款执行。

（12）偿付地点。通常在目的地支付赔款。如果被保险人要求在目的地以外的地方赔付，应予注明。

（13）投保人签章。应如实填写投保公司名称、电话、地址。

（14）投保日期。投保日期应在船舶开航日期或货物起运日期前。

在出口投保时，有时为简化手续，投保人不单独填写投保单，而以现成的公司发票副本代替投保单，并将下列内容在发票上逐一列明：承保险别、投保金额、运输工具、开航日期、赔付地点、保单份数、投保日期、其他要求等。

办理投保手续后，投保人如果发现填写内容有错误、遗漏，或实际情况发生变化，应及时通知保险人，申请变更有关内容，以免因重要事实陈述不实而致保险人解除保险合同或拒付保险赔款。

中国太平洋财产保险股份有限公司
China Pacific Property Insurance Co.，Ltd.
进出口货物运输保险投保单
APPLICATION FOR TRANSPORTATION INSURANCE

投保人：
Applicant
被保险人：　　　行业性质（Business）：
Insured's Name　合同号（Contract No.）：
发票号：　　　　信用证号（L/C No.）：
Invoice No.　　　提单号（B/L No.）：

兹下列物品向中国太平洋财产保险股份有限公司投保（Insurance is Required on the Following Commodity）：

标记 Marks & Nos.	包装及数量 Packing & Quantity	保险货物项目 Description of Goods	1.发票金额 Invoice Value 2.加成 Invoice Value Plus 3.保险金额 Amount Insured 4.费率 Rate of Premium 5.保险费 Premium 6.币种 Currency 7.免赔率 Deductible
货物类别	货物性质（请划√）	□易燃　　□易爆　　□易碎　　□易腐易蛀 □易挥发　□易锈　　□一般货物	
运输方式	航行区域	装载运输工具名称 Per Conveyance S.S.	航（班）次
起运日期 Sailing on /about		赔付地点 Claims Payable at	理赔代理地 Location of Claim Settlement Agent

续表

航行路线：自（起运地） Route：from		经（转运地） Via	到达（目的地） To（Destination）
承保险别 Conditions	主险（Main Risk）：		
	附加险（Extraneous Risks）：		
特别约定（Special Coverage）			
投保人声明：上述所填各项均属事实，同意按本投保单所列内容和货物运输保险条款及其附加条款以及特别约定向贵公司投保货物运输保险。投保人在填写本投保单时，保险人对货物运输保险条款及其附加保险条款的内容，特别是责任免责条款和被保险人义务条款的内容已向投保人做出了明确说明，投保人确认对上述所有条款内容及特别约定已完全了解，同意以此订立保险合同，保险合同自保险单签发之日起成立。			
投保人地址： Applicant's Add 电话 Tel. No. 传真 Fax No. 联系人 Correspondent		投保人签章： Applicant Signature 投保日期：　　　年　月　日 Contract Date	

二、保险单

（一）保险单概述

保险公司接受投保人的投保申请后，若认为可以接受，便根据投保单的内容缮制保险单，作为保险合同成立的书面凭证。投保人则需参照信用证、贸易合同及发票等单据对保险单进行审核，以保证单证一致、单单一致，并与合同的规定相符。保险单一式若干份，保险公司留存一份，其余交给投保人，作为其议付的单据之一，同时保险单也是被保险人向保险人索赔的依据。常见的保险单据有以下几种：

（1）保险单（Insurance Policy）。其俗称"大保单"，是一种正式的保险合同。该保险单背面印有保险条款。它是一种独立的保险凭证，一旦货物受到损失，承保人和被保险人都要按照保险条款和投保险别来分清货损，处理索赔。当 L/C 要求提交保险单或保险凭证时，银行可接受保险单。目前，国内保险公司均出具保险单作为出口贸易的保险凭证。

（2）保险凭证（Insurance Certificate）。其俗称"小保单"，是一种简单的保险凭证，具有与大保单同等的效力。但它的背面不印制保险条款，只印有承保责任界限，其余事项如保险当事人的权利、义务及相关保险责任范围的约定以保险公司的保险条款为准，缺乏完整的独立性。因此当 L/C 明确要求 Insurance Policy 时，银行不能接受保险凭证。

（3）联合保险凭证（Combined Insurance Certificate）。它又称承保证明（Risk Note），是我国保险公司使用的将发票与保险相结合的形式最简单的保险单据。保险公司仅将承保险别、保险金额及保险编号加注于出口货物发票上，并正式签章作为已经保险的证据。目前仅适用于由我国港澳中银集团银行开立L/C，将货运至中国港澳、新马地区华商的部分出口业务。

（4）预约保险单（Open Policy）。它是保险公司承保被保险人在一定时期内发运的、以CIF价格条件成交的出口货物或以FOB、CFR价格条件成交的进口货物的保险单。预约保险单载明保险货物的范围、险别、保险费率、每批运输货物的最高保险金额以及保险费的结付办法等。凡属于预约保险范围内的进出口货物，一经起运，即自动按预约保险单所列条件承保，但被保险人在获悉每批保险货物起运时，应立即以起运通知书或其他书面形式将该批货物的名称、数量、保险金额、运输工具的种类和名称、航程起讫地点、开航日期等情况通知保险公司。

（5）保险批单（Endorsement）。它是保险人应投保人申请，对已开立的原保单做出更改的文件。当保险公司按照被保险人的申请签发了保险单据后，直至保险期限结束前，被保险人如果中途因保险单据上的某项内容有错误，或由于某种原因需要修改保险单据上的某项内容时，可以向保险人提出修改申请，由保险人出具批单进行修改。批单须粘贴在原保单上，并加盖骑缝章，注明更改或补充的内容。

（二）保险单实操认知

（1）发票号码（Invoice No.）。此处填写投保货物商业发票的号码。

（2）保险单号次（Policy No.）。此处填写保险单号码。

（3）被保险人（the Insured）。如来证无特别规定，保险单的被保险人应是信用证上的受益人。由于出口货物绝大部分均由外贸公司向保险公司投保，按照习惯，被保险人一栏中填写出口公司的名称。但遇到特殊规定时，具体填写内容应按照L/C的特殊规定而定。如：

信用证要求保险单为TO THE ORDER OF...或IN FAVOR OF...BANK（以……银行抬头或受益），即应在被保险人处填写"出口公司名称+HELD TO THE ORDER OF...BANK（或IN FAVOR OF...BANK）"。

信用证有特殊要求，所有单据以……为抬头人，那么应在被保险人栏以……为被保险人，这种保险单就不要背书。

信用证规定，TO THE THIRD PARTY（以第三者名称，即中性名称作为抬头人），则应填写"TO WHOM IT MAY CONCERN"（被保险利益人）。

信用证规定，TO ORDER（保单为空白抬头），被保险人名称应填写"THE APPLICANT+出口公司名称+FOR THE ACCOUNT OF WHOM IT MAY CONCERN"（受益人为被保险利益人）。

（4）保险货物项目（Description of Goods）。应填写保险货物的名称，按发票或信用证填写，如果货名过多，可只写统称，不必过于具体。

（5）包装、单位及数量（Quantity）。与提单相同，此项写明包装方式以及包装数量，并填写最大包装的件数。如果一次投保有数种不同包装，可以件（Packages）为单位。散装货应填写散装重量。如果采用集装箱运输，应予注明。

（6）保险金额（Amount Insured）。其一般按照发票金额加一成（即发票金额的110%）填写，至少等于发票金额。对于超出110%的保险费，可要求开证人承担，最终以双方商定的比例计算得出，但中国人民保险公司不接受保额超过发票总值的30%，以防止个别买主故意灭损货物，串通当地检验部门取得检验证明，向保险公司索赔。保额尾数四舍五入取整，金额大小写必须一致，并使用与信用证或发票相同的货币开立保单。

（7）承保险别（Conditions）。其一般应包括具体投保险别、保险责任起讫时间、适用保险条款的文本及日期。出口公司只需在副本上填写这一栏目的内容。当填好的全套保险单交给保险公司审核、确认时，保险公司才把承保险别的详细内容加注在正本保险单上。填制时应注意严格按信用证规定的险别投保填写，并且为了避免混乱和误解，最好按信用证规定的顺序填写。

（8）货物标记（Marks & Nos.），即唛头和号码，应与发票和运输单据一致。如果唛头较为复杂，可注明 AS PER INVOICE NO. …（被保险人索赔时一定要提交发票）。但如果信用证规定所有单据均要显示装运唛头，则应按照实际唛头填写。

（9）总保险金额（Total Amount Insured）。填写总保险金额时应将保险金额以大写形式填入，计价货币也应以全称形式填入。保险金额使用的货币应该与信用证使用的货币一致，保险总金额大写应与保险金额的阿拉伯数字一致。

（10）保费（Premium）。保险公司一般已经在保险单上印上"AS ARRANGED"字样，出口公司不必填写具体金额。但如果信用证要求：INSURANCE POLICY OR CERTIFICATE FOR FULL INVOICE VALUE PLUS 10% MARKED PREMIUM PAID. 或 INSURANCE POLICY OR CERTIFICATE END ORSED IN BLANK FULL INVOICE VALUE PLUS 10% MARKED PREMIUM PAID USD…制单时应将印好的"AS ARRANGED"字样删除，并且加盖核对章后打上"PAID"或"PAID USD…"字样。

（11）运输工具（Per Conveyance S.S.）。此处填写装载船的船名。当运输由两程运输完成时，应分别按照提单填写一程船名和二程船名。如一程船名为 DAEWOO，二程船名为 PIONEER，则该栏应填写：DAEWOO/PIONEER。如转运到内陆应加 Other Conveyance。如船名未知 应填写"TO BE DECLARED"。

（12）开航日期（Sailing on or about…）。一般填写提单装运日期，若填写时尚不知准确的提单日，也可填写提单签发日前5天之内的任何日期，或填写"AS Per B/L"，即以提单为准。

（13）起运港。

（14）目的港（From…to…）。当一批货物经转船到达目的港时，这一栏填写目的港 W/A（VIA）转运港。

（15）保险单份数（Copies of Insurance Policy）。当信用证没有特别说明保险单份数时，出口公司一般提交一套完整的保险单（一份原件，一份复印件）。

当来证要求提供的保险单"IN DUPLICATE /IN TWO FOLDS/IN TWO COPIES"时，出口公司提交给保险公司一张正本保险单和一张副本保险单，构成全套保险单。其中正本保险单可经背书转让。根据《UCP600》的规定，正本必须有"正本"（ORIGINAL）字样。

（16）赔款偿付地点（Claim Payable at...）。一般来说，将目的地作为赔付地点，将目的地名称填入该栏。赔款货币一般为与信用证和投保额相同的货币。

（17）日期（Date）。它指保险单的签发日期。由于保险公司提供仓至仓（Warehouse to Warehouse）服务，因此要求保险手续在货物离开出口方仓库前办理。保险单的日期也应是货物离开出口方仓库前的日期。

（18）投保地点（Place）。此处填写投保地点的名称，一般为装运港（地）的名称。

（19）保险公司代表签名（Signature）。

中保财产保险有限公司
The People's Insurance （Property） Company of China，Ltd.
海洋货物运输保险单
MARINE CARGO TRANSPORTATION INSURANCE POLICY

发票号码：　　　　　　　　　　保险单号次：
Invoice No.:　　　　　　　　　Policy No.:
被保险人：
Insured:

中保财产保险有限公司（以下简称为"本公司"）根据被保险人的要求及其所缴付约定的保险费，按照本保险单承保险别及背面所载条款及所附的特别条款承保下列货物的运输保险，特签发本保险单。
This policy of insurance witnesses that The People's Insurance （Property） Company of China，Ltd.（here in after called "the Company"），at the request of the "Insured" and in consideration of the agreed premium paid to the Company by the Insured，undertakes to insure the undermentioned goods in transportation subject to the condition of this Policy as per the Clauses printed overleaf and other special clauses attached hereon.

唛头和铅封号 Marks & Nos.	数量 Quantity	保险货物项目 Descriptions of Goods	保险金额 Amount Insured

承保险别：
Conditions:
总保险金额：　　　　　保费：　　　　　　　费率：
Total Amount Insured:　Premium:　　　　　Rate:
装载运输工具：　　　　开航日期：
Per Conveyance S.S.:　Sailing on or about:
装运港：　　　目的港：
From:　　　　To:

所保货物如发生本保险单项下可能引起索赔的损失或损坏，应立即通知本公司下述代理人查勘。如有索赔，应向本公司提交保险单正本（本保险单共有__份正本）及相关文件。如一份正本已用于索赔，其余正本则自动失效。
In the event of loss or damage which may result in a claim under this Policy，immediate notice applying for survey must be given to the Company's Agent as mentioned hereunder. Claims，if any，one of the original Policy which has been issued in （　）Original （s）together with other relevant documents shall be surrendered to the Company，if one of the Original Policy has been accomplished，the others to be void.

赔款偿付地点：
Claim Payable at:
出单日期：　　　　　在：
Date:　　　　　　　At:
地址：
Address:

中保财产保险有限公司
THE PEOPLE'S INSURANCE （PROPERTY） COMPANY OF CHINA，LTD.

Authorized Signature

三、保险单的背书

在CIF交易条件下，出口方向银行交单结汇时，在提单转让的同时，在保险单的正本及第二联的背面应背书（Endorsement）签章，将保险单的权益转移给单据持有人。单据持有人成为新的被保险人，享有向保险人索赔的权利。保险单据的背书转让事先无需通知保险人，但转让形式取决于信用证的相关规定。

（1）空白背书（Blank Endorsed）。其只注明被保险人的名称（包括出口公司的名称和经办人的名字）。当来证没有明确使用哪一种背书时，也使用空白背书方式。

（2）记名背书。当来证要求"DELIVERY TO THE ORDER OF... BANK"或"ENDORSED IN NAME OF..."，即规定使用记名方式背书，即在保险单背面注明被保险人的名称和经办人的名字后，打上"DELIVERY TO THE ORDER OF..."或"ENDORSED IN NAME OF..."的字样。记名背书在出口业务中较少使用。

（3）记名指示背书。当来证要求"INSURANCE POLICY OR CERTIFICATE INNEGOTIABLE FOR MISSUED TO THE ORDER OF..."，即规定使用记名指示方式背书。在制单时，要在保险单背面打上"TO THE ORDER OF..."，然后签署被保险人的名称。

（4）无须背书的情形。若信用证规定"INSURANCE POLICY ISSUED TO WHOM IT MAY CONCERN"（被保险人为中性名称）或"INSURANCE POLICY ISSUED TO BEARER"（保单签发给被保险人），则保单无需背书即可转让。当被保险货物损失（承保范围内）后，保险单的持有人享有向保险公司或其代理人索赔的权利并得到合理的补偿。

四、保险金额、保险费的计算实务

（1）出口货物保险金额的计算。保险金额是投保人对货物的投保金额，也是保险公司赔偿的最高金额。我国出口货物保险金额一般是按CIF或CIP价格加成10%，即将买方预期利润和有关费用加入货价内一并计算。由于货物的价格、运输目的地等情况不同，保险加成金额也不同，最高可达30%。即：

出口货物保险金额=CIF价×（1+加成率）

若进口方报的是CFR价或CPT价，却要求出口方代为办理货运保险，或是要求改报CIF价或CIP价，应先把CFR价或CPT价转化为CIF价或CIP价，然后再计算保险金额。计算公式如下：

CIF或CIP价格=CFR或CPT价格÷[1−保险费率×（1+加成率）]

保险金额=CIF或CIP价格×（1+加成率）

做中学6-6

某公司出口一批服装到东南亚某港口，原定价为东南亚港口每包CFR105美元，保险费率为0.8%，按加成10%作为保险金额，改报成CIF价格后的保险金额计算方法如下：

CIF价格=105÷[1−0.8%×（1+10%）]=105.9322（美元）

保险金额=105.9322×（1+10%）≈117（美元）

（2）保险费的计算。保险费是由投保人向保险人缴纳的，它是保险人经营业务的基本收入，也是保险人支付保险赔款的资金来源。被保险人要得到保险人对有关险别的承保，必须缴纳保险费。

保险费通常是保险金额和保险费率的乘积，即：

保险费=保险金额×（进）出口保险费率

保险费率是按照商品品种、航程、险别等因素计算出来的，并根据具体情况作适当调整。进出口保险费率可以通过查费率表得知。

做中学6-7

有一批纺织品出口至伦敦，发票金额为20 000美元，按发票金额加成10%投保海运一切险和战争险，试计算保险费。（一切险和战争险的保险费率分别为0.5%和0.03%）

保险费计算过程如下：

保险金额=20 000×110%=22 000（美元）

保险费=22 000×（0.5%+0.03%）=116.6（美元）

做中学6-8

根据任务一中做中学6-2部分的信用证内容及补充资料制作保险单。

中保财产保险有限公司
The People's Insurance（Property）Company Of China，Ltd.

发票号码　　　　　　　　保险单号次
Invoice No.　　　　　　　　Policy No.
海洋货物运输保险单
MARINE CARGO TRANSPORTATION INSURANCE POLICY

被保险人
Insured：_____

中保财产保险有限公司（以下简称"本公司"）根据被保险人的要求及其所缴纳约定的保险费，按照本保险单承担的险别和背面所载条款与下列特别条款承保下列货物运输保险，特签发本保险单。

This Policy of Insurance witnesses that The People's Insurance（Property）Company of China，Ltd.（here in after called "the company"），at the request of the Insured and in consideration of the agreed premium paid to the company by the Insured，undertakes to insure the under mentioned goods in transportation subject to the conditions of this policy as per the Clauses printed overleaf and other special clauses attached hereon.

保险货物项目 Descriptions of Goods	包装 Packing	单位 Unit	数量 Quantity	保险金额 Amount Insured

续表

承保险别 Condition 总保险金额 Total Amount Insured：		货物标记 Marks of Goods
保费 Premium ___As Arranged___	运输工具 Per Conveyance S.S.	开航日期 Sailing on or about
起运港 From_____	目的港 To_____	

所保货物如发生本保险单项下可能引起索赔的损失或损坏，应立即通知本公司下述代理人勘察。如有索赔，应向本公司提交保险单正本（本保险单共有____份正本）及有关文件。如一份正本已用于索赔，其余正本则自动失效。

In the event of loss or damage which may result in a claim under this policy, immediate notice must be given to the company's Agent as mentioned hereunder. Claims, if any, one of the original policy which has been issued in ___Original （s） together with the relevant documents shall be surrendered to the company, if one of the original policy has been accomplished, the others to be void.

赔款偿付地点：
Claim Payable at_____

日期： Date_____	在： At_____

General Manager

任务八　制作汇票

按照《中华人民共和国票据法》（以下简称《票据法》）第19条的定义："汇票是出票人签发的，委托付款人在见票时或者在指定日期无条件支付确定的金额给收款人或持票人的票据。"汇票包括三个基本当事人：出票人、受票人（付款人）和受款人。

一、汇票的必备内容

汇票必须要式齐全，即应当具备必要的内容。我国《票据法》第22条明确规定，汇票必须记载下列事项：①表明"汇票"的字样；②无条件支付的委托；③确定的金额；④付款人名称；⑤收款人名称；⑥出票日期；⑦出票人签章。汇票上未记载上述规定事项之一的，汇票无效。

在实际业务中，汇票通常需列明付款日期、付款地点和出票地点等内容。对此，我国《票据法》第23条也做了下述具体规定："汇票上记载付款日期、付款地、出票地等事项的，应当清楚、明确。汇票上未记载付款日期的，为见票即付。汇票上未记载付款地的，付款人的营业场所、住所或者经常居住地为付款地。汇票上未记载出票地的，出票人的营业场所、住所或经常居住地为出票地。"

上述基本内容一般为汇票的要项，但并不是汇票的全部内容。按照各国票据法的规定，汇票的要项必须齐全，否则受票人有权拒付。此外，汇票还可以有一些票据法允许的其他内容记载，如利息和利率、付一不付二、禁止转让、免除做成拒绝证书、汇票编号、出票条款等。

二、汇票的种类

汇票从不同的角度可分为以下几种：

（1）按出票人的不同，汇票可分为银行汇票（Banker's Draft）和商业汇票（Commercial Draft）。银行汇票的出票人和付款人都是银行，签发后一般交给汇款人，由汇款人寄交收款人，收款人到指定的付款银行取款。出票行签发汇票后必须将付款通知书寄给国外付款行，以便付款行在收款人持票取款时进行核对。银行汇票一般是不随附货运单据的光票。

商业汇票的出票人是工商企业或个人，付款人可以是工商企业或个人，也可以是银行。商业汇票大多附有货运单据，即跟单汇票。

（2）按有无随附货运单据，汇票可分为光票（Clean Bill）和跟单汇票（Documentary Bill）。前者不附带货运单据，后者附带货运单据。银行汇票多为光票，商业汇票多为跟单汇票。

（3）按付款时间的不同，汇票可分为即期汇票（Sight Draft）和远期汇票（Time Draft or Usance Draft）。前者见票即付，即即期汇票的持票人向付款人提示，付款人见票时应立即付款；后者在见票后一定期限内或在特定日期付款。

视频6-3

伪造票据案

（4）按承兑人的不同，汇票可分为商业承兑汇票（Commercial Acceptance Draft）和银行承兑汇票（Banker's Acceptance Draft）。前者由工商企业或个人承兑，后者由银行承兑。

三、汇票的使用

即期汇票的使用需经出票、提示和付款三个程序。远期汇票的使用需经出票、提示、承兑和付款四个程序。如需转让，通常经过背书行为转让。汇票遭到拒付时，还要涉及做成拒绝证书和行使追索权等法律权利。

（1）出票（To Draw a Draft），即填写汇票内容、签章并交付给收款人。出票人承担保证该票必然会被承兑或付款的责任。汇票通常一式两份，分别寄发，以防遗失（银行汇票只签发一份），但只对其中一份承兑或付款，汇票上都写明"付一不付二"（Pay This First Bill of Exchange Second of the Same Tenor and Date Being Unpaid to...）或"付二不付一"字样，以防重复承兑或付款。

（2）提示（Presentation），即收款人或持票人将汇票提交给付款人要求承兑或付款。付款人看到汇票，即为见票（Sight）。

（3）承兑（Acceptance），即汇票付款人承诺在汇票到期日支付汇票金额的票据行为。承兑的手续是由付款人在汇票正面写上"承兑"（Accepted）字样，注明承兑的日期，并由付款人签名，交还持票人。按《票据法》的一般规则，仅有付款人的签名而未写"承兑"字样，也构成承兑。

（4）付款（Payment），即付款人将票款支付给持票人。即期汇票见票即付，远期汇票到期再付。

（5）背书（Endorsement），即持票人在汇票的背面签上自己的名字（空白背书），或再加上受让人（Transferee）即被背书人的名称（记名背书），将汇票交给受让人。

（6）拒付（Dishonour），即拒绝付款或拒绝承兑。汇票一旦被拒付，持票人可向前手（包括所有的背书人和出票人）追索票款。付款人或承兑人死亡、逃匿、依法宣告破产或因违法被责令停业等，也作为拒付。

四、跟单汇票实操认知

汇票一般一式两份，两份具有同等效力，其中一份付讫，另一份自动失效。汇票的缮制应注意以下几个问题：

（1）票据名称。汇票应表明"汇票"的字样，即注明"Bill of Exchange"、"Exchange"或"Draft"。

（2）出票日期和地点。出票日期一般为议付日期，不能早于其他所有单据的出单日期，更不得迟于信用证的有效期及最迟交单期，否则视为不符。

信用证规定一个有效期（即最迟交单期），并规定一个在装运日后若干天必须交单的特定期限。如果信用证未规定一个在装运日后必须交单的特定期限，则银行将不接受迟于装运日期后21天提交的单据。无论如何，出口人必须在信用证规定的特定交单期内交单议付，但同时必须在信用证的有效期内；有效到期日若逢银行休假日，则顺延至下一个营业日。所以一般商业汇票多以该信用证的实际议付日期作为汇票的出票日期，托收支付方式则以寄单日期作为出票日期。目前有些企业多委托议付行在议付时或托收行在寄单时由其代填汇票的出票日期。

商业汇票的出具地点，在信用证支付方式项下就是议付地点，托收方式则以托收行接受托收手续的地点作为汇票出具地点。由于国际上各国票据法互不一致，如果发生纠纷，则以汇票出具地点所在国的票据法为法律依据，所以出票地点在这种情况下变成重要的项目。

（3）无条件的书面支付命令。"无条件"意即不能附带任何限制性的支付条件；作为支付命令，汇票必须用祈使的、命令的语气，不能用"WE WOULD BE APPRECIATE IF YOU WILL PAY…""WOULD YOU PLEASE PAY…"等商量或请求的语气书写。

（4）付款期限。应按信用证的规定填写。如果是即期汇票，则填见票即付（At Sight），即在汇票的此栏加打"*"或"___"，如AT****SIGHT，或AT___SIGHT。如果是远期汇票，则应按信用证的规定填写，通常有4种规定方式：①见票后若干天内付款（At…Days after Sight），如AT 90 DAYS AFTER SIGHT。②提单签发日后若干天内付款（At…Days after Date of B/L），如AT 60 DAYS AFTER DATE OF B/L。③出票后若干天内付款（At…Days after Date of Draft），如AT 60 DAYS AFTER DATE OF DRAFT。④指定日期付款（At a Fixed Date in Future），如AT JULY 1, 2022 FIXED。其中常用的是前两种方法。

对于托收支付方式，此处应注明"D/P at Sight"或"D/P ×× Days"或"D/A ×× Days"。

（5）收款人（Payee）。汇票上收款人的记载通常称为"抬头"，与提单抬头的出具方法完全一致，也包括记名抬头、指示性抬头、来人抬头三种基本方式。

① 记名抬头，又称限制性抬头，即汇票的受款人限制仅付给某人。例如，"仅付××公司"（Pay ×× Co.Only 或 Pay to ××× not Transferable）。此类不能背书转让，只能由指定公司收取票款。

② 指示性抬头，即受款人为某人的指示人，如"付××公司指定人"（Pay to the Order of ×× Co.）。持票人背书后才能转让。这种方式的抬头最普遍。在信用证支付方式下的汇票多以议付行的指示人为汇票受款人。如果议付行是中国银行，即填"Pay to the Order of Bank of China"。

③ 来人抬头，如"付给来人"（Pay to Bearer）。此类无需背书，仅凭交付即可转让。

我国对外贸易中一般以银行指示为抬头，收款人为出口地议付行。在汇票上填总行名称即可，不必再填分行名称，如" Pay to the Order of Bank of China"。若 L/C 无特别规定，则为凭议付行指示。

（6）汇票金额。它有两栏：大写金额和小写金额。在填制汇票金额和币种时应注意以下几点：①汇票金额不得超过信用证规定的总金额或其允许的金额增减幅度。托收项下汇票的金额和发票金额一般也应一致。②如果信用证金额前有"大约"（About/Approximate）字样，则金额伸缩幅度为10%。③如果属于托收项下，合同规定托收费用或远期付款的利息由买方承担，又允许在托收时与货款同时收取，则汇票金额应以发票的金额加上其利息或托收费作为汇票金额。④汇票金额的大小写必须一致。⑤汇票上的货币名称与金额原则上应与发票一致。⑥汇票金额不得涂改，不得加盖校对章。⑦出票条款。出票条款又称出票根据。出票条款表明汇票是根据某号信用证开出的，包括开证行名称、信用证号码、开证日期3项。采用托收方式时，应注明有关销售合同号码。

（7）利息条款。汇票上的利息条款有明确的利率和利息的起讫日期，是开证行向进口方算收利息的依据，与出口方无关。出票时，必须按照信用证的规定将利息条款在汇票上列明，但是，如果信用证未规定利息条款，则汇票上无须加注利息条款。

（8）号码。因为汇票的号码不是汇票的必要项目，而且在全套结算单据中商业发票是中心单据，所以目前汇票的编号多为商业发票号码。

（9）付款人。其也称受票人，指接受支付命令付款的人，一般按 L/C 规定填具。通常 L/C 项下汇票以开证行或其指定银行为付款人，托收项下汇票以开证人（一般为买方）为付款人。如果信用证规定"Draft Drawn on Us 或 Issuing Bank"，则付款人填开证行。如果信用证指定有偿付行，则应按信用证规定缮制两套汇票，一套汇票的付款人为开证行，连同整套货运单据寄交开证行审核；另一套汇票的付款人则为开证行指定的偿付行，光票寄偿付行索汇。

拓展阅读6-2

国际贸易的三种常用结算方式

（10）款已付讫。此栏应注明商品的总称和件数，为便于查对，最好注上发票号码，如"500 DOZENS OF 100% COTTON MEN'S SHIRT AS PER INVOICE No.ZC155"。

（11）出票人签字或盖章。出票人一般是信用证的受益人，即出口人。在可转让信用证情况下，其汇票的出票人可能是信用证的第二受益人。在托收方式下，一般为买卖合同的出口人。在我国出口业务中，习惯做法是在汇票的右下角盖法人章（出口企业英文条章及法人代表的手签印章）。

汇　票

BILL OF EXCHANGE

凭
Drawn under＿＿＿＿＿＿＿＿＿＿＿＿＿＿＿＿＿＿＿＿

信用证　第　＿＿＿＿＿　号
L/C No.＿＿＿＿＿＿＿＿＿＿＿＿

日期　　　年　　月　　日
Dated＿＿＿＿＿＿

按息　＿＿＿＿＿＿＿　付款
Payable with interest@＿＿＿＿＿＿＿＿＿＿%per annum

号码　　　汇票金额　　　　中国　　　年　　月　　日
No.2020NH8898　Exchange for＿＿＿＿＿＿＿＿＿＿

见票　＿＿＿＿＿＿＿　日后（本汇票之副本未付）付
At＿＿＿＿＿＿＿　Sight of this FIRST of Exchange（Second of Exchange Being Unpaid）

Pay to the order of＿＿＿＿＿＿＿＿　或其指定人

金额
The sum of＿＿＿＿＿＿＿＿＿＿＿＿＿＿＿＿

此致
To＿＿＿＿＿＿＿＿＿＿＿＿＿＿＿＿

做中学6-9

根据任务一中做中学6-2部分的信用证和补充资料，制作汇票如下：

汇　票

BILL OF EXCHANGE

凭
Drawn under＿＿＿＿＿＿＿＿＿＿＿＿＿＿＿＿＿＿＿＿

信用证　　　第＿＿＿＿＿号
L/C No.＿＿＿＿＿＿＿＿＿＿＿

日期
Dated＿＿＿＿＿＿＿＿＿

按息＿＿＿＿＿＿付款
Payable with interest @＿＿＿＿＿＿＿＿＿＿% per annum

号码　　　汇票金额　　　中国，宁波　　年　月　日
No.:＿＿＿＿＿＿＿　Exchange for＿＿＿＿　Ningbo, China＿＿＿＿＿

见票　＿＿＿＿＿＿＿　日后（本汇票之副本未付）At　30 DAYS AFTER　Sight of this FIRST of Exchange （Second of Exchange Being Unpaid）

Pay to the Order of＿＿＿＿＿＿＿＿＿＿＿＿＿　或其指定人

金额
The sum of＿＿＿＿＿＿＿＿＿＿＿＿＿＿＿＿＿＿

此致
To＿＿＿＿＿＿＿＿＿＿＿＿＿＿＿＿

NINGBO TEXTILES IMP.AND EXP.CORPORATION

刘淑

任务九　出具受益人证明

受益人证明（Beneficiary's Certificate）也称受益人声明（Beneficiary's Statement），是指进口商在信用证内要求受益人开出证明，证明其办理了某项工作（如提供副本单据、拍发开船电报等）或证实某件事实（如货物符合合同规定等）的单据。受益人证明无固定格式，打印在白纸上即可。

缮制受益人证明时需注意下列事项：

（1）单据上要有"受益人证明"字样。

（2）证明的内容要与信用证要求相符。通常受益人证明除人称、动词时态需改动外，其他文句应照抄信用证上原文。

（3）受益人证明上应显示信用证号和发票号。

（4）受益人证明的日期不能迟于信用证规定的日期，应等于或晚于提单日期，一般可与提单日期相同。

（5）由受益人出具并正式签章。

受益人证明

BEIJING ABC CO., LTD.

1 HUIXIN STREET, CHAOYANG DISTRICT, BEIJING, CHINA TEL: 010-84648888

FAX：010-84648889

BENEFICIARY'S CERTIFICATE

INVOICE NO.：INVM123 No.：BCM123

DATE：FEB. 20, 2022

BUYER：DEF CORPORATION

L/C NO.：IM0789

THIS IS TO CERTIFY THAT THE GOODS ARE ORIGINALLY SHIPPED FROM XINGANG AND IN CONFORMITY WITH THE CONTRACT NO. SCM123.

ISSUED BY：BEIJING ABC CO., TD.

1 HUIXIN STREET, CHAOYANG DISTRICT, BEIJING, CHINA

Authorized Signature

进出口货物报关单是指进出口货物的收发货人或其代理人，按照海关规定的格式对进出口货物的实际情况做出的书面申明，以此要求海关对其货物按适用的海关制度办理报关手续的法律文书。

做中学6-10

根据任务1中做中学6-2的信用证制作装船通知和受益人证明。要求：格式清楚、内容完整。

SHIPPINGADVICE	
TO :	DATE : INVOICE No. : S/C No. : L/C No. :
DEAR SIRS,	
WE HEREBY INFORM YOU THAT THE GOODS UNDER THE ABOVE MENTIONED CREDIT HAVE BEEN SHIPPED.THE DETAILS OF THE SHIPMENT ARE STATED BELOW.	
COMMODITY :	
QUANTITY OF GOODS/PACKAGES :	
TOTAL G.T :	
DATE OF DEPARTURE :	
B/L No. :	
PORT OF LOADING :	
DESTINATION :	
SHIPPING MARKS :	
CERTIFICATE	
DATE： MAY 28， 2022	
INV.No.： GD04-017	
L/C No.： IM02023502	
TO WHOM IT MAY CONCERN	
WE ARE STATING THAT ONE SET OF NON-NEGOTIABLE SHIPPING DOCUMENTS HAS BEEN SENT TO APPLICANT BY AIRMAIL WITH IN 2 DAYS AFTER SHIPMENT.	
NINGBO TEXTILES IMP.AND EXP.CORPORATION 刘 淑	

任务十　办理出口许可证

一、出口许可证管理制度

出口许可证是国家管理货物出境的法律凭证。凡实行出口配额许可证管理和出口许可证管理的商品，各类进出口企业应在出口前按规定向指定的发证机构申领出口许可证，海关凭出口许可证接受申报和验放。

出口许可证一般由经营单位于货物装运之前向签证机关提出书面申请，即填写出口许可证申请表（附样），经签证机关审核，符合有关规定、手续完备的，予以签发出口许可证。出口单位申领许可证时，要向发证机关提交有关批件、材料和出口合同的副本或复印件，必要时还要出具信用证，填写出口许可证申请表一份，连同填写好的出口许可证（附样）送交发证机关审核。委托代理出口的，由接受代理的外贸公司申领出口许可证。

商务部是我国出口许可证的归口管理部门，负责制定出口许可证管理办法及规章制度，监督、检查出口许可证管理办法的执行情况，处罚违规行为。商务部会同海关总署制定、调整和发布年度出口许可证管理货物目录。

商务部统一管理、指导全国各发证机构的出口许可证签发工作。商务部配额许可证事务局，商务部驻各地特派员办事处和各省、自治区、直辖市、计划单列市，以及商务部授权的其他省会城市商务厅（局）、外经贸委（厅、局）为出口许可证的发证机构，负责在授权范围内签发"中华人民共和国出口许可证"（以下简称"出口许可证"）。

出口许可证是国家管理货物出口的凭证，不得买卖、转让、涂改、伪造和变造。凡属于出口许可证管理的货物，除国家另有规定外，对外贸易经营者应当在出口前按规定向指定的发证机构申领出口许可证，海关凭出口许可证接受申报和验放。向海关报关所提交的出口许可证必须做到"证货相符""单证相符"。

对于下列情况之一，国家可以实行出口配额许可证或出口许可证管理：为维护国家安全或者社会公共利益，需要限制出口的；国内供应短缺或者为有效保护可能用竭的国内资源，需要限制出口的；对任何形式的农业、牧业、渔业产品，有必要限制出口的；根据中华人民共和国所缔结或者参加的国际条约、协定的规定，需要限制出口的。

二、出口许可证申请表与出口许可证实操认知

出口许可证申请表的项目与出口许可证基本相同，可参照出口许可证的填写规范填写。出口许可证一式五联，一份正本，四份副本。其中正本交发货人办理通关手续，货物放行后，由海关收回并于14日内退原发证机关，背面有海关验放签注栏；第二联由发证机关留存备案；第三联用作银行结汇单据；第四联由海关留存备案；第五联供电脑建档。

申领出口许可证的单位，应按以下规范填写出口许可证：

（1）申请单位名称及编码（Exporter）：应填写有出口经营权的各类进出口企业的全称或有出口经营权的代理公司全称；若为非外贸单位经批准出口货物，此栏应填写该单位全称；编码按发证机关编定的电脑代码填写，共8位，无电脑数码的，填写8个"0"。

（2）发货单位名称及编码（Consigner）：发货人与出口商一般是一致的，此栏一般填写出口公司的全称及统一编制的编码，与第一栏内容基本相同。

（3）出口许可证编号（License No.）：编号由发证机关统一排定。

（4）许可证有效期（Validity）：应填写许可证的到期日。①对实行"一批一证"制

的许可证，有效期从发证之日算起，最长不超过3个月。②对不实行"一批一证"制的许可证，有效期从发证之日算起，最长不超过6个月。③对超过有效期的许可证，最长可展期2个月，但须经发证机关批准并盖章。④出口指标应在有效年度内使用，跨年度指标视同作废。

（5）贸易方式（Terms of Trade）：该栏填写范围包括一般贸易、边境贸易、协定贸易、易货贸易、补偿贸易、进料加工、来料加工、转口贸易、期货贸易、工程承包、外资企业进口、非贸易和租赁出口。出口单位根据实际情况，选填其中一种方式，不得使用非规范术语。

（6）合同号（Contract No.）：是指申领许可证、报关及结汇时所用出口合同的编码。该栏应填写当次出口所凭借的成交合同号码，号码长度在20个（含20个）英文字母或阿拉伯数字之内。

（7）出运口岸（Port of Shipment）：此栏填写海关验放货物允许出口的边境口岸，即装运港或出境口岸。此栏填写应明确、具体，且最多填写3个口岸。

（8）输往国家（地区）（Country of Destination）：此栏填写货物实际运达或买断的目的国家（地区），即最终目的地，一般指合同目的地。本栏只能填写一个具体国家（地区）的准确全称，不能填写抵达的具体城市或港口全称，更不能填写途经的中间国家、地区、港口及城市的名称。

（9）收款方式（Terms of Payment）：此栏可选择现金、信用证、托收、免费、记账、本票、汇付、托收等支付方式。

（10）运输方式（Means of Transport）：货物通关外运的方式可填写海上运输、铁路运输、公路运输、航空运输、邮政运输、自带等。

（11）唛头-包装件数（Marks & Numbers-Number of Packages）：此栏应按照发票内容填写。若为散装货物，此栏可不填写；若无唛头，则填写N/M。

（12）商品名称及商品编码（Description of Commodity & Commodity No.）：此栏应按外经贸部发布的出口许可证管理商品名录的标准名称和统一编码填写。对于不属于名录中的出口商品，商品名称填写"其他"，编码填写"9999"。

（13）规格等级（Specification）：此栏用于对出口商品作具体说明，包括具体品种、规格、等级等，出口货物必须与此栏说明的品种、规格或等级相一致。一份许可证上该栏填写的数量最多不能超过4个，否则应另行填写出口许可证申请表。

（14）单位（Unit）：此栏应填写货物的计量单位。通常将一次外运的货物作为一批，因此商品计量单位栏常填写为"批"。

（15）数量（Quantity）：此栏填写出口许可证允许出口商品的多少，应填写实际出运数量。此栏允许保留一位小数，尾数超出一位的，应四舍五入。计量单位为"批"的，数量填"1"。

（16）单价（Unit Price）：此栏按合同成交单价填写，是与计量单位相一致的单位价格。计量单位为"批"的，此栏应填写商品价值的总金额，整体上将该商品作为单位商品对待。

（17）总值（Amount）：此栏为商品数量与单价的乘积，应与发票上列明的总值一致，小数部分应四舍五入取整。

（18）总值折美元（Amount in USD）：此栏填写由签证机关根据国家公布的外汇牌价将商品总值折算为美元的金额。

（19）总计（Total）：将各项目的合计数分别填入对应栏目，以便从总体上把握出口业务状况。

（20）备注（Supplementary Details）：此栏为补充说明栏，填写以上各栏未尽事宜、需特别说明的内容或需强调的内容。

（21）发证机关盖章及发证日期（Issuing Authority's Stamp & Signature & Date）：由发证机关盖章并填写发证日期。

职场指南6-5

出口许可证缮制注意事项

中华人民共和国出口许可证申请表

1.出口商： 代码： 领证人姓名： 电话： 2.发货人： 代码：					3.出口许可证号： 4.出口许可证有效截止日期： 年 月 日	
5.贸易方式：					8.进口国（地区）：	
6.合同号：					9.付款方式：	
7.报关口岸：					10.运输方式：	
11.商品名称：					商品编码：	
12.规格、等级	13.单位	14.数量	15.单价（币别）	16.总值（币别）		17.总值折美元
18.总　计						
19.备　注 申请单位盖章 申领日期：				20.签证机构审批（初审）： 经办人： 终审：		

填表说明：①本表应用正楷逐项填写清楚，不得涂改、遗漏，否则无效。②本表内容需打印多份许可证的，请在备注栏内注明。

中华人民共和国出口货物许可证
EXPORT LICENCE OF THE PEOPLE'S REPUBLIC OF CHINA

1.申领许可证单位： 编码： Exporter		3.出口许可证编号： License No.
2.发货单位： 编码： Consigner		4.许可证有效期： Validity
5.贸易方式： Terms of trade		8.输往国家（地区）： Country of Destination
6.合同号： Contract No.		9.收款方式： Terms of payment
7.出运口岸： Port of shipment		10.运输方式： Means of transport
11.唛头−包装件数： Marks & Numbers-Number of Packages		
12.商品名称： Description of commodity		商品编号： Commodity No.

13.规格等级 Specification	单位 Unit	14.数量 Quantity	15.单价 Unit price	16.总值 Amount	17.总值折美元 Amount in USD
18.总计 Total					

19.备注： Supplementary details	20.发证机关盖章 Issuing Authority's Stamp & Signature
	发证日期 Date

关键术语

　　商业发票　包装单据　原产地证书　海运出口托运单　海运提单　保险单　汇票
受益人证明　出口许可证

应知考核

一、单项选择题

1.付款人对远期汇票表示承担到期付款责任的行为称为（　　　）。

A.见票　　　　　　　　　　　　B.即期付款

C.承兑　　　　　　　　　　　　D.远期付款

2.结汇单据中最重要的单据，能让有关当事人了解一笔交易的全貌，其他单据都是以其为依据的是（　　　）。

A.商业发票　　　　B.保单　　　　C.装箱单　　　　D.产地证

3.海关对法定检验的进口货物凭出入境检验检疫机构签发的（　　　）办理海关通关手续。

A.进口许可证　　　B.进口货物报关单　C.查验通知　　　D.入境货物通关单

4.国际贸易中使用的金融票据主要有汇票、本票和支票，其中（　　　）使用最多。

A.汇票　　　　　　B.本票　　　　C.支票　　　　D.以上都对

5.出口商得到托运确认后，应填制（　　　）连同发票等相关单据向海关申报出口货物。

A.汇票　　　　　　　　　　　　B.入境货物通关单

C.出口货物报关单　　　　　　　D.装货单

6.GSP Form A 是（　　　）。

A.品质证明书　　　　　　　　　B.普惠制产地证书

C.重量证明书　　　　　　　　　D.动植物检疫证书

7.清洁提单是指（　　　）。

A.承运人未加有关货物或包装不良之类批注的提单

B.不载有任何批注的提单

C.表面整洁无涂改痕迹的提单

D.提单收货人栏内没有指明任何收货人的提单

8.关于提单，下面说法中正确的是（　　　）。

A.提单是代表货物所有权的物权凭证或运输契约

B.提单辅助发票说明之不足，并详细说明包装内容或货物数量以及标记号

C.提单是国外卖方或厂商对货物出具的明细账单

D.提单又称来源证，主要对货物产地厂家作佐证，便于海关掌握国别地区，作纳税参考

9.北京某贸易公司一批进口货从美国波士顿装运经中国香港中转，运抵天津塘沽港报关进境。该公司填写进口报关时，应在装货港一栏中填报（　　　）。

A.香港　　　　　　B.天津　　　　C.波士顿　　　　D.塘沽港

10.德国某公司受联合国世界卫生组织委托，将数台德国产医疗设备运至我国。我方在进口报关单起运国和原产国栏目分别填报（　　　）。

A.联合国，德国　　B.德国，德国　　　C.德国，联合国　　D.联合国，联合国

二、多项选择题

1.下列不是物权凭证的运输单据有（　　　）。

A.海运提单　　　　　　　　　　　B.空运单据

C.快递收据　　　　　　　　　　　D.不可转让海运提单

2.本票与汇票的区别在于（　　　）。

A.前者是无条件支付承诺，后者是无条件支付命令

B.前者的票面当事人为两个，后者则一般为三个

C.对于远期票据，前者在使用过程中无需承兑，后者则有承兑环节

D.前者的主债务人不会变化，后者的主债务人因承兑而发生变化

3.下列属于区域性经济集团互惠原产地证书的有（　　　）。

A.FORM E　　　　　B.FORM B　　　　C.FORM P　　　　D.FORM F

4.国际标准化组织推荐的标准唛头包括的内容有（　　　）。

A.收货人名称的缩写或代号　　　　B.目的港（地）

C.箱号或件号　　　　　　　　　　D.参考号（合同号、订单号等）

5.买方和银行通常不接受的提单有（　　　）。

A.已装船提单　　　B.备运提单　　　C.不清洁提单　　　D.过期提单

6.根据《UCP600》的分类，保险单据包括（　　　）。

A.保险单　　　　　B.保险凭证　　　C.预约保险单　　　D.投保声明

7.进口商在审核信用证项下的商业发票时应注意的要点有（　　　）。

A.发票的出票人应是信用证的受益人（可转让信用证除外），与汇票的出票人应为同一人

B.发票的抬头人应是信用证开证申请人

C.发票的出票日期不应迟于汇票的出票日期，亦不应迟于信用证的议付有效期

D.商品名称、数量、规格、单价、包装、价格条款、合同号码等，以及货物描述必须与信用证的规定相符，单价乘以数量必须与发票总金额相符

8.下列关于保险凭证的说法中正确的有（　　　）。

A.俗称"小保单"，是一种简约化的保险单

B.既有正面内容，又有背面内容

C.与保险单具有同等效力

D.在实务中，保险单可以代替保险凭证

9.提单的发货人SHIPPER一栏内通常可以记载（　　　）。

A.销售合同下的供应商　　　　　　B.代表供应商与承运人签订合同的人

C.将货物交给承运的人　　　　　　D.与托运人订立合同的人

10.海运提单做成指示抬头，CONSIGNEE一栏可以填成（　　　）。

A.TO ORDER　　　　　　　　　　B.TO ORDER OF SHIPPER

C.CONSIGNED TO　　　　　　　　D.TO ORDER OF ISSUING BANK

三、判断题

1.汇票的受款人又称受票人，也就是按汇票出票人的命令对汇票付款的人。（　　）

2.如买卖合同规定的装运条款为"Shipment during June/July in two equal lots"，这表明出口人必须在6月、7月两个月内各装一批，每批数量相等。（　　）

3.保险加成的目的是弥补进口人经营管理费用或（与）其利润的损失。（　　）

4.如果一张汇票未注明"汇票"字样，并不影响此汇票的使用。（　　）

5.Drawee是指汇票的出票人，一般情况下是开证行，但有时也会是偿付行。
（　　）

6.记名提单和指示提单同样可以背书转让。（　　）

7.一张商业汇票的收款人是"仅付给史密斯"（Pay to Smith only），这种汇票可以经过背书转让。（　　）

8.办理出口报关手续时，必须向海关提交出口收汇核销单。（　　）

9.信用证规定装运港为Chinese Port，缮制提单时，装运港一栏应照样填写Chinese Port，以免单证不符。（　　）

10.形式发票是一种正式发票，能用于托收和议付。（　　）

项目实训（一）

背景资料

出口商（托运人）：DAYU CUTTINGTOOLS I/E CORP.774 DONGFENG EASTROAD，TIANJIN，CHINA

进口商（收货人）：FAREASTERN TRADING COMPANY LIMITED 336 LONGSTREET NEWYORK

发票日期：2022年5月15日

发票号：X118

合同号：MK007

信用证号：41-19-03

装运港：TIANJIN

中转港：HONGKONG

目的港：NEWYORK

运输标志：FETC
　　　　　MK007
　　　　　NEWYORK
　　　　　C/No.1-UP

货名：CUTTING TOOLS

数量：1 500SETS

包装：纸箱装，每箱3 SETS

单价：CIF NEWYORK USD128/SET

原产地证书号：IBO12345678

商品编码：12970400

保险单号：ABX999

保险单日期：2022年5月18日　　　　保险加成率：10%

提单日期：2022年5月20日

船名航次：HONGXINGV.777

险别：COVERING ICC（A）AS PERINSTITUTE CARGO CLAUSE OF 1982

赔付地点：NEWYORK IN USD

■ 实操要求

根据所给资料，结合本项目的内容，缮制商业发票、原产地证明、保险单。

■ 模拟时间

完成本业务操练时间以不超过25分钟为限。

1.商业发票

COMMERCIAL INVOICE

TO：（1）　INV. No.　（2）＿＿＿＿＿＿

DATE：（3）＿＿＿＿＿＿
S/C No.（4）＿＿＿＿＿
L/C No.（5）＿＿＿＿＿

FROM＿＿（6）＿＿＿VIA＿＿（7）＿＿＿TO＿＿（8）＿＿＿BY＿＿（9）＿＿＿＿＿

MARKS & NUMBERS	DESCRIPTION OF GOODS	QUANTITY	UNIT PRICE	AMOUNT
（10）	（11）	（12）	（13）	（14）
TOTAL AMOUNT		（15）		

DAYU CUTTING TOOLS I/E CORP.

王焱

2.原产地证

1.Exporter：（1）		Certificate No.（5）
2.Consignee：（2）		**CERTIFICATE OF ORIGIN** OF **THE PEOPLE'S REPUBLIC OF CHINA**
3.Means of transport and route（3）		5.For certifying authority use only
4.Country/region of destination（4）		

6.Marks & Nos.（6）	7.Number and kind of packages；Description of goods（7）	8.H.S. Code（8）	9.Quantity（9）	10. Numbers and Date of Invoice（10）

11.Declaration by the exporter	12.Certification
The undersigned hereby declares that the above details and statements correct，that all the goods were produced in China and that they comply with the Rules of Origin of the People's Republic of China （11） 李明 Place and date，signature and stamp of authorized signatory	It is hereby that the declaration by the exporter is correct. 天津市 贸促会（商会） （章） （12） 张平 Place and date，signature and stamp of certifying authority

3.保险单

中国人保财险股份有限公司
PICC Property and Casualty Company Limited

总公司设于北京   一九四九年创立
Head Office Beijing   Established in 1949

海洋货物运输保险单
MARINE CARGO TRANSPORTATION INSURANCE POLICY

发票号码 Invoice No.（1） 保单号次 Policy No.（2）
被保险人 Insured：____（3）_____

中保财产保险有限公司（以下简称"本公司"）根据被保险人的要求及其所缴付约定的保险费，按照本保险单承担险别和背面所载条款与下列特别条款承保下列货物运输保险，特签发本保险单。

This policy of Insurance witnesses that The People Insurance（Property）Company of China，Ltd.（here in after called "the Company"）. at the request of the Insured and in consideration of the agreed premium paid by the Insured，undertakes to insure the under mentioned goods in transportation subject to the conditions of this Policy as per the Clauses printed overleaf and other special clauses attached hereon.

货物标记 Marks of Goods		包装单位 Packing Unit	保险货物项目 Description of Goods	保险金额 Amount Insured
（4）		（5）	（6）	（7）

总保险金额： Total Amount Insured：					
保险费 Premium	As arranged	开航日期 Sig. On or abt.	（9）	装载运输工具 Per conveyance S.S.	（10）
起运港 From		中转港 Via		目的港 To	

承保险别 Conditions：

（11）

所保货物，如发生本保险单项下可能引起索赔的损失或损坏，应立即通知本公司下述代理人查勘。如有索赔，应向本公司提交保险单正本（本保险单共有2份正本）及有关文件。如一份正本已用于索赔，其余正本则自动失效。

In the event of loss or damage which may result in a claim under this Policy, immediate notice must be given to the company's agent as mentioned hereunder. Claims, if any, one of the original policy which has been issued in two original （s） together with the relevant documents shall be surrendered to the company, if one of the Original Policy has been accomplished, the others to be void.

保险公司在目的港的代理的名称、地址、电话号码等内容

赔款偿付地点　　（12）　　　　中国人保财险股份有限公司天津分公司

Claim payable at ＿＿＿＿＿＿＿＿PICC Property & Casualty Co.Ltd., Tianjin Branch

张三

日期　　（13）

Date ＿＿＿＿＿＿＿＿

■ 项目实训（二）

■ 背景资料

1.信用证资料

TO：2153 23BKCHCNBJA94094610

FM：1453 23 ABNABEBR××××46343

ABNABEBR××××

*ABN AMRO BANK N.V.

*BRUSSELS

MT：　700　01

SEQUENCE OF TOTAL	27：	1/1
FORM OF DOCUMENTARY CREDIT	40A：	IRREVOCABLE
DOCUMENTARY CREDIT NUMBER	20：	8888
DATE OF ISSUE	31C	211230
DATE AND PLACE OF EXPIRY	31D	CHINA 220630
APPLICANT	50：	XYZ COMPANY，BRUSSELS
BENEFICIARY	59：	ABC COMPANY，NANJING
CURRENCY CODE，AMOUNT	32B：	USD100 000.00
AVAILABLE WITH...BY...	41D：	ANY BANK BY MIXED PAYMENT
DRAFTS AT	42M：	AT 30 DAYS AFTER SHIPMENT DATE FOR 80PCT OF INVOICE VALUE AT SIGHT FOR 20PCT OF INVOICE VALUE
DRAWEE	42D：	OUR NEW YORK BR.
PARTIAL SHIPMENTS	43P：	NOT ALLOWED
PRESENTATION PERIOD	48：	15 DAYS AFTER SHIPMENT DATE

2.附加信息

发票号码：SU1266

发票金额：USD100 000.00

受益人向其当地议付行BANK OF CHINA，JIANGSU BRANCH交单的日期为2022年1月20日，运输单据上显示的装运日期为2022年1月16日，汇票日期同受益人交单日期，受益人的有权签字人为贾笛，议付行议付的条件是要求受益人将议付行作成汇票上的收款人。

■ 实操要求

根据所给的信用证资料和附加信息，结合本项目汇票实操认知，缮制汇票。

■ 模拟时间

完成本任务操练时间以不超过15分钟为限。

汇票样示：

No._____Nanjing，China_____

Drawn under_____

L/C No._____dated_____

Exchange for_____payable with interest @_____% per annum

at_____of the FIRST of exchange（Second of exchange being unpaid）

pay to the order of_____

The sum of _____

To _____

_____
Authorized Signature

应会考核

观念应用

国际贸易有限责任公司的一名业务员与国外客户商定，货款的结算使用美元电汇支付。货物发出后十余天，该公司业务员收到国外客户电汇付款的银行收据传真，当即书面指示船公司将货物电放（凭提单正本影印件提货）给提单上的通知人。客户将货物提走，货款却未到账。经查，客户在银行办理了电汇付款手续，取得了银行收据，马上传真给卖方，要求立即电放货物，在拿到卖方给船公司的电放指示附件后，即去银行撤销了这笔电汇付款。这次交易造成该公司8万美元的损失。本业务给我们带来的启示是什么？

技能应用

大连佳鸿公司向英国ABC公司出口landies pant商品1 000件，15美元CIF伦敦价，纸箱包装，每箱10件。合同中该货物唛头为：ABC London Nos.1-100，合同规定投保一切险加保战争险。该货物于2022年11月7日由大连港装入"吉祥号"轮直航伦敦。

【考核要求】

请结合本项目内容，缮制一张保险单。

案例分析

1.山东某公司向国外出口一批花生仁，国外客户开来不可撤销信用证，证中的装运条款规定："Shipment from Chinese port to Singapore in May，Partial shipment prohibited"。山东某公司因货源不足，先于5月15日在青岛港将200吨花生仁装"东风"轮，取得一套提单；后又在烟台联系到一批货源，在山东某公司承担相关费用的前提下，该轮船又驶往烟台港装了300吨花生仁，5月20日取得有关提单。然后在信用证有效期内将两套单据交银行议付，银行以分批装运、单证不符为由拒付货款。

【考核要求】

请问：银行的拒付是否合理？为什么？

2.我国某公司对澳大利亚出口1 000吨大豆，国外开来信用证规定：不允许分批装运。结果该公司在规定的期限内分别在大连、新港各装500吨于同一航次的同一船上，提单也注明了不同的装运地和不同的装船日期。

【考核要求】

请问：这是否违约？银行能否议付？

项目实训

【实训项目】

国际贸易单证的缮制

【实训情境】

根据本项目任务一做中学6-2的资料，缮制商业发票、装箱单、普惠制产地证、海运提单、保险单、汇票、装船通知和受益人证明。

【实训要求】

1.结合所学的知识，完成上述做中学的内容。

2.撰写"国际贸易单证的缮制"实训报告。

"国际贸易单证的缮制"实训报告		
项目实训班级：	项目小组：	项目组成员：
实训时间：　　年　　月　　日	实训地点：	实训成绩：
实训目的：		
实训步骤：		
实训结果：		
实训感言：		
不足与今后改进：		
项目组长评定签字：　　　　　　　　　　　　　项目指导教师评定签字：		

项目七

关检融合、单一窗口

知识目标

理解：进出口货物报关单的概念、种类。

熟知：关检融合、统一申报业务准备工作。

掌握：关检融合、单一窗口报关单填制规范。

技能目标

能够独立完成关检融合、统一申报业务准备工作，关检融合、单一窗口报关单填制规范的基本操作技能。能够运用所学的关检融合、单一窗口实务知识研究相关案例，培养和提高学生在特定业务情境中分析问题与决策设计的能力。

思政目标

能够正确地理解"不忘初心"的核心要义和精神实质；树立正确的世界观、人生观和价值观，做到学思用贯通、知信行统一；通过学习"关检融合、单一窗口"知识，培养学生的职业荣誉感，形成良好的职业态度和职业认同；同时，明晰"关检融合和单一窗口"简化了报关程序，操作流程透明化，有利于打击骗取退税行为，不论是对报关行还是对出口企业、货代公司乃至国家，都是一个利好的政策。

项目引例　　　　　制单工作疏漏导致大损失

大连的某公司在2020年12月对出口到马来西亚的一批冷冻鲅鱼进行货物海关报关过程中被查柜，过磅发现重量为8 000吨，但申报的海关报关单上填写的重量为80 000吨，因此，海关对该批货物进行了相关处理。

引例评析：在查验结果与申报不符时，常见的处理方法有以下三种：①删单重报，②上缉私科，③改单。删单重报是指通关管理处主管科长和现场海关科长批准的对已录入海关系统的电子报关单数据进行删除且重新申报的过程。上缉私科是指海关对货物进行查验后，发现实际货物信息与申报信息有重要误差，要求进缉私科协助调查处理的情况。改单是指若海关批准改单，则可以向海关申请修改报关单。

知识精讲

任务一　进出口货物报关单认知

一、进出口货物报关单概述

（一）进出口货物报关单的概念

视频 7-1

证照分离助力
海关货物通关

进出口货物报关单是指进出口货物的收发货人或其代理人，按照海关规定的格式对进出口货物的实际情况做出书面声明，以此要求海关对其货物按适用的海关制度办理通关手续的法律文书。

（二）进出口货物报关单的类别

按进出口状态、表现形式、海关监管方式和用途不同，进出口货物报关可分为以下类型：①按进出口状态，可分为进口货物报关单和出口货物报关单；②按表现形式，可分为纸质报关单和电子数据报关单；③按海关监管方式，可分为进料加工进（出）口货物报关单、来料加工及补偿贸易进（出）口货物报关单、一般贸易及其他贸易进（出）口货物报关单；④按用途，可分为报关单录入凭单、预录入报关单和报关单证明联。

（三）关检融合报关单

1. 出口货物报关单

出口货物报关单的系统操作界面如图 7-1 所示。

2. 进口货物报关单

进口货物报关单的系统操作界面如图 7-2 所示。

（四）进出口货物报关单的法律效力

进出口货物报关单及其他进出境报关单（证）在对外经济贸易活动中具有十分重要的法律效力，是货物的收发货人向海关报告其进出口货物实际情况及适用海关业务制度、申请海关审查并放行货物的必备法律文书。

二、海关对进出口货物报关单填制的一般要求

申报人在填制报关单时，应当依法如实向海关申报，对申报内容的真实性、准确性、完整性和规范性承担相应的法律责任。

（1）报关人必须按照《中华人民共和国海关法》《中华人民共和国海关进出口货物申报管理规定》《中华人民共和国海关进出口货物报关单填制规范》的有关规定和要求，向海关如实填报。

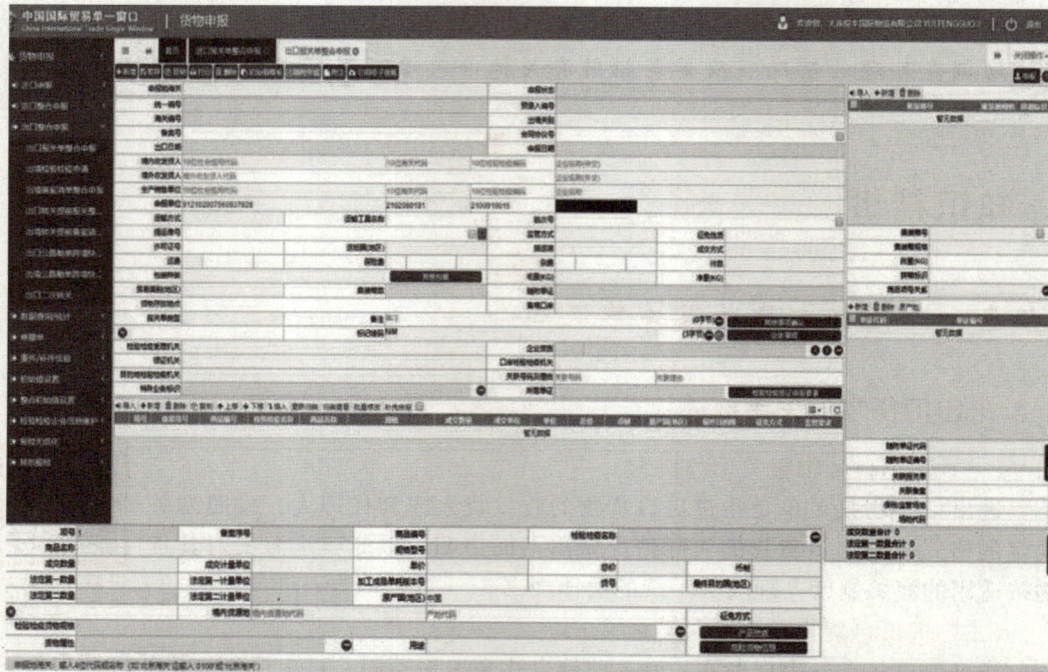

图7-1 出口货物报关单的系统操作界面

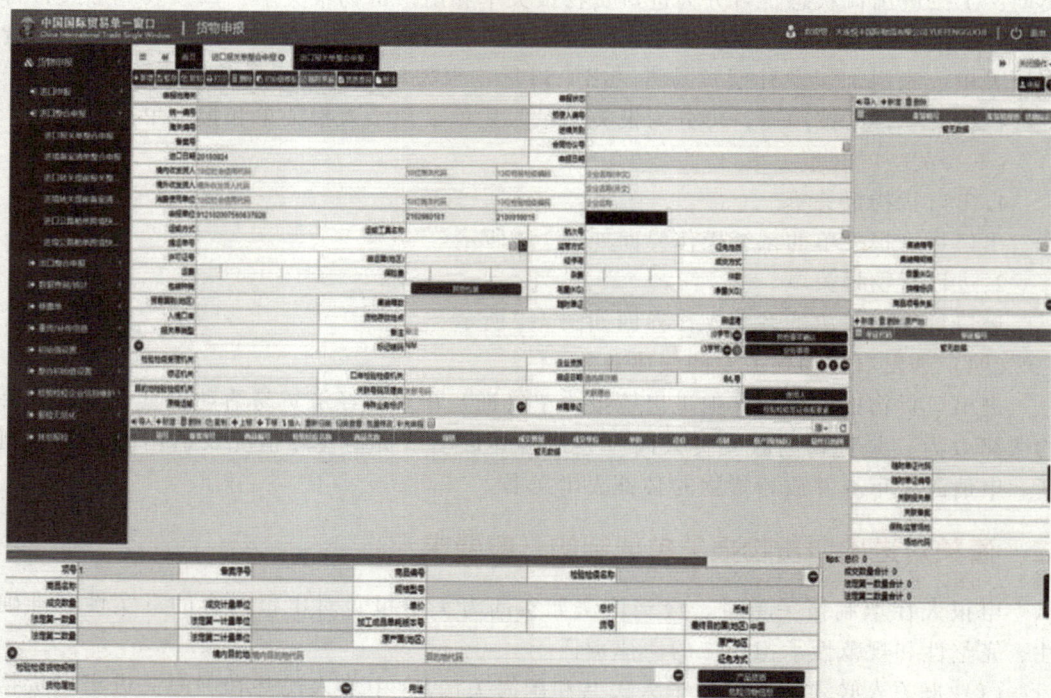

图7-2 进口货物报关单的系统操作界面

（2）报关单的填报必须真实，做到"两个相符"：一是单证相符，二是单货相符。

（3）报关单的填报要准确、齐全、完整、清楚，报关单各栏目内容要逐项详细准确填报（打印），字迹清楚、整洁、端正，不得用铅笔或红色复写纸填写；若有更正，必须在更正项目上加盖校对章。

（4）不同批文或合同的货物、同一货物中不同贸易方式的货物、不同备案号的货物、不同提运单的货物、不同征免性质的货物、不同运输方式或相同运输方式但不同航次的货物等，均应分单填报。一份原产地证书只能对应一份报关单。同一份报关单上的商品不能同时享受协定税率和减免税。在一批货物中，对于实行原产地证书联网管理的，如涉及多份原产地证书或含非原产地证书商品，也应分单填报。

（5）在反映进出口商品情况的项目中，须分项填报的主要有下列几种情况：商品编码不同的、商品名称不同的、原产国（地区）/最终目的国（地区）不同的。

（6）已向海关申报的进出口货物报关单，如原填报内容与实际进出口货物不一致而又有正当理由的，申报人应向海关递交书面更正申请，经海关核准后，对原填报的内容进行更改或撤销。

三、关检融合"整合申报项目"介绍

按照海关总署统一部署，从 2018 年 8 月 1 日起，海关进出口货物将实行整合申报，报关单、报检单合并为一张报关单。此次整合申报项目是关检业务融合标志性的改革举措，将改变企业原有报关流程和作业模式，实现报关报检"一张大表"货物申报。

以下是有关该项目的进一步介绍。

（一）项目主要内容

整合申报项目主要是对海关原报关单申报项目和检验检疫原报检单申报项目进行梳理，报关报检面向企业端整合形成"四个一"，即"一张报关单、一套随附单证、一组参数代码、一个申报系统"。海关总署同步编写并发布了《中华人民共和国海关进出口货物报关单填制规范》（2018 年第 60 号）、《进出口货物报关单和进出境货物备案清单格式》（2018 年第 61 号）、《进出口货物报关单申报电子报文格式》（2018 年第 67 号）等公告。

1. 整合原报关、报检申报数据项

在前期征求各部委、报关协会、部分报关企业意见的基础上，按照"依法依规、去繁就简"的原则，对海关原报关单和检验检疫原报检单申报项目进行梳理整合，通过合并共有项、删除极少使用项，将原报关单、报检单合计 229 个货物申报数据项精简到105 个，大幅减少企业申报项目。

2. 原报关报检单整合成为一张报关单

整合后的新版报关单以原报关单 48 个项目为基础，增加部分原报检内容形成了具有 56 个项目的新报关单打印格式。此次整合对进口、出口货物报关单和进境、出境货物备案清单布局结构进行了优化，版式由竖版改为横版，与国际推荐的报关单样式更加接近，纸质单证全部采用普通打印方式，取消套打，不再印制空白格式单证。修改后的进口、出口货物报关单和进境、出境货物备案清单格式自2018年8月1日起用，原报关单、备案清单同时废止，原入境、出境货物报检单同时停止使用。

3.原报关报检单据单证整合为一套随附单证

整合简化申报随附单证，对企业原报关、报检所需随附单证进行梳理，整理随附单证类别代码及申报要求，整合原报关、报检重复提交的随附单据和相关单证，形成统一的随附单证申报规范。

4.原报关报检参数整合为一组参数代码

对原报关、报检项目涉及的参数代码进行梳理，参照国际标准，实现现有参数代码的标准化。梳理整合后，统一了8个原报关、报检共有项的代码，包括国别（地区）代码、港口代码、币制代码、运输方式代码、监管方式代码、计量单位代码、包装种类代码、集装箱规格代码等。具体参数代码详见：海关总署门户网站→互联网+海关→通关参数→关检融合部分通关参数查询及下载。

5.原报关报检申报系统整合为一个申报系统

在申报项目整合的基础上，将原报关报检的申报系统进行整合，形成一个统一的申报系统。用户由"互联网+海关"、国际贸易"单一窗口"接入。新系统按照整合申报内容对原有报关、报检的申报数据项、参数、随附单据等都进行了调整。

（二）整合原则

海关总署按照在全国通关一体化框架下实现关检业务全面融合的要求，遵循全面融合与平稳过渡相结合、强化监管与简化手续相结合、维护安全与促进便利相结合、防范风险与提升获得感相结合的原则，在企业申报环节以流程整合优化为主线，以信息系统一体化为支撑，以便利企业为目的进一步精简申报项目，参照国际标准，尊重惯例，实现单证统一、代码规范、申报系统整合。

任务二　关检融合、统一申报业务准备

一、"单一窗口"的概念

按照联合国的相关标准，"单一窗口"被定义为：使国际贸易和运输相关各方在单一登记点递交满足全部进口、出口和转口相关监管规定的标准资料和单证的一项措施。单一窗口充分吸取现有数据格式规范、实现数据的简化与便利。（参见《联合国33号建议书：建立国际贸易单一窗口及指南》）

二、"单一窗口"系统

（1）"单一窗口"系统采用网页版的B/S架构模式，无须安装客户端。企业可以随时随地通过网页进行申报操作；

（2）系统环境。①操作系统：Windows 7或10（32位或64位操作系统）；不推荐使用Windows XP系统。②浏览器：Chrome20及以上版本；Internet Explorer 9及以上版本，

推荐使用 IE10 或 11 版本；若用户使用 Windows 7 及以上操作系统，推荐使用 Chrome50 及以上版本；若用户使用 Windows XP 系统，推荐使用 Chrome26 版本的浏览器。

三、"单一窗口"注册前准备工作

"单一窗口"注册前准备工作见表7-1。

表 7-1　　　　　　　　　　　"单一窗口"注册前准备工作

企业中文名称	货物申报企业（报关）
统一社会信用代码	海关注册编码（海关10位编码）
企业法人代表姓名	企业法人卡或 UKEY
法人代表身份证号	报关员卡或 UKEY
操作员姓名	货物申报企业（报检）
操作员身份证号	报检注册号
读卡器	原产地证注册号

四、用户注册

第一步：登录网站，选择所在区域（如图7-3所示）。

图7-3　登录网站，选择所在区域

（1）登录"单一窗口"：https://www.singlewindow.cn。

（2）选择"我要办事"，之后选择用户所在地，例如：辽宁。

第二步：用户注册（如图7-4所示）。

图7-4　用户注册

第三步：企业注册（如图7-5所示）。

图7-5　企业注册

第四步：单一窗口，企业管理员，用户注册（如图7-6所示）。

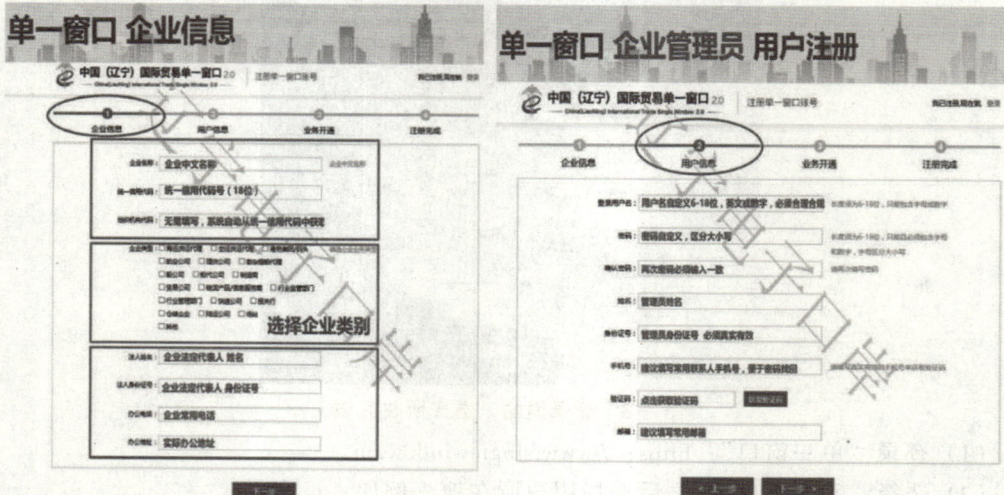

图7-6　单一窗口-企业管理员-用户注册

第五步：单一窗口，业务开通（如图7-7所示）。

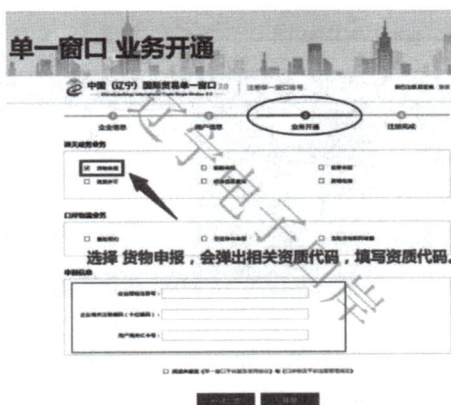

图7-7　单一窗口-业务开通

第六步：单一窗口，企业管理员，注册完成（如图7-8所示）。

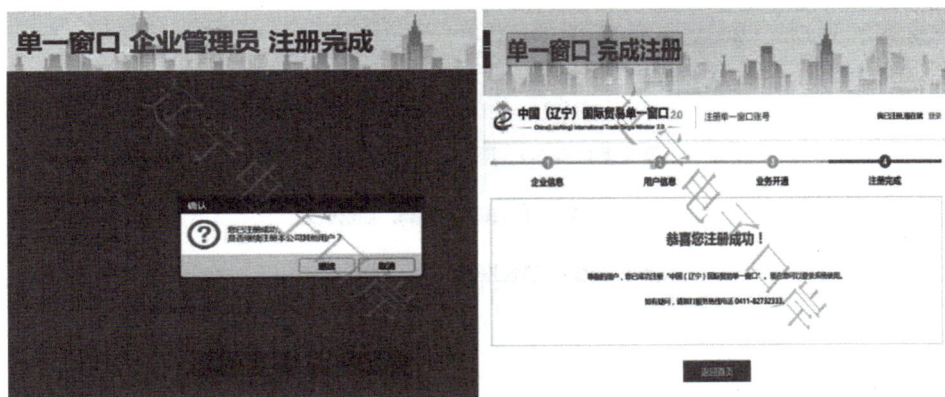

图7-8　单一窗口-企业管理员-注册完成

五、辽宁国际贸易"单一窗口"，货物申报

第一步：选择"货物申报"（如图7-9所示）。

图7-9　选择"货物申报"

第二步：单一窗口，用户登录（如图7-10所示）。

图7-10　单一窗口-用户登录

第三步：单一窗口，首次登录认证（如图7-11所示）。

（1）首次登录标准版，须验证企业用户信息。

（2）点击"获取验证码"，输入验证码，点击验证。

（3）验证通过后，登录系统。

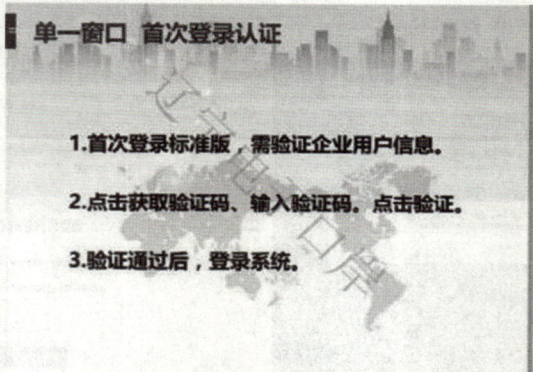

图7-11　单一窗口-首次登录认证

第四步：单一窗口，操作员账号信息管理（如图7-12所示）。

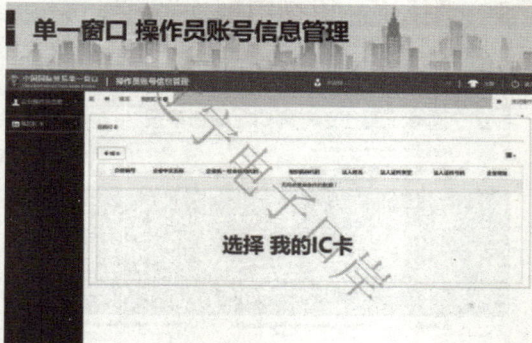

图7-12　单一窗口-操作员账号信息管理

第五步：单一窗口，报关员卡绑定（一）（如图7-13所示）。

图7-13　单一窗口-报关员卡绑定（一）

第六步：单一窗口，报关员卡绑定（二）（如图7-14所示）。

图7-14　单一窗口-报关员卡绑定（二）

第七步：单一窗口，报关员卡绑定（三）（如图7-15所示）。

图7-15　单一窗口-报关员卡绑定（三）

第八步：单一窗口，企业资质绑定（如图7-16所示）。

图7-16　单一窗口-企业资质绑定

第九步：单一窗口，货物申报（如图7-17所示）。

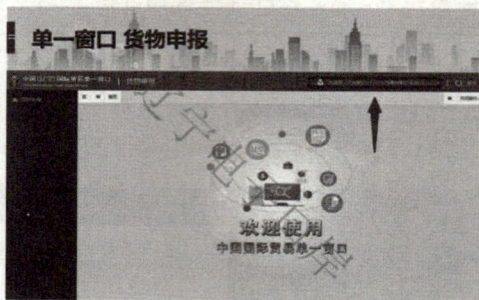

图7-17　单一窗口-货物申报

第十步：单一窗口，企业资质绑定（如图7-18所示）。

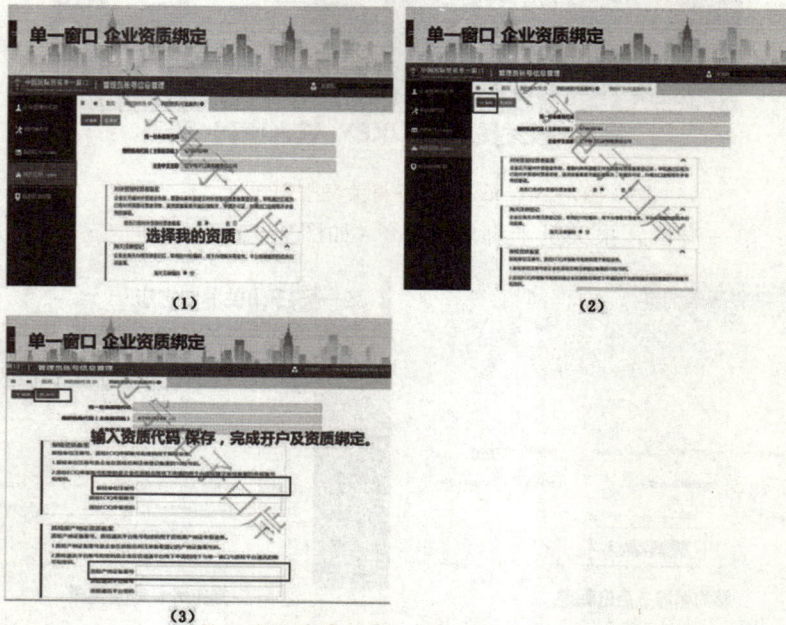

(1)

(2)

(3)

图7-18　单一窗口-企业资质绑定

六、综合查询

最后是综合查询（如图7-19所示）。

图7-19　综合查询

七、"单一窗口"标准版用户手册

"单一窗口"标准版用户手册请扫描右侧二维码。

任务三　关检融合、单一窗口报关单填制规范

一、申报地海关

（1）项目类型。该申报项目为必填项。该项目数据类型为4位字符型。

（2）录入要求。根据报关人员在货物进出口时的自主选择，填报海关规定的《关区代码表》中相应海关的名称及代码。例如：选择"广州机场"为申报地海关时，应录入"5141"。

注意：申报地海关的关别代码后两位不能为"00"。

（3）编码规则。

《关区代码表》由三部分组成：①关区代码：由4位数字组成，前两位采用直属海关关别代码，后两位为隶属海关或海关监管场所的代码。②关区名称：直属海关、隶属海关或海关监管场所的中文名称。③关区简称：关区的中文简称，一般为4个汉字。

（4）其他说明。

其包括：①项目沿革。该项目为原报关项目的"申报地海关"，录入要求无变化。②其他。

二、进出境关别

（1）项目类型。该申报项目为必填项。该项目数据类型为4位字符型。

（2）录入要求。根据货物实际进出境的口岸海关，填报海关规定的《关区代码表》中相应口岸海关的名称及代码。例如：货物实际进出境的口岸海关为"广州机场"时，则录入"5141"。

（3）编码规则。《关区代码表》由三部分组成，即关区代码、关区名称和关区简称。

（4）其他说明。

其包括：①项目沿革。该项目为原报关项目的"进/出口岸"，现更名为"进出境关别"，录入要求无变化。②其他。无。

同步案例 7-1

丹东某机械公司进口一批塑料垫圈，进口货物空运到大连机场。已知丹东海关的关区代码为0930，大连海关的关区代码为0900，大连机场的关区代码为0902。请问这批货物的进口口岸应怎样填写？

同步案例 7-1

分析提示

三、备案号

（1）项目类型。该申报项目为选填项。该项目数据类型为12位字符型。

（2）录入要求。填报进出口货物收发货人、消费使用单位、生产销售单位在海关办理加工贸易合同备案或征、减、免税审核确认等手续时，海关核发的"加工贸易手册"、海关特殊监管区域和保税监管场所保税账册、"征免税证明"或其他备案审批文件的编号。

（3）编码规则。备案号为12位字符，结构如下：

第一，第1位为备案或审批文件的标记。A为外商投资企业为生产内销产品进口料件。B为来料加工进出口货物。C为进料加工进出口货物。D为加工贸易不作价进口设备。E为加工贸易电子账册。G为加工贸易深加工结转异地报关手册。F为加工贸易异地报关手册。H为出口加工区电子账册。J为保税仓库记账式电子账册。K为保税仓库备案式电子账册。Y为原产地证书。Z为"征免税证明"。Q为汽车零部件电子账册。

第二，第2～5位为核发"加工贸易手册""征免税证明"等的海关关区代码。

第三，第6位为年份最后一位，出口加工区设备电子账册第6位为"D"。

第四，第7位区分不同类型分别定义：①保税仓库电子账册（K、J）第7位为保税仓库类型代码；②"加工贸易手册"第7位为企业经济类别代码；③深加工结转分册第7位为"H"，用于出口加工区深加工结转分册；④"征免税证明"第7位为归档标志。

第五，第8～12位数为顺序码。

（4）其他说明。

其包括：①项目沿革。该项目为原报关项目的"备案号"。②其他。无。

同步案例7-2

同步案例7-2

分析提示

中国矿产钢铁有限公司（110891××××）订购进口一批热拔合金钢无缝锅炉管（属法定检验检疫和自动进口许可管理商品，法定计量单位为千克），委托辽宁抚顺辽抚锅炉厂有限责任公司（210491××××）制造出口锅炉。载货运输工具于2019年4月10日申报进境，次日辽宁龙信国际货运公司（210298××××）持经营单位登记手册和相关单证向大连大窑湾海关申报货物进口，保险费率为3‰。

四、征免性质

（1）项目类型。该申报项目为选填项。该项目数据类型为3位字符型。

（2）录入要求。根据实际情况，按海关规定的《征免性质代码表》选择填报相应的征免性质简称及代码，持有海关核发的"征免税证明"的，按照"征免税证明"中批注的征免性质填报。

录入时可根据下拉菜单选择征免性质或按海关规定的《征免性质代码表》录入相应的征免性质代码。例如：一般征税的货物，下拉菜单时可选择"101—一般征税"或录入"101"，栏目自动生成"一般征税"。

一份报关单只允许填报一种征免性质。

（3）编码规则。

无。参数表：《征免性质代码表》。

（4）其他说明。

其包括：①项目沿革。该项目为原报关项目的"征免性质"。②其他。无。

五、许可证号

（1）项目类型。该申报项目为选填项。该项目数据类型为字符型，最多支持录入20位。

（2）录入要求。填报进（出）口许可证、两用物项和技术进（出）口许可证、两用物项和技术出口许可证（定向）、纺织品临时出口许可证、出口许可证（加工贸易）、出口许可证（边境小额贸易）的编号。

注意：一份报关单只允许填报一个许可证号。

（3）编码规则。

无。

（4）其他说明。

其包括：①项目沿革。该项目为原报关项目的"许可证号"，录入要求无变化。②其他。无。

六、件数

（1）项目类型。该申报项目为必填项。该项目数据类型为数值型，最多支持录入9位。

（2）录入要求。填报进出口货物运输包装的件数（按运输包装计），不得填报为"0"，裸装货物填报为"1"。运输包装是指提运单所列货物件数单位对应的包装。

注意：①舱单件数为集装箱的，填报集装箱个数；②舱单件数为托盘的，填报托盘数。

（3）编码规则。无。

（4）其他说明。

其包括：①项目沿革。该项目为原报关项目的"件数"，录入要求无变化。②其他。无。

七、毛重

（1）项目类型。该申报项目为必填项。该项目数据类型为数值型，最多支持录入19位，19位中小数点后最多支持录入5位。

（2）录入要求。填报进出口货物及其包装材料的重量之和，计量单位为千克，不足1千克的填报为"1"。

注意：报关单毛重栏目不得为空，毛重应大于或等于1，不得为"0"。

（3）编码规则。无。

（4）其他说明。

其包括：①项目沿革。该项目为原报关项目的"毛重"，录入要求无变化。②其他。无。

八、净重

（1）项目类型。该申报项目为必填项。该项目数据类型为数值型，最多支持录入19位，19位中小数点后最多支持录入5位。

（2）录入要求。填报进出口货物的毛重减去外包装材料后的重量，即货物本身的实际重量，计量单位为千克，不足1千克的填报为"1"。

注意：报关单净重栏目不得为空，净重应大于或等于1，不得为"0"。

（3）编码规则。无。

（4）其他说明。

其包括：①项目沿革。该项目为原报关项目的"净重"，录入要求无变化。②其他。无。

九、成交方式

（1）项目类型。该申报项目为必填项。该项目数据类型为1位字符型。

（2）录入要求。根据进出口货物实际成交价格条款，按海关规定的《成交方式代码表》选择填报相应的成交方式代码。例如：该货物的成交方式为CIF，下拉菜单时可选择"1-CIF"或录入"1"，栏目自动生成"CIF"。

注意：无实际进出境的货物，进口录入CIF，出口录入FOB。

（3）编码规则。

参数表：《成交方式代码表》。

（4）其他说明。

其包括：①项目沿革。该项目为原报关项目的"成交方式"，录入要求无变化。②其他。无。

十、运费标记

（1）项目类型。该申报项目为选填项。该项目数据类型为1位字符型。

（2）录入要求。运费为进口货物运抵我国境内输入地点起卸前的运输费用，出口货物运至我国境内输出地点装载后的运输费用。运费可按运费单价、总价或运费率三种方式之一填报。

"运费"项下第一栏为"运费标记"栏。

当按照运费率申报时，"运费标记"栏选择填报"1-率"；当按照每吨货物的运费单价申报时，"运费标记"栏选择填报"2-单价"；当按照运费总价申报时，"运费标记"栏选择填报"3-总价"。

（3）编码规则。参数表：《运费标记代码表》。

（4）其他说明。

其包括：项目沿革。该项目为原报关项目的"运费标记"，录入要求无变化。其他。无。

十一、运费/率

（1）项目类型。该申报项目为选填项。该项目数据类型为数值型，最多支持录入19位，19位中小数点后最多支持录入5位。

（2）录入要求。运费为进口货物运抵我国境内输入地点起卸前的运输费用，出口货物运至我国境内输出地点装载后的运输费用。运费可按运费单价、总价或运费率三种方式之一填报。

"运费"项下第二栏为"运费/率"栏。

当"运费标记"为"1-率"时，在本栏填报运费率；当"运费/率"为"2-单价"时，在本栏填报运费单价；当"运费/率"为"3-总价"时，在本栏填报运费总价。

（3）编码规则。无。

（4）其他说明。

其包括：项目沿革。该项目为原报关项目的"运费/率"，录入要求无变化。其他。无。

十二、运费币制

（1）项目类型。该申报项目为选填项。该项目数据类型为3位字符型。

（2）录入要求。运费为进口货物运抵我国境内输入地点起卸前的运输费用，出口货物运至我国境内输出地点装载后的运输费用。运费可按运费单价、总价或运费率三种方式之一填报。

"运费"项下第三栏为"运费币制"栏。

当"运费标记"为"1-率"时，本栏免予录入；当"运费标记"为"2-单价"或"3-总价"时，本栏按海关规定的《货币代码表》录入相应的币种代码。

（3）编码规则。《GB/T 12406-2008 表示货币和资金的代码》。注意：原海关《货币代码表》和原检验检疫《货币代码表》采用3位数字，新修订的《货币代码表》采用3位字母。例如：运费币制为美元，"运费币制"应录入"USD"而非原海关代码"502"或原检验检疫代码"840"。参数表：《货币代码表》。

（4）其他说明。

其包括：①项目沿革。该项目为原报关项目的"运费币制"。②其他。无。

十三、保险费标记

（1）项目类型。该申报项目为选填项。该项目数据类型为1位字符型。

（2）录入要求。保险费为进口货物运抵我国境内输入地点起卸前的保险费用，出口货物运至我国境内输出地点装载后的保险费用。保险费可按保险费总价或保险费率两种方式之一填报。

"保险费"项下第一栏为"保险费标记"栏。

当按照保险费率申报时，"保险费标记"栏选择填报"1-率"；当按照保险费总价申报时，"保险费标记"栏选择填报"3-总价"。

（3）编码规则。参数表：《保费标记代码表》。

（4）其他说明。

其包括：①项目沿革。该项目为原报关项目的"保险费标记"，录入要求无变化。②其他。无。

十四、保险费/率

（1）项目类型。该申报项目为选填项。该项目数据类型为数值型，最多支持录入19位，19位中小数点后最多支持录入5位。

（2）录入要求。保险费为进口货物运抵我国境内输入地点起卸前的保险费用，出口货物运至我国境内输出地点装载后的保险费用。保险费可按保险费总价或保险费率两种方式之一填报。

"保险费"项下第二栏为"保险费/率"栏。

当"保险费标记"为"1-率"时，在本栏填报保险费率；当"保险费标记"为

"3-总价"时，在本栏填报保险费总价。

（3）编码规则。无。

（4）其他说明。

其包括：①项目沿革。该项目为原报关项目的"保险费/率"，录入要求无变化。②其他。无。

十五、保险费币制

（1）项目类型。该申报项目为选填项。该项目数据类型为3位字符型。

（2）录入要求。保险费为进口货物运抵我国境内输入地点起卸前的保险费用，出口货物运至我国境内输出地点装载后的保险费用。保险费可按保险费总价或保险费率两种方式之一填报。

"保险费"项下第三栏为"保险费币制"栏。

当"保险费币制"为"3-总价"时，本栏按海关规定的《货币代码表》录入相应的币种代码；当"保险费币制"为"1-率"时，本栏无须填报。

（3）编码规则。具体规则：《GB/T 12406-2008 表示货币和资金的代码》。参数表：《货币代码表》。

（4）其他说明。

其包括：①项目沿革。该项目为原报关项目的"保险费币制"。②其他。无。

十六、杂费标记

（1）项目类型。该申报项目为选填项。该项目数据类型为1位字符型。

（2）录入要求。杂费为成交价格以外的、按照《中华人民共和国进出口关税条例》相关规定应计入完税价格或应从完税价格中扣除的费用。

杂费可按杂费总价或杂费率两种方式之一填报。

"杂费"项下第一栏为"杂费标记"栏。

当按照杂费率申报时，"杂费标记"栏选择填报"1-率"；当按照杂费总价申报时，"杂费标记"栏选择填报"3-杂费总价"。

（3）编码规则。参数表：《杂费标记代码表》。

（4）其他说明。

其包括：①项目沿革。该项目为原报关项目的"杂费标记"，录入要求无变化。②其他。无。

十七、杂费/率

（1）项目类型。该申报项目为选填项。该项目数据类型为数值型，最多支持录入19位，19位中小数点后最多支持录入5位。

（2）录入要求。杂费为成交价格以外的、按照《中华人民共和国进出口关税条例》相关规定应计入完税价格或应从完税价格中扣除的费用。杂费可按杂费总价或杂费率两种方式之一填报。

"杂费"项下第二栏为"杂费/率"栏。

当"杂费标记"为"1-率"时，在本栏填报杂费率；当"杂费标记"为"3-杂费总价"时，在本栏填报杂费总价。

（3）编码规则。无。

（4）其他说明。

其包括：①项目沿革。该项目为原报关项目的"杂费/率"，录入要求无变化。②其他。无。

十八、杂费币制

（1）项目类型。该申报项目为选填项。该项目数据类型为3位字符型。

（2）录入要求。杂费为成交价格以外的、按照《中华人民共和国进出口关税条例》相关规定应计入完税价格或应从完税价格中扣除的费用。杂费可按杂费总价或杂费率两种方式之一填报。

"杂费"项下第三栏为"杂费币制"栏。

当"杂费标记"栏为"3-杂费总价"时，本栏按海关规定的《货币代码表》录入相应的币种代码；当"杂费标记"栏为"1-率"时，本栏无须填报。

（3）编码规则。具体规则：《GB/T 12406-2008 表示货币和资金的代码》。参数表：《货币代码表》。

（4）其他说明。

其包括：①项目沿革。该项目为原报关项目的"杂费币制"。②其他。无。

十九、随附单证代码

（1）项目类型。该申报项目为选填项。该项目数据类型为1位字符型。

（2）录入要求。除进（出）口许可证、两用物项和技术进（出）口许可证、两用物项和技术出口许可证（定向）、纺织品临时出口许可证、出口许可证（加工贸易）、出口许可证（边境小额贸易）以外的其他进出口许可证件或监管证件，按海关规定的《监管证件代码表》选择填报相应证件代码。

（3）编码规则。参数表：《监管证件代码表》。

（4）其他说明。

其包括：①项目沿革。该项目为原报关项目的"随附单证代码"，录入要求无变化。②其他。无。

二十、随附单证编号

（1）项目类型。该申报项目为选填项。该项目数据类型为字符型，最多支持录入32位。

（2）录入要求。除进（出）口许可证、两用物项和技术进（出）口许可证、两用物项和技术出口许可证（定向）、纺织品临时出口许可证、出口许可证（加工贸易）、出口许可证（边境小额贸易）以外的其他进出口许可证件或监管证件，填报证件编号。

（3）编码规则。参数表：《监管证件代码表》。

（4）其他说明。

其包括：①项目沿革。该项目为原报关项目的"随附单证编号"，录入要求无变化。②其他。无。

二十一、随附单据

（1）项目类型。该申报项目为选填项。该项目数据类型为8位字符型。

（2）录入要求。"报关单类型"为"通关无纸化"的报关单需根据海关各类监管要求，上传相关随附单据。

上传随附单据时，需按海关规定的《随附单据表》录入相应的随附单据编号。例如，上传合同时，"随附单据"需录入"00000004"。

（3）编码规则。参数表：《随附单据表》。

（4）其他说明。

其包括：①项目沿革。该项目为原报关项目的"随附单据"与原报检项目的"随附单据编号""随附单据名称""随附单据类别代码"。②其他。无。

二十二、关联报关单

（1）项目类型。该申报项目为选填项。该项目数据类型为18位字符型。

（2）录入要求。与本报关单有关联关系的，同时在业务管理规范方面又要求填报的报关单号，填报在电子数据报关单中"关联报关单"栏。

（3）编码规则。无。

（4）其他说明。

其包括：①项目沿革。该项目为原报关项目的"关联报关单"，录入要求无变化。②其他。无。

二十三、关联备案

（1）项目类型。该申报项目为选填项。该项目数据类型为12位字符型。

（2）录入要求。与本报关单有关联关系的，同时在业务管理规范方面又要求填报的备案号，填报在电子数据报关单中"关联备案"栏。

（3）编码规则。无。

（4）其他说明。

其包括：①项目沿革。该项目为原报关项目的"关联备案"，录入要求无变化。②其他。无。

二十四、备案序号

（1）项目类型。该申报项目为选填项，该项目数据类型为数值型，最多支持录入19位。

（2）录入要求。"项号"第二行填报"备案序号"，专用于加工贸易、减免税等已备案、审批的货物，填报和打印该项货物在"加工贸易手册"或"征免税证明"等备案、审批单证中的顺序编号。

（3）编码规则。无。

（4）其他说明。

其包括：①项目沿革。该项目为原报关项目的"备案序号"，录入要求无变化。②其他。无。

二十五、规格型号

（1）项目类型。该申报项目为必填项。该项目数据类型为字符型，最多支持录入255位。

（2）录入要求。具体填报要求如下：

第一，规格型号应据实填报，并与进出口货物收发货人或受委托的报关企业所提交的合同、发票等相关单证相符。

第二，规格型号应当足够详细，以能满足海关归类、审价及许可证件管理要求为准，可参照《中华人民共和国海关进出口商品规范申报目录》中对规格型号的要求进行填报。

第三，对需要海关签发"货物进口证明书"的车辆，商品名称栏填报"车辆品牌+排气量（注明cc）+车型（如越野车、小轿车等）"。进口汽车底盘不填报排气量。车辆品牌按照《进口机动车辆制造厂名称和车辆品牌中英文对照表》中"签注名称"一栏的要求填报。规格型号栏可填报"汽油型"等。

第四，由同一运输工具同时运抵同一口岸并且属于同一收货人、使用同一提单的多种进口货物，按照商品归类规则应当归入同一商品编号的，应当将有关商品一并归入该商品编号。规格型号填报一并归类后商品的规格型号。

第五，加工贸易边角料和副产品内销、边角料复出口，填报其报验状态的规格型号。

第六，进口货物收货人以一般贸易方式申报进口属于《需要详细列名申报的汽车零部件清单》（海关总署2006年第64号公告）范围内的汽车生产件的，规格型号填报汽车零部件的完整编号。在零部件编号前应当加注"S"字样，并与零部件编号之间用"/"相隔，零部件编号之后应当依次加注该零部件适用的汽车品牌和车型。汽车零部件属于可以适用于多种汽车车型的通用零部件的，零部件编号后应当加注"TY"字样，并用"/"与零部件编号相隔。与进口汽车零部件规格型号相关的其他需要申报的要素，或者海关规定的其他需要申报的要素，如"功率""排气量"等，应当在车型或"TY"之后填报，并用"/"与之相隔。

第七，进口货物收货人以一般贸易方式申报进口属于《需要详细列名申报的汽车零部件清单》（海关总署2006年第64号公告）范围内的汽车维修件的，填报规格型号时，应当在零部件编号前加注"W"，并与零部件编号之间用"/"相隔；进口维修件的品牌与该零部件适用的整车厂牌不一致的，应当在零部件编号前加注"WF"，并与零部件编号之间用"/"相隔。其余申报要求同上条执行。

第八，品牌类型。品牌类型为必填项目。可选择"无品牌""境内自主品牌""境内收购品牌""境外品牌（贴牌生产）""境外品牌（其他）"如实填报。其中，"境内自主品牌"是指由境内企业自主开发、拥有自主知识产权的品牌；"境内收购品牌"是指境内企业收购的原境外品牌；"境外品牌（贴牌生产）"是指境内企业代工贴牌生产中使用的境外品牌；"境外品牌（其他）"是指除代工贴牌生产以外使用的境外品牌。

第九，出口享惠情况。出口享惠情况为出口报关单必填项目。可选择"出口货物在最终目的国（地区）不享受优惠关税""出口货物在最终目的国（地区）享受优惠关税""出口货物不能确定在最终目的国（地区）享受优惠关税"如实填报。进口货物报关单不填报该申报项。

（3）编码规则。无。

（4）其他说明。

其包括：①项目沿革。该项目为原报关项目的"规格型号"。②其他。无。

二十六、成交数量

（1）项目类型。该申报项目为必填项。该项目数据类型为数值型，最多支持录入19位，19位中小数点后最多支持录入5位。

（2）录入要求。填报货物实际成交的数量。

（3）编码规则。无。

（4）其他说明。

其包括：①项目沿革。该项目为原报关项目的"申报数量"，现改名为"成交数量"，录入要求无变化。②其他。无。

二十七、成交计量单位

（1）项目类型。该申报项目为必填项。该项目数据类型为3位字符型。

（2）录入要求。通过下拉菜单选择货物实际成交所用的计量单位。例如，成交单位为"台"，则通过下拉菜单选择"001-台"。

注意：①已备案的加工贸易及保税货物，成交计量单位必须与"加工贸易手册"中同项号下货物的计量单位一致，加工贸易边角料和副产品内销、边角料复出口，填报其报验状态的计量单位。②优惠贸易协定项下进出口商品的成交计量单位必须与原产地证书上对应商品的计量单位一致。

（3）编码规则。参数表：《计量单位代码表》。

（4）其他说明。

其包括：①项目沿革。该项目为原报关项目的"成交单位"，现改名为"成交计量单位"，录入要求无变化。②其他。无。

二十八、法定第二数量

（1）项目类型。该申报项目为选填项。该项目数据类型为数值型，最多支持录入19位，19位中小数点后最多支持录入5位。

（2）录入要求。凡列明法定第二计量单位的，按照法定第二计量单位填报对应的数量。无法定第二计量单位的，无须录入。

（3）编码规则。无。

（4）其他说明。

其包括：①项目沿革。该项目为原报关项目的"法定第二数量"，录入要求无变化。②其他。无。

二十九、最终目的国（地区）

（1）项目类型。该申报项目为必填项。该项目数据类型为3位字符型。

（2）录入要求。按海关规定的《国别（地区）代码表》选择填报已知的进出口货物的最终实际消费、使用或进一步加工制造国别（地区）。

（3）编码规则。海关总署根据国家标准修订的《国别（地区）代码表》由3位英文构成。

注意：原海关和原检验检疫《国别（地区）代码表》均由3位数字构成，修订后的代码由3位英文字母构成。例如，原海关《国别（地区）代码表》中美国代码为"502"，原检验检疫《国别（地区）代码表》中美国代码为"840"，修订后《国别（地区）代码表》中美国代码为"USA"。

参数表：《国别（地区）代码表》。

（4）其他说明。

其包括：①项目沿革。该项目为原报关项目的"最终目的国（地区）"，录入要求无变化。②其他。无。

三十、征免方式

（1）项目类型。该申报项目为必填项。该项目数据类型为1位字符型。

（2）录入要求。按照海关核发的"征免税证明"或有关政策规定，对报关单所列每项商品选择海关规定的《征减免税方式代码表》中相应的征减免税方式填报。

（3）编码规则。参数表：《征减免税方式代码表》。

（4）其他说明。

其包括：①项目沿革。该项目为原报关项目的"征免方式"，录入要求无变化。②其他。无。

三十一、特殊关系确认

（1）项目类型。该申报项目为选填项。该项目数据类型为1位字符型。

（2）录入要求。根据《中华人民共和国海关审定进出口货物完税价格办法》（以下简称《审价办法》）第16条，填报确认进出口行为中买卖双方是否存在特殊关系，有下列情形之一的，应当认为买卖双方存在特殊关系，应在下拉菜单中选择"1-是"，反之则选择"0-否"：①买卖双方为同一家族成员的；②买卖双方互为商业上的高级职员或者董事的；③一方直接或者间接地受另一方控制的；④买卖双方都直接或者间接地受第三方控制的；⑤买卖双方共同直接或者间接地控制第三方的；⑥一方直接或者间接地拥有、控制或者持有对方5%以上（含5%）公开发行的有表决权的股票或者股份的；⑦一方是另一方的雇员、高级职员或者董事的；⑧买卖双方是同一合伙的成员的。

买卖双方在经营上相互有联系，一方是另一方的独家代理、独家经销或者独家受让人，如果符合前款的规定，也应当视为存在特殊关系。

（3）编码规则。无。

（4）其他说明。

其包括：①项目沿革。该项目为原报关项目的"特殊关系确认"，录入要求无变化。②其他。无。

三十二、价格影响确认

（1）项目类型。该申报项目为选填项。该项目数据类型为1位字符型。

（2）录入要求。根据《审价办法》第17条，填报确认纳税义务人是否可以证明特殊关系未对进口货物的成交价格产生影响，纳税义务人能证明其成交价格与同时或者大约同时发生的下列任何一款价格相近的，应当视为特殊关系未对成交价格产生影响，在下拉菜单中选择"0-否"，反之则选择"1-是"：①向境内无特殊关系的买方出售的相同或者类似进口货物的成交价格。②按照《审价办法》第23条的规定所确定的相同或者类似进口货物的完税价格。③按照《审价办法》第25条的规定所确定的相同或者类似进口货物的完税价格。

注意：出口货物免予填报，加工贸易及保税监管货物（内销保税货物除外）免予填报。

（3）编码规则。无。

（4）其他说明。

其包括：①项目沿革。该项目为原报关项目的"价格影响确认"，录入要求无变化。②其他。无。

三十三、与货物有关的特许权使用费支付确认

（1）项目类型。该申报项目为选填项。该项目数据类型为1位字符型。

（2）录入要求。根据《审价办法》第11条和第13条，填报确认买方是否存在向卖

方或者有关方直接或者间接支付与进口货物有关的特许权使用费，且未包括在进口货物的实付、应付价格中。通过下拉菜单方式选择填报。

买方存在需向卖方或者有关方直接或者间接支付特许权使用费，且未包含在进口货物实付、应付价格中，并且符合《审价办法》第13条的，选择"1-是"。

买方存在需向卖方或者有关方直接或者间接支付特许权使用费，且未包含在进口货物实付、应付价格中，但纳税义务人无法确认是否符合《审价办法》第13条的，选择"1-是"。

买方存在需向卖方或者有关方直接或者间接支付特许权使用费且未包含在实付、应付价格中，纳税义务人根据《审价办法》第13条，可以确认需支付的特许权使用费与进口货物无关的，选择"0-否"。

买方不存在向卖方或者有关方直接或者间接支付特许权使用费的，或者特许权使用费已经包含在进口货物实付、应付价格中的，选择"0-否"。

（3）编码规则。无。

（4）其他说明。

其包括：①项目沿革。该项目为原报关项目的"支付特许权使用费确认"，录入要求无变化。②其他。无。

三十四、报关单类型

（1）项目类型。该申报项目为必填项。该项目数据类型为1位字符型。

（2）录入要求。有纸报关通过下拉菜单选择"0-有纸报关"，有纸带清单报关选择"L-有纸带清单报关"，无纸带清单报关选择"D-无纸带清单报关"，通关无纸化选择"M-通关无纸化"。

（3）编码规则。无。

（4）其他说明。

其包括：①项目沿革。该项目为原报关项目的"报关单类型"，录入要求无变化。②其他。无。

三十五、自报自缴

（1）项目类型。该申报项目为选填项。该项目数据类型为1位字符型。

（2）录入要求。进出口企业、单位采用"自主申报、自行缴税"（自报自缴）模式向海关申报时，勾选本项目；反之则不勾选。

（3）编码规则。无。

（4）其他说明。

其包括：①项目沿革。该项目为原报关项目的"自报自缴"，录入要求无变化。②其他。无。

三十六、自主报税

（1）项目类型。该申报项目为选填项。该项目数据类型为1位字符型。

（2）录入要求。进出口企业、单位采用"自主申报、自行缴税"（自报自缴）模式向海关申报时，勾选本栏目；反之则不勾选。

（3）编码规则。无。

（4）其他说明。

其包括：①项目沿革。该项目为原报关项目的"自主报税"，录入要求无变化。②其他。无。

三十七、担保验放

（1）项目类型。该申报项目为选填项。该项目数据类型为1位字符型。

（2）录入要求。进出口企业、单位采用"担保验放"模式向海关申请通关放行，勾选本栏目；反之则不勾选。

（3）编码规则。无。

（4）其他说明。

其包括：①项目沿革。该项目为原报关项目的"担保验放"，录入要求无变化。②其他。无。

三十八、税单无纸化

（1）项目类型。该申报项目为选填项。该项目数据类型为1位字符型。

（2）录入要求。进出口企业、单位采用"税单无纸化"模式向海关申报时，勾选本栏目；反之则不勾选。

（3）编码规则。无。

（4）其他说明。

其包括：①项目沿革。该项目为原报关项目的"税单无纸化"，录入要求无变化。②其他。无。

三十九、保税监管场所

（1）项目类型。该申报项目为选填项。该项目数据类型为字符型，最长支持录入10位。

（2）录入要求。保税监管场所进出货物，在"保税监管场所"栏目填报本保税监管场所编码（保税物流中心（B型）填报本中心的国内地区代码），其中涉及货物在保税监管场所间流转的，在本栏目填报对方保税监管场所代码。

（3）编码规则。无。

（4）其他说明。

其包括：①项目沿革。该项目为原报关项目的"保税/监管场所"，录入要求无变化。②其他。无。

四十、货场代码

（1）项目类型。该申报项目为选填项。该项目数据类型为4位字符型。

（2）录入要求。按照进出口货物海关实际监管点，根据海关规定的《海关货场代码表》准确填报本栏目。黄埔海关专用。

（3）编码规则。参数表：《海关货场代码表》。

（4）其他说明。

其包括：①项目沿革。该项目为原申报项目的"货场代码"，录入要求无变化。②其他。无。

四十一、货号

（1）项目类型。该申报项目为选填项。该项目数据类型为字符型，最长支持录入30位。

（2）录入要求。申报加工贸易货物进出口报关单时，根据"加工贸易手册"中备案的料件、成品货号填报本栏目。

（3）编码规则。无。

（4）其他说明。

其包括：①项目沿革。该项目为原报关项目的"货号"，录入要求无变化。②其他。无。

四十二、加工成品单耗版本号

（1）项目类型。该申报项目为选填项。该项目数据类型为8位字符型。

（2）录入要求。申报加工贸易货物出口报关单时，系统自动返填与"加工贸易手册"中备案成品单耗一致的版本号。

（3）编码规则。无。

（4）其他说明。

其包括：①项目沿革。该项目为原报关项目的"加工成品单耗版本号"，录入要求无变化。②其他。无。

四十三、境内收发货人

（1）项目类型。该申报项目为必填项。该项目数据类型为18位字符型。

（2）录入要求。填报在海关备案的对外签订并执行进出口贸易合同的中国境内法人、其他组织名称及编码。编码填报18位法人和其他组织统一社会信用代码，没有统一社会信用代码的，填报其在海关的备案编码。进口填"境内收货人"，出口填"境内发货人"。人工录入企业代码后，系统自动返填企业中文名称。

（3）编码规则。无。

（4）其他说明。

其包括：①项目沿革。该项目为原海关与原报检项目的"收发货人"，现改名为"境内收发货人"。②其他。无。

职场指南 7-1

如何填写境内
收发货人编码

四十四、进出口日期

（1）项目类型。该申报项目为必填项。该项目数据类型为8位字符型。

（2）录入要求。进口日期填报运载进口货物的运输工具申报进境的日期。出口日期是指运载出口货物的运输工具办结出境手续的日期，在申报时免予填报。无实际进出境的货物，填报海关接受申报的日期。

进口日期为人工录入，入库后系统自动返填；出口日期在申报时免予填报，入库后系统自动返填。

本栏目为8位数字，顺序为年（4位）、月（2位）、日（2位），格式为"YYYYMMDD"。

（3）编码规则。无。

（4）其他说明。

其包括：①项目沿革。该项目为原报关项目的"进出口日期"和原报检项目的"到货发货日期"，现合并为"进出口日期"。录入要求无变化。②其他。无。

四十五、运输方式

（1）项目类型。该申报项目为必填项。该项目数据类型为1位字符型。

（2）录入要求。运输方式包括实际运输方式和海关规定的特殊运输方式，前者是指货物实际进出境的运输方式，按进出境所使用的运输工具分类；后者是指货物无实际进出境的运输方式，按货物在境内的流向分类。

根据货物实际进出境的运输方式或货物在境内流向的类别，按照海关规定的《运输方式代码表》选择填报相应的运输方式。

（3）编码规则。参数表：《运输方式代码表》。

（4）其他说明。

其包括：①项目沿革。该项目为原报关和原报检项目的"运输方式"，现合并为"运输方式"。②其他。进出境旅客随身携带的货物，填报"旅客携带"（代码L）和以固定设施（包括输油、输水管道和输电网等）运输货物的，填报"固定设施运输"（代码G）为新增运输方式。

四十六、运输工具名称

（1）项目类型。该申报项目为有条件必填项。该项目数据类型为字符型，最多支持录入32位。

（2）录入要求。填报载运货物进出境的运输工具名称或编号。填报内容应与运输部门向海关申报的舱单（载货清单）所列相应内容一致。

（3）编码规则。无。

（4）其他说明。

其包括：①项目沿革。该项目为原报关和原报检项目的"运输工具名称"，合并为"运输工具名称"。②其他。无。

四十七、航次号

（1）项目类型。该申报项目为有条件必填项，在货物实际进出境时触发必填项。该项目数据类型为字符型，最多支持录入32位。

（2）录入要求。填报载运货物进出境的航次号。填报内容应与运输部门向海关申报的舱单（载货清单）所列相应内容一致。

（3）编码规则。无。

（4）其他说明。

其包括：①项目沿革。该项目为原报关"航次号"与原报检项目的"运输工具号码"，现合并为"航次号"。②其他。无。

四十八、提运单号

（1）项目类型。该申报项目为有条件必填项，在货物实际进出境时触发必填项。该项目数据类型为32位字符型。

（2）录入要求。填报进出口货物提单或运单的编号。一份报关单只允许填报一个提单或运单号，一票货物对应多个提单或运单时，应分单填报。

（3）编码规则。无。

（4）其他说明。

其包括：①项目沿革。该项目为原报关项目的"提运单号"和原报检项目的"提货单号"，现合并为"提运单号"，录入要求无变化。②其他。无。

四十九、消费使用/生产销售单位代码

（1）项目类型。该申报项目为必填项。该项目数据类型为18位字符型。

（2）录入要求。填报18位法人和其他组织统一社会信用代码，无18位法人和其他组织统一社会信用代码的，填报"NO"。进口填报消费使用单位，出口填报生产销售单位。人工录入企业代码后，系统自动返填企业中文名称。

（3）编码规则。无。

（4）其他说明。

其包括：①项目沿革。该项目为原报关项目的"消费使用/生产销售单位代码"和原报检项目的"使用人/生产加工单位代码"，现合并为"消费使用/生产销售单位代码"。②其他。无。

五十、监管方式

（1）项目类型。该申报项目为必填项。该项目数据类型为4位字符型。

（2）录入要求。根据实际对外贸易情况按海关规定的《监管方式代码表》选择填报相应的监管方式简称及代码。一份报关单只允许填报一种监管方式。

（3）编码规则。监管方式是以国际贸易中进出口货物的交易方式为基础，结合海关对进出口货物的征税、统计及监管条件综合设定的海关对进出口货物的管理方式。其代码由4位数字构成，前两位是按照海关监管要求和计算机管理需要划分的分类代码，后两位是参照国际标准编制的贸易方式代码。参数表：《监管方式代码表》。

（4）其他说明。

其包括：①项目沿革。该项目为原报关项目的"监管方式"和原报检项目的"贸易方式"，现合并为"监管方式"，录入要求无变化。②其他。无。

五十一、合同协议号

（1）项目类型。该申报项目为必填项。该项目数据类型为字符型，最多支持录入32位。

（2）录入要求。填报进出口货物合同（包括协议或订单）编号。未发生商业性交易的免予填报。

（3）编码规则。无。

（4）其他说明。

其包括：①项目沿革。该项目为原报关项目的"合同协议号"和原报检项目的"合同号"，现合并为"合同协议号"，录入要求无变化。②其他。无。

五十二、贸易国别（地区）

（1）项目类型。该申报项目为必填项。该项目数据类型为3位字符型。

（2）录入要求。发生商业性交易按海关规定的《国别（地区）代码表》选择填报相应的贸易国别（地区）中文名称及代码。进口填报购自国（地区），出口填报售与国（地区）。

注意：未发生商业性交易的填报货物所有权拥有者所属的国别（地区）。

（3）编码规则。海关总署根据国家标准修订的《国别（地区）代码表》由3位英文构成。参数表：《国别（地区）代码表》。

（4）其他说明。

其包括：①项目沿革。该项目为原报关项目的"贸易国别（地区）"和原报检项目的"贸易国别（地区）"，现合并为"贸易国别（地区）"。②其他。无。

五十三、起运国/运抵国（地区）

（1）项目类型。该申报项目为必填项。该项目数据类型为3位字符型。

（2）录入要求。起运国（地区）按海关规定的《国别（地区）代码表》填报进口货物起始发出直接运抵我国或者在运输中转国（地区）未发生任何商业性交易的情况下运抵我国的国家（地区）。例如，申报进口货物的起运国为美国时，根据下拉菜单选择填报"USA-美国"，也可在本栏录入中文"美国"。

运抵国（地区）按海关规定的《国别（地区）代码表》填报出口货物离开我国关境直接运抵或者在运输中转国（地区）未发生任何商业性交易的情况下最后运抵的国家（地区）。例如，申报出口货物的运抵国为马来西亚时，根据下拉菜单选择填报代码为"MYS-马来西亚"，也可在本栏录入中文"马来西亚"。

（3）编码规则。海关总署根据国家标准修订的《国别（地区）代码表》由3位英文构成。参数表：《国别（地区）代码表》。

（4）其他说明。

其包括：①项目沿革。该项目为原报关项目的"起运国/运抵国（地区）"和原报检项目的"起运/输往国家（地区）"，现合并为"起运国/运抵国（地区）"。②其他。无。

五十四、经停/指运港

（1）项目类型。该申报项目为必填项。该项目数据类型为6位字符型。

（2）录入要求。经停港按海关规定的《港口代码表》选择填报进口货物在运抵我国关境前的最后一个境外装运港。指运港按海关规定的《港口代码表》选择填报出口货物运往境外的最终目的港。

（3）编码规则。根据实际情况，修订后的《港口代码表》由3位英文和3位数字组成。例如，缅甸仰光的港口代码为"MMR018"。参数表：《港口代码表》。

（4）其他说明。

其包括：①项目沿革。该项目为原报关项目的"装货/指运港"和原报检项目的"经停/到达口岸"，现合并为"经停/指运港"。②其他。无。

五十五、包装种类

（1）项目类型。该申报项目为必填项。该项目数据类型为2位字符型。

（2）录入要求。按照海关规定的《包装种类代码表》选择填报进出口货物的所有包装材料，包括运输包装和其他包装。其中，运输包装即提运单所列货物件数单位对应的包装，按照海关规定的《包装种类代码表》，填报运输包装对应的2位包装种类代码。例如，使用再生木托作为运输包装的，在本栏填报中文"再生木托"或代码"92"。

若还有其他包装，包括货物的各类包装、植物性铺垫材料等，则在"其他包装"栏目的"包装材料种类"中，按照海关规定的《包装种类代码表》填报2位包装种类代码，在"包装件数"栏目中填报对应件数数字。例如，其他包装中含有纸制或纤维板制盒（箱）包装的，在本栏填报中文"纸制或纤维板制盒（箱）"或代码"22"。

（3）编码规则。《包装种类代码表》根据原报关和原报检的《包装种类代码表》修订而成。参数表：《包装种类代码表》。

（4）其他说明。

其包括：①项目沿革。该项目为原报关项目的"包装种类"和原报检项目的"包装种类（含辅助包装种类）"，现合并为"包装种类"。②其他。无。

五十六、标记唛码

（1）项目类型。该申报项目为选填项。该项目数据类型为字符型，最多支持录入400位。

（2）录入要求。填报标记唛码中除图形以外的文字、数字，无标记唛码的填报"N/M"。

（3）编码规则。无。

（4）其他说明。

其包括：①项目沿革。该项目为原报关项目的"标记唛码及备注"和原报检项目的"标记唛码"，现合并为"标记唛码"。②其他。无。

五十七、备注

（1）项目类型。该申报项目为选填项。该项目数据类型为字符型，最多支持录入70位。

（2）录入要求。有以下情况的须按照填制规范的要求录入相关信息：

① 受外商投资企业委托代理其进口投资设备、物品的，在本栏填报进出口企业名称。

② 办理进口货物直接退运手续的，在本栏填报"<ZT"+"海关审核联系单号或者《海关责令进口货物直接退运通知书》编号"+">"。

③ 保税监管场所进出货物，在"保税/监管场所"栏填报本保税监管场所编码（保税物流中心（B型）填报本中心的国内地区代码），若涉及货物在保税监管场所间流转的，在本栏填报对方保税监管场所代码。

④ 涉及加工贸易货物销毁处置的，在本栏填报海关加工贸易货物销毁处置申报表编号。

⑤ 当监管方式为"暂时进出货物"（2600）和"展览品"（2700）时，填报要求按相应规定进行。

⑥ 跨境电子商务进出口货物，在本栏填报"跨境电子商务"。

⑦ 加工贸易副产品内销，在本栏填报"加工贸易副产品内销"。

⑧ 服务外包货物进口，在本栏填报"国际服务外包进口货物"。

⑨ 公式定价进口货物，在本栏填报公式定价备案号，格式为："公式定价"+备案编号+"@"。对于同一报关单下有多项商品的，如某项或某几项商品为公式定价备案的，则在本栏填报为："公式定价"+备案编号+"#"+商品序号+"@"。

⑩ 进出口与《预裁定决定书》列明情形相同的货物时，按照《预裁定决定书》在本栏填报，格式为："预裁定+《预裁定决定书》编号"。例如，某份预裁定决定书编号为R-2-0100-2018-0001，则填报为"预裁定R-2-0100-2018-0001"。

⑪ 含归类行政裁定报关单，在本栏填报归类行政裁定编号，格式为："c"+4位数

字编号。例如，c0001。

⑫ 已经在进入特殊监管区时完成检验的货物，在出区入境申报时，在本栏填报"预检验"字样，同时在"关联报检单"栏填报实施预检验的报关单号。

⑬ 进口直接退运的货物，在本栏填报"直接退运"字样。

⑭ 企业提供ATA单证册的货物，在本栏填报"ATA单证册"字样。

⑮ 进出口不含动物源性低风险的生物制品，在本栏填报"不含动物源性"字样。

⑯ 货物自境外进入境内特殊监管区或者保税仓库的，在本栏填报"保税入库"或者"境外入区"字样。

⑰ 海关特殊监管区域与境内区外之间采用分送集报方式进出的货物，在本栏填报"分送集报"字样。

⑱ 军事装备出入境的，在本栏填报"军品"或"军事装备"字样。

⑲ 申报商品的H.S.编码为3821000000、3002300000的，填报要求为：属于培养基的，在本栏填报"培养基"字样；属于化学试剂的，在本栏填报"化学试剂"字样；不含动物源性成分的，在本栏填报"不含动物源性"字样。

⑳ 属于修理物品的，在本栏填报"修理物品"字样。

㉑ 属于下列情况的，在本栏填报"压力容器""成套设备""食品添加剂""成品退换""旧机电产品"等字样。

㉒ HS编码为2903890020（入境六溴环十二烷），用途为"其他（99）"的，在本栏填报具体用途。

㉓ 申报时其他必须说明的事项。

（3）编码规则：无。

（4）其他说明。

其包括：①项目沿革。该项目为原报关项目的"标记唛码及备注"和原报检项目的"特殊检验检疫要求"，现合并为"备注"。②其他。无。

五十八、集装箱号

（1）项目类型。该申报项目为选填项。该项目数据类型为11位字符型。

（2）录入要求。使用集装箱装载进出口商品的，根据集装箱体上标示的全球唯一编号填报集装箱号。一份报关单有多个集装箱的，则在本栏分别录入集装箱号。

（3）编码规则：无。

（4）其他说明。

其包括：①项目沿革。该项目为原报关和原报检项目的"集装箱号"，现合并为"集装箱号"，录入要求无变化。②其他。无。

五十九、集装箱规格

（1）项目类型。该申报项目为选填项。该项目数据类型为4位字符型。

（2）录入要求。使用集装箱装载进出口商品的，在填报集装箱号后，在本栏按照

《集装箱规格代码表》选择填报集装箱规格。例如，装载商品的集装箱规格为"普通2*标准箱（L）"，在本栏下拉菜单选择 "11–普通2*标准箱（L）"。

（3）编码规则。原报关《集装箱规格代码表》为1位英文，原报检《集装箱规格代码表》为3位数字，现行《集装箱规格代码表》采用2位数字代码。参数表：《集装箱规格代码表》。

（4）其他说明。

其包括：①项目沿革。该项目为原报关项目的"集装箱规格"和原报检项目的"集装箱号码（含集装箱规格）"，现合并为"集装箱规格"。②其他。无。

六十、商品编号

（1）项目类型。该申报项目为必填项。该项目数据类型为13位字符型。

（2）录入要求。填报由13位数字组成的商品编号。前8位为《中华人民共和国海关进出口税则》和《中华人民共和国海关统计商品目录》确定的编码；9、10位为监管附加编号，11～13位为检验检疫附加编号。

例如，申报进口商品"活龙虾"，需先在"商品编号"栏录入 "0306329000"10位数编号，再在"检验检疫编码"栏下拉菜单的"101活虾""102鲜活或冷的带壳或去壳的龙虾（养殖）""103鲜活或冷的带壳或去壳的龙虾（野生的）" 中，选择"101活虾"检验检疫附加编号。

（3）编码规则：无。

（4）其他说明。

其包括：①项目沿革。该项目为原报关项目"商品编号"和原报检项目的"货物HS编码"，原报关项目"商品编号"填报10位数字，原报检项目"货物HS编码"填报13位数字，现合并为13位"商品编号"。②其他。无。

六十一、商品名称

（1）项目类型。该申报项目为必填项。该项目数据类型为字符型，最多支持录入255位。

（2）录入要求。

填报要求如下：

第一，商品名称应据实填报，并与进出口货物收发货人或受委托的报关企业所提交的合同、发票等相关单证相符。

第二，商品名称应当规范，以能满足海关归类、审价及许可证件管理要求为准，可参照《中华人民共和国海关进出口商品规范申报目录》中对商品名称的要求进行填报。

第三，已备案的加工贸易及保税货物，填报的内容必须与备案登记中同项号下货物的商品名称一致。

第四，对需要海关签发"货物进口证明书"的车辆，商品名称栏填报"车辆品牌+排气量（注明cc）+车型（如越野车、小轿车等）"。

第五，由同一运输工具同时运抵同一口岸并且属于同一收货人、使用同一提单的多种进口货物，按照商品归类规则应当归入同一商品编号的，应当将有关商品一并归入该商品编号。商品名称填报一并归类后的商品名称。

第六，加工贸易边角料和副产品内销，边角料复出口，填报其报验状态的名称。

第七，进口货物收货人以一般贸易方式申报进口属于《需要详细列名申报的汽车零部件清单》（海关总署2006年第64号公告）范围内的汽车生产件的，商品名称填报进口汽车零部件的详细中文商品名称和品牌，中文商品名称与品牌之间用"/"相隔，必要时可加注英文商业名称。

第八，出口享惠情况。出口享惠情况为出口报关单必填项目。可选择"出口货物在最终目的国（地区）不享受优惠关税""出口货物在最终目的国（地区）享受优惠关税""出口货物不能确定在最终目的国（地区）享受优惠关税"如实填报。进口货物报关单不填报该申报项。

（3）编码规则：无。

（4）其他说明。

其包括：①项目沿革。该项目为原报关项目的"商品名称"和原报检项目的"货物名称"，现合并为"商品名称"。②其他。无。

六十二、法定第一数量

（1）项目类型。该申报项目为必填项。该项目数据类型为数值型，最多支持录入19位，19位中小数点后最多支持录入5位。

（2）录入要求。进出口货物按《中华人民共和国海关统计商品目录》中确定的法定第一计量单位，填报对应的法定第一数量。

第一，法定计量单位为"千克"的按数量填报，特殊情况下填报要求如下：①装入可重复使用的包装容器的货物，应按货物扣除包装容器后的重量填报，如罐装同位素、罐装氧气及类似品等；②使用不可分割包装材料和包装容器的货物，按货物的净重填报（即包括内层直接包装的净重重量），如采用供零售包装的罐头、药品及类似品等；③按照商业惯例以公量重计价的商品，应按公量重填报，如未脱脂羊毛、羊毛条等；④采用以毛重作为净重计价的货物，可按毛重填报，如粮食、饲料等大宗散装货物；⑤采用零售包装的酒类、饮料、化妆品，按照液体部分的重量填报。

第二，成套设备、减免税货物如需分批进口，货物实际进口时，应按照实际报验状态确定数量。

第三，具有完整品或制成品基本特征的不完整品、未制成品，根据《商品名称及编码协调制度》归类规则应按完整品归类的，按照构成完整品的实际数量填报。

第四，法定计量单位为立方米的气体货物，折算成标准状况（即摄氏零度及1个标准大气压）下的体积进行填报。

（3）编码规则：无。

（4）其他说明。

其包括：①项目沿革。该项目为原报关项目"法定第一数量"和原报检项目的"HS标准量"，现合并为"法定第一数量"，录入要求无变化。②其他。无。

六十三、总价

（1）项目类型。该申报项目为必填项。该项目数据类型为数值型，最多支持录入19位，19位中小数点后最多支持录入5位。

（2）录入要求。填报同一项号下进出口货物实际成交的商品总价格。无实际成交价格的，填报货值。录入成交数量、成交单位、单价后，总价会自动生成。例如，某进口商品，录入成交数量1 000，成交单位千克（代码0.35），单价10，总价则会自动生成10 000。

（3）编码规则：无。

（4）其他说明。

其包括：①项目沿革。该项目为原报关项目的"总价"和原报检项目的"货物总值"，录入要求无变化。②其他。无。

六十四、币制

（1）项目类型。该申报项目为必填项。该项目数据类型为3位字符型。

（2）录入要求。按海关规定的《货币代码表》选择相应的货币名称及代码填报，如《货币代码表》中无实际成交币种，需将实际成交货币按申报日外汇折算率折算成《货币代码表》列明的货币填报。

录入时可在本栏下拉菜单中选择币制或按《货币代码表》录入相应的币制代码。

（3）编码规则。具体规则：《GB/T 12406-2008 表示货币和资金的代码》。参数表：《货币代码表》。

（4）其他说明。

其包括：①项目沿革。该项目为原报关项目的"币制"和原报检项目的"币种"，现合并为"币制"。②其他。无。

六十五、原产国（地区）

（1）项目类型。该申报项目为必填项。该项目数据类型为3位字符型。

（2）录入要求。原产国（地区）依据《中华人民共和国进出口货物原产地条例》《海关总署关于非优惠原产地规则中实质性改变标准的规定》以及海关总署关于各项优惠贸易协定原产地管理规章规定的原产地确定标准，按海关规定的《国别（地区）代码表》选择填报相应的国别（地区）名称及代码。例如，某进口货物的原产国为"美国"，可在本栏下拉菜单中选择"USA-美国"或录入"USA"，栏目自动生成"USA-美国"。

（3）编码规则。海关总署根据国家标准修订的《国别（地区）代码表》由3位英文构成。参数表：《国别（地区）代码表》。

（4）其他说明。

其包括：①项目沿革。该项目为原报关项目的"原产国（地区）"和原报检项目的"原产国"，现合并为"原产国（地区）"。②其他。无。

六十六、境内目的地/境内货源地

（1）项目类型。该申报项目为必填项。该项目数据类型为字符型，"境内目的地/境内货源地代码"为5位，"目的地/产地代码"为6位。

（2）录入要求。进口申报境内目的地，出口申报境内货源地和产地。

境内目的地填报已知的进口货物在国内的消费、使用地或最终运抵地，其中最终运抵地为最终使用单位所在的地区。境内货源地填报出口货物在国内的产地或原始发货地。

按海关规定的《国内地区代码表》选择填报相应的国内地区名称及代码，并根据《中华人民共和国行政区划代码表》（简称《行政区划代码表》）选择填报对应的县级行政区名称及代码。无下属区县级行政区的，可选择填报地市级行政区。

例如，某批货物的境内目的地是广州市花都区。在"境内目的地"栏下拉菜单选择"44019-广州其他"，或按海关规定的《国内地区代码表》录入"44019"，栏目自动生成"44019-广州其他"。

同时"目的地"栏下拉菜单选择"440100-广东省广州市"，或根据《行政区划代码表》录入"440114"，栏目自动生成"广州市花都区"。

（3）编码规则。参数表：《国内地区代码表》和《行政区划代码表》。

（4）其他说明。

其包括：①项目沿革。该项目为原报关项目的"境内目的地/境内货源地"和原报检项目的"目的地/产地"，现合并为"境内目的地/境内货源地"。②其他。无。

六十七、境外收发货人代码

（1）项目类型。该申报项目为选填项。该项目数据类型为字符型，最多支持录入20位。

（2）录入要求。境外收货人通常是指签订并执行出口贸易合同中的买方或合同指定的收货人，境外发货人通常是指签订并执行进口贸易合同中的卖方。

对于AEO互认国家（地区）企业的，编码填报AEO编码，填报样式按照海关总署发布的相关公告要求填报（如新加坡AEO企业填报样式为SG123456789012，韩国AEO企业填报样式为KR1234567，具体见相关公告要求）。

（3）编码规则：无。

（4）其他说明。

其包括：①项目沿革。该项目为原报检项目的"收发货人代码"，现改名为"境外收发货人代码"。②其他。原报检项目的"收发货人"无须录入代码，只录入发货人名称。

六十八、境外收发货人名称（外文）

（1）项目类型。该申报项目为必填项。该项目数据类型为字符型，最多支持录入100位。

（2）录入要求。境外收货人通常是指签订并执行出口贸易合同的买方或合同中指定的收货人，境外发货人通常是指签订并执行进口贸易合同的卖方。

（3）编码规则。无。

（4）其他说明。

其包括：①项目沿革。该项目为原报检项目的"收发货人（外文）"，录入要求无变化。②其他。无。

六十九、货物存放地点

（1）项目类型。该申报项目为条件必填项。该项目数据类型为字符型，最多支持录入100位。

（2）录入要求。填报货物进境后存放的场所或地点，包括海关监管作业场所、分拨仓库、定点加工厂、隔离检疫场、企业自有仓库等。

（3）编码规则。无。

（4）其他说明。

其包括：①项目沿革。该项目为原报检项目的"存放地点"，现改名为"货物存放地点"，录入要求无变化。②其他。无。

七十、起运港

（1）项目类型。该申报项目为必填项。该项目数据类型为8位字符型。

（2）录入要求。填报进口货物在运抵我国关境前的第一个境外装运港。根据实际情况，按海关规定的《港口代码表》填报相应的港口名称及代码。

（3）编码规则。根据实际情况，修订后的《港口代码表》由3位英文和3位数字组成。例如，缅甸仰光的港口代码为"MMR018"。参数表：《港口代码表》。

（4）其他说明。

其包括：①项目沿革。该项目为原报检项目的"起运口岸"。②其他。无。

七十一、入境口岸/离境口岸

（1）项目类型。该申报项目为必填项。该项目数据类型为6位数值型。

（2）录入要求。入境口岸按海关规定的《国内口岸编码表》选择填报进境货物从跨境运输工具卸离的第一个境内口岸的中文名称及代码；采取多式联运跨境运输的，填报多式联运货物最终卸离的境内口岸的中文名称及代码；过境货物填报货物进入境内的第一个口岸的中文名称及代码；从海关特殊监管区域或保税监管场所进境的，填报海关特殊监管区域或保税监管场所的中文名称及代码。其他无实际进境的货物，填报货物所在地的城市名称及代码。

出境口岸按海关规定的《国内口岸编码表》选择填报装运出境货物的跨境运输工具离境的第一个境内口岸的中文名称及代码；采取多式联运跨境运输的，填报多式联运货物最初离境的境内口岸的中文名称及代码；过境货物填报货物离境的第一个境内口岸的中文名称及代码；从海关特殊区域或保税监管场所出境的，填报海关特殊区域或保税监管场所的中文名称及代码。其他无实际出境的货物，填报货物所在地的城市名称及代码。

（3）编码规则。参数表：《国内口岸编码表》。

（4）其他说明。

其包括：①项目沿革。该项目为原报检项目的"入境口岸/离境口岸"，录入要求无变化。②其他。无。

七十二、检验检疫编码（原CIQ编码）

（1）项目类型。该申报项目为必填项。该项目数据类型为13位字符型。

（2）录入要求。在13位数字组成的商品编号中，前8位为《中华人民共和国海关进出口税则》和《中华人民共和国海关统计商品目录》确定的编码；第9、第10位为监管附加编号，第11～13位为检验检疫附加编号。

例如，申报进口商品"活龙虾"，需先在"商品编号"栏录入"0306329000"10位数编号，再在"检验检疫编码"栏下拉菜单的"101活虾""102鲜活或冷的带壳或去壳的龙虾（养殖）""103鲜活或冷的带壳或去壳的龙虾（野生的）"中，选择"101活虾"检验检疫附加编号。

（3）编码规则。无。

（4）其他说明。

其包括：①项目沿革。该项目为原报关项目的"商品编号"和原报检项目的"货物HS编码"，原报关项目"商品编号"填报10位数字，原报检项目的"货物HS编码"填报13位数字，现合并为13位"检验检疫编码"。②其他。无。

七十三、原产国（地区）

（1）项目类型。该申报项目为选填项。该项目数据类型为6位字符型，最多支持录入50位。

（2）录入要求。入境货物填写在原产国（地区）内的生产区域，如州、省等。例如，申报原产于美国纽约的樱桃，在本栏录入"840097-美国纽约"。

（3）编码规则。参数表：《世界各国和地区名称和一级行政区划代码表》。

（4）其他说明。

其包括：①项目沿革。该项目为原报检项目的"原产国（地区）"，录入要求无变化。②其他。详见《世界各国和地区名称和一级行政区划代码表》。

七十四、特殊业务标识

（1）项目类型。该申报项目为选填项。该项目数据类型为10位字符型。

（2）录入要求。属于国际赛事、特殊进出军工物资、国际援助物资、国际会议、直通放行、外交礼遇、转关等特殊业务，根据实际情况勾选。

（3）编码规则。无。

（4）其他说明。

其包括：①项目沿革。该项目为原报检项目的"特殊业务标识"，录入要求无变化。②其他。无。

七十五、检验检疫受理机关

（1）项目类型。该申报项目为必填项。该项目数据类型为10位字符型。

（2）录入要求。填报提交报关单和随附单据的检验检疫机关。

（3）编码规则。参数表：《检验检疫机构代码表》。

（4）其他说明。

其包括：①项目沿革。该项目为原报检项目的"报检机关"，录入要求无变化。②其他。无。

七十六、企业资质

（1）项目类型。该申报项目为有条件必填项。该项目数据类型为5位字符型。

（2）录入要求。按进出口货物种类及相关要求，须在本栏选择填报货物的生产商/进出口商/代理商必须取得的资质类别。有多个资质的须全部填写。

（3）编码规则。参数表：《企业资质类别代码表》。

（4）其他说明。

其包括：①项目沿革。该项目为原报检项目的"企业资质类别编码"，录入要求无变化。②其他。无。

七十七、企业资质编号

（1）项目类型。该申报项目为有条件必填项。该项目数据类型为40位字符型。

（2）录入要求。按进出口货物种类及相关要求，须在本栏填报货物生产商/进出口商/代理商必须取得的资质对应的注册/备案编号。有多个资质的须全部填写。

（3）编码规则。无。

（4）其他说明。

其包括：①项目沿革。该项目为原报检项目的"企业资质编号"，录入要求无变化。②其他。无。

七十八、领证机关

（1）项目类型。该申报项目为必填项。该项目数据类型为10位字符型。

（2）录入要求。填报领取证单的检验检疫机关。

（3）编码规则。参数表：《检验检疫机构代码表》。

（4）其他说明。

其包括：①项目沿革。该项目为原报关项目的"领证地"，录入要求无变化。②其他。无。

七十九、口岸检验检疫机关

（1）项目类型。该申报项目为必填项。该项目数据类型为10位字符型。

（2）录入要求。填报对入境货物实施检验检疫的检验检疫机关。

（3）编码规则。参数表：《检验检疫机构代码表》。

（4）其他说明。

其包括：①项目沿革。该项目为原报检项目的"口岸机构"，录入要求无变化。②其他。无。

八十、B/L号

（1）项目类型。该申报项目为有条件选填项。该项目数据类型为字符型，最多支持录入20位。

（2）录入要求。填报入境货物的提货单或出库单号码。当运输方式为"航空运输"时，无须填写。

（3）编码规则。无。

（4）其他说明。

其包括：①项目沿革。该项目为原报检项目的"提/运单号"，现改名为"B/L号"，录入要求无变化。②其他。原报检"提货单"与原报关"提运单"项目意义一致，合并为"提运单号"后，原报检"提/运单号"改名为"B/L号"。

八十一、目的地检验检疫机关

（1）项目类型。该申报项目为有条件必填项。该项目数据类型为10位字符型。

（2）录入要求。需要在目的地检验检疫机关实施检验检疫的，在本栏填写对应的检验检疫机关。

（3）编码规则。参数表：《检验检疫机构代码表》。

（4）其他说明。

其包括：①项目沿革。该项目为原报检项目的"目的地机构"，现改名为"目的地检验检疫机关"，录入要求无变化。②其他。无。

八十二、起运日期

（1）项目类型。该申报项目为必填项。该项目数据类型为8位字符型。

（2）录入要求。填报装载入境货物的运输工具离开起运口岸的日期。本栏目为8位数字，顺序为年（4位）、月（2位）、日（2位），格式为"YYYYMMDD"。

（3）编码规则。无。

（4）其他说明。

其包括：①项目沿革。该项目为原报关项目的"起运日期"，录入要求无变化。②其他。无。

八十三、原箱运输

（1）项目类型。该申报项目为选填项。该项目数据类型为1位字符型。

（2）录入要求。申报使用集装箱运输的货物，根据是否原集装箱原箱运输，勾选"是"或"否"。

（3）编码规则。无。

（4）其他说明。

其包括：①项目沿革。该项目为原报检项目的"原箱运输"，录入要求无变化。②其他。无。

八十四、使用单位联系人

（1）项目类型。该申报项目为选填项。该项目数据类型为字符型，最多支持录入20位。

（2）录入要求。填报进境货物销售、使用单位的联系人名字。

（3）编码规则。无。

（4）其他说明。

其包括：①项目沿革。该项目为原报检项目的"使用单位联系人"，录入要求无变化。②其他。无。

八十五、使用单位联系电话

（1）项目类型。该申报项目为选填项。该项目数据类型为字符型，最多支持录入20位。

（2）录入要求。填报进境货物销售、使用单位的联系人的电话。

（3）编码规则。无。

（4）其他说明。

其包括：①项目沿革。该项目为原报检项目的"使用单位联系电话"，录入要求无变化。②其他。无。

八十六、UN 编码

（1）项目类型。该申报项目是有条件必填项。该项目数据类型为字符型，最多支持录入20位。

（2）录入要求。进出口货物为危险货物的，须按照《关于危险货物运输的建议书》，在"危险货物信息"中填写危险货物对应的 UN 编码。

（3）编码规则。参数表：《关于危险货物运输的建议书》。

（4）其他说明。

其包括：①项目沿革。该项目为原报检项目的"危险货物和包装信息"，现改名为"危险货物信息"项下的"UN编码"，录入要求无变化。②其他。无。

八十七、非危险化学品

（1）项目类型。该申报项目是有条件选填项。该项目数据类型为1位字符型。

（2）录入要求。企业填报的商品 HS 编码可能是危险化学品时，会弹出"危险货物信息"窗口进行提示，企业可在"非危险化学品"栏目中选择"是"或"否"。

（3）编码规则。无。

（4）其他说明。

其包括：①项目沿革。该项目为原报检项目"危险货物和包装信息"，现改名为"危险货物信息"项下的"非危险化学品"，录入要求无变化。②其他。无。

八十八、危包规格

（1）项目类型。该申报项目有条件选填项。该项目数据类型为字符型，最多支持录入24位。

（2）录入要求。进出口货物为危险货物的，须根据危险货物包装规格实际情况，按照海关规定的《危险货物包装规格代码表》在"危险货物信息"项下的"危包规格"中，选择填报危险货物的包装规格代码。

（3）编码规则。参数表：《危险货物包装规格代码表》。

（4）其他说明。

其包括：①项目沿革。该项目为原报检项目"危险货物和包装信息"项下的"危包规格"，现改名为"危险货物信息"项下的"危包规格"。②其他。无。

八十九、危包类别

（1）项目类型。该申报项目有条件必填项。该项目数据类型为4位字符型。

（2）录入要求。进出口货物为危险货物的，须按照《危险货物运输包装类别划分方法》，在"危险货物信息"项下的"危包类别"中，勾选危险货物的包装类别。

危险货物包装根据其内装物的危险程度划分为三种包装类别：一类为盛装具有较大危险性的货物；二类为盛装具有中等危险性的货物；三类为盛装具有较小危险性的

货物。

（3）编码规则。参数表：《危险货物运输包装类别划分方法》。

（4）其他说明。

其包括：①项目沿革。该项目为原报检项目"危险货物和包装信息"项下的"危包类别"，现改名为"危险货物信息"项下的"危包类别"，录入要求无变化。②其他。无。

九十、危险货物名称

（1）项目类型。该申报项目为有条件必填项。该项目数据类型为字符型，最多支持录入80位。

（2）录入要求。进出口货物为危险货物的，须在"危险货物信息"项下的"危险货物名称"中，填写危险货物的实际名称。

（3）编码规则。无。

（4）其他说明。

其包括：①项目沿革。该项目为原报检项目"危险货物和包装信息"项下的"危险货物名称"，现改名为"危险货物信息"项下的"危险货物名称"，录入要求无变化。②其他。无。

九十一、货物属性

（1）项目类型。该申报项目为有条件必填项。该项目数据类型为字符型，最多支持录入20位。

（2）录入要求。根据进出口货物的HS编码和货物的实际情况，按照海关规定的《货物属性代码表》，在本栏下拉菜单中勾选货物属性的对应代码。有多种属性的要同时选择。

（3）编码规则。参数表：《货物属性代码表》。

（4）其他说明。

其包括：①项目沿革。该项目为原报检项目的"货物属性"，录入要求无变化。②其他。无。

九十二、用途代码

（1）项目类型。该申报项目为有条件必填项。该项目数据类型为4位字符型。

（2）录入要求。根据进境货物的使用范围或目的，按照海关规定的《货物用途代码表》在本栏下拉菜单中填报。例如，进口货物为核苷酸类食品添加剂（HS编码为2934999001）时，用于工业时，应在本栏选择"工业用途"；用于食品添加剂时，应在本栏选择"食品添加剂"。

（3）编码规则。参数表：《货物用途代码表》。

（4）其他说明。

其包括：①项目沿革。该项目为原报检项目的"用途"，录入要求无变化。②其他。无。

九十三、所需单证

（1）项目类型。该申报项目为选填项目。该项目数据类型为字符型，最多支持录入500位。

（2）录入要求。进出口企业申请出具检验检疫单证时，应根据相关要求，在"所需单证"项下的"检验检疫签证申报要素"中，勾选申请出具的检验检疫单证类型。

（3）编码规则。无。

（4）其他说明。

其包括：①项目沿革。该项目为原报检项目的"所需单证"，录入要求无变化。②其他。无。

九十四、检验检疫货物规格

（1）项目类型。该申报项目为选填项。该项目数据类型为字符型，最多支持录入2 000位。

（2）录入要求。在"检验检疫货物规格"项下，填报"成分/原料/组分""产品有效期""产品保质期""境外生产企业""货物规格""货物型号""货物品牌""生产日期""生产批次"等栏目。

（3）编码规则。无。

（4）其他说明。

其包括：①项目沿革。该项目为原报检项目的"货物规格"。②其他。无。

九十五、产品许可/审批/备案号码

（1）项目类型。该申报项目为有条件必填项。该项目数据类型为字符型，最多支持录入40位。

（2）录入要求。进出口货物取得了许可、审批或备案等资质时，应在"产品资质"项下的"产品许可/审批/备案号码"中填报对应的许可、审批或备案证件编号。

（3）编码规则。无。

（4）其他说明。

其包括：①项目沿革。该项目为原报检项目的"产品许可/审批/备案号码"，录入要求无变化。②其他。无。

九十六、产品许可/审批/备案核销货物序号

（1）项目类型。该申报项目为有条件必填项。该项目数据类型为2位字符型。

（2）录入要求。进出口货物取得了许可、审批或备案等资质时，应在"产品资质"项下的"产品许可/审批/备案核销货物序号"中填报被核销文件中对应货物的序号。

（3）编码规则。无。

（4）其他说明。

其包括：①项目沿革。该项目为原报检申报项目的"产品许可/审批/备案核销货物序号"，录入要求无变化。②其他。无。

九十七、产品许可/审批/备案核销数量

（1）项目类型。该申报项目为有条件必填项。该项目数据类型为字符型，最多支持录入20位。

（2）录入要求。进出口货物取得了许可、审批或备案等资质时，应在"产品资质"项下的"产品许可/审批/备案核销数量"中，填报被核销文件中对应货物的本次实际进出口数（重）量。

注意：特殊物品审批单支持导入。

（3）编码规则。无。

（4）其他说明。

其包括：①项目沿革。该项目为原报检申报项目的"产品许可/审批/备案核销数量"，录入要求无变化。②其他。无。

九十八、产品许可/审批/备案类别代码

（1）项目类型。该申报项目为有条件必填项。该项目数据类型为5位字符型。

（2）录入要求。进出口货物取得了许可、审批或备案等资质时，应在"产品资质"项下的"产品许可/审批/备案类别代码"中填报对应的许可、审批或备案证件类别。

（3）编码规则。无。

（4）其他说明。

其包括：①项目沿革。该项目为原报检项目的"产品许可/审批/备案类别代码"，录入要求无变化。②其他。无。

九十九、产品许可/审批/备案名称

（1）项目类型。该申报项目为有条件必填项。该项目数据类型为字符型，最多支持录入100位。

（2）录入要求。进出口货物取得了许可、审批或备案等资质时，应在"产品资质"项下的"产品许可/审批/备案名称"中填报对应的许可、审批或备案证件名称。

（3）编码规则。无。

（4）其他说明。

其包括：①项目沿革。该项目为原报检项目的"产品许可/审批/备案名称"，录入要求无变化。②其他。无。

一〇〇、集装箱拼箱标识

（1）项目类型。该申报项目为选填项。该项目数据类型为1位字符型。

（2）录入要求。进出口货物装运集装箱为拼箱时，在本栏下拉菜单中选择"是"或"否"。

（3）编码规则。无。

（4）其他说明。

其包括：①项目沿革。该项目为原报检项目的"集装箱拼箱标识"，录入要求无变化。②其他。无。

一〇一、集装箱商品项号关系

（1）项目类型。该申报项目为必填项。该项目数据类型为字符型，最多支持录入255位。

（2）录入要求。当使用集装箱装载货物时，需填报集装箱体信息，包括集装箱号、集装箱规格、集装箱商品项号关系、集装箱货重。

其中，集装箱商品项号关系信息填报单个集装箱对应的商品项号，以半角逗号分隔。例如，"APJU4116601"箱号的集装箱中装载了项号为1、3和5的商品时，应在"商品项号关系"录入"1,3,5"。

（3）编码规则。无。

（4）其他说明。

其包括：①项目沿革。该项目为新增项目。②其他。无。

一〇二、集装箱货重（KG）

（1）项目类型。该申报项目为必填项。该项目数据类型为数字型，最多支持录入19位，19位中小数点后最多录入5位。

（2）录入要求。当使用集装箱装载货物时，须填报集装箱体信息，包括集装箱号、集装箱规格、集装箱商品项号关系、集装箱货重。

其中，集装箱货重录入集装箱箱体自重（千克）+装载货物重量（千克）。例如，集装箱重量和箱内装载的200箱商品重量合计为15 555千克时，在本栏录入"15 555千克"。

（3）编码规则。无。

（4）其他说明。

其包括：①项目沿革。该项目为新增项目。②其他。无。

一〇三、关联号码及理由

（1）项目类型。该申报项目为有条件必填项。该项目数据类型为2位数字型。

（2）录入要求。进出口货物报关单有关联报关单时，在本栏中填报关联报关单号码，并在下拉菜单中选择关联报关单的关联理由。

（3）编码规则。无。

（4）其他说明。

其包括：①项目沿革。该项目为原报检项目的"关联报检号、关联理由"，现改名为"关联号码及理由"，录入要求无变化。②其他。无。

一〇四、检验检疫签证申报要素

（1）项目类型。该申报项目为有条件必填项。该项目数据类型为字符型，最多支持录入4 000位。

（2）录入要求。填报"所需单证"项下"检验检疫签证申报要素"时，在确认境内收发货人名称（外文）、境外收发货人名称（中文）、境外收发货人地址、卸毕日期和商品英文名称后，根据现行相关规定和实际需要，勾选申请单证类型，确认申请单证正本数和申请单证副本数后保存数据。

（3）编码规则。无。

（4）其他说明。

其包括：①项目沿革。该项目为原报检项目的"所需单证"，录入要求无变化。②其他。无。

一〇五、VIN信息

（1）项目类型。该申报项目为有条件必填项。该项目数据类型为字符型。

（2）录入要求。申报进口已获3C认证的机动车辆时，填报机动车车辆识别代码，包括：VIN序号、车辆识别代码（VIN）、单价、底盘（车架号）、发动机号或电机号、发票所列数量、品名（英文名称）、品名（中文名称）、提运单日期、型号（英文）、质量保质期共11项内容。

（3）编码规则。无。

（4）其他说明。

其包括：①项目沿革。该项目为原报检项目"产品资质"项下的"VIN信息"，录入要求无变化。②其他。无。

知识链接7-3

关检融合统一申报饭问题汇总

外贸实操7-1
报关单实例（一线进境海运）

外贸实操7-2
报关单实例（一线出境海运）

外贸实操7-3
报关单实例（进口清关）

外贸实操7-4
报关单实例（出口清关）

外贸实操7-5
报关单实例（乳清粉法检）

外贸实操7-6
保税核注清单

关键术语

进出口货物报关单　单一窗口

应知考核

随堂测7

一、单项选择题

1.海关规定对在海关注册登记的企业给予10位数代码编号，称为"经营单位代码"。在下列选项中，10位数代码的正确组成规定是（　　　）。

A.地区代码、企业性质代码和顺序代码

B.企业详细地址代码、特殊地区代码、企业性质代码和顺序代码

C.企业所在省、直辖市代码，特殊地区代码，企业性质代码和顺序代码

D.企业的属地行政区代码、经济区代码、企业性质代码和企业顺序代码

2.英国生产的产品，中国某公司自新加坡购买，从新加坡起运经中国香港转运至中国内地，填写报关单时起运地为（　　　）。

A.英国　　　　　B.新加坡　　　　　C.中国香港　　　　　D.不用填

3.我国某进出口公司（甲方）与新加坡某公司（乙方）签订一出口合同。合同中订明，甲方向乙方出售5 000件衬衫，于2022年4月10日在上海装船，途经中国香港运往新加坡。在签订合同时，甲方得知乙方还要将该批货物从新加坡运往智利。根据上述情况填写报关单时，以下填写正确的是（　　　）。

A.运抵国（地区）为"香港"，最终目的国（地区）为"新加坡"

B.运抵国（地区）为"新加坡"，最终目的国（地区）为"智利"

C.运抵国（地区）为"香港"，最终目的国（地区）为"智利"

D.运抵国（地区）为"智利"，最终目的国（地区）为"智利"

4.100美元的运费单价应填报（　　　）。

A.502/100/1　　　　B.100美元　　　　C.100　　　　D.502/100/2

5.大连盛凯公司（0903535020）委托辽宁省机械设备进出口公司（0801914031）与日本三菱重工签约进口工程机械，并委托大连外运公司代理报关，在填制进口报关单时，"经营单位"栏应为（　　　）。

A.大连盛凯公司（0903535020）

B.辽宁省机械设备进出口公司（0801914031）

C.大连盛凯公司

D.大连外运公司

6.某进出口公司从国外进口一批钢板共70吨，在运输过程中加以捆扎放于船的甲板上。进口报关单上的"件数"和"包装种类"两个项目的正确填报应是（　　　）。

A.件数为70，包装种类为"吨"

B.件数为1，包装种类为"散装"

C.件数为1，包装种类为"裸装"

D.件数为1，包装种类为"其他"

7.某进出口公司向某国出口500吨散装小麦，该批小麦分装在一条船的三个船舱内，海关报关单上的"件数"和"包装种类"两个项目的正确填报应是（　　　）。

A.件数为500吨，包装种类为"吨"

B.件数为1，包装种类为"船"

C.件数为3，包装种类为"船舱"

D.件数为1，包装种类为"散装"

8.我国某进出口公司从香港特别行政区购进一批松下显示器，该显示器为日本品牌，其中显像管为韩国生产，集成电路板由新加坡生产，其他零件均为马来西亚生产，最后由韩国组装成整机。该公司向海关申报进口该批电视机时，原产地应填报为（　　　）。

A.日本　　　　　　　B.韩国　　　　　　　C.新加坡　　　　　　D.马来西亚

9.某工厂从无关系的美国某企业购买了一批机械设备，成交条件为CIF广州，该批货物的发票列示如下：机械设备USD10 000，运保费USD500，卖方佣金USD3 500，培训费USD500，设备调试费USD700。该批货物向海关申报的总价应是（　　　）。

A.USD10 500　　　　B.USD14 500　　　　C.USD14 000　　　　D.USD15 200

10.在中国台湾纺成的纱线，运到日本织成棉织物，并进行冲洗、烫、漂白、染色、印花。上述棉织物又被运往越南制成睡衣，后又经中国香港更换包装转销中国内地。中国海关应以下列（　　　）为该货物的原产地。

A.日本，因为成衣在日本进行了第一次实质性加工

B.中国台湾，因为纱线是在中国台湾完成制造的

C.越南，因为制成成衣在税则归类方面已经有了改变

D.中国香港，因为该货物是从中国香港进口的

二、多项选择题

1.某公司从日本进口联合收割机10台，并同时进口部分附件，分装30箱装运进口，发票注明每台单价为CIFSHANGHAIUSD22 400，总价为USD224 000，附件不另计价。进口货物报关单中以下栏目填报正确的是（　　　）。

A.成交方式：海运　　　　　　　　B.件数：30

C.商品名称：联合收割机及附件　　D.单价：22 400

2.某合资企业从英国进口一批作为投资的机器设备，该企业委托A进出口公司对外签订进口合同，并代办进口手续，A公司与外商订货后，随即委托B公司具体办理货物运输事宜，同时委托C报关公司负责办理进口报关手续。根据这种情况，请指出下列出现在报关单栏目内的单位中错误的有（　　　）。

A.经营单位：A进出口公司　　　　B.收货单位：某合资企业

C.经营单位：B公司　　　　　　　D.收货单位：A进出口公司

3.下列叙述中正确的有（　　　）。

A.件数栏目裸装货物填报为1

B.毛重栏计量单位为千克，不足1千克的填报为1

C.0.3%的保险费率，币制是美元，填报为502/0.3/1

D.应计入完税价格的502英镑杂费总价在报关单杂费栏中填报为303/502/3

4.在填报报关单"总价"项目时，下列叙述中正确的是（　　　）。

A."一般贸易"货物应按合同上订明的实际价格填报

B.总价如非整数，其小数点后保留4位，第5位及以后略去

C.无实际成交价格，可以免予填报

D.某公司进口数码相机1 000台，单价为300美元，则总价栏目应该填写"502/300000/3"

5.北京某合资企业，经海关同意，将原从日本横滨港（港口航线代码1354）海运进口的投资设备，转为内销。其进口货物报关单上的"装货港"应填报为（　　　）。

A.日本横滨港（1354）　　　　　　　B.中国境内

C.0142　　　　　　　　　　　　　　D.142

6.下列对于货物属性代码的表述中正确的是（　　　）。

A.入境强制性产品认证产品：必须在入境民用商品认证（11目录内、12目录外、13无须办理3C认证）中勾选对应项

B.食品、化妆品是否预包装、是否首次进口，必须在食品及化妆品（14预包装、15非预包装、18首次进口）中勾选对应项

C.凡符合原质检总局2004年第62号令规定含转基因成分须申报的，必须在转基因（16转基因产品、17非转基因产品）中勾选对应项

D."成套设备""旧机电"产品，必须在货物属性（18首次进出口、19正常、20废品、21旧品、22成套设备）中勾选对应项

7.下列对于境内目的/境内货源地表述中正确的是（　　　）。

A.最终使用单位难以确定的，填报货物进口时预知的最终收货单位所在地

B.出口货物产地难以确定的，填报最早发运该出口货物的单位所在地

C.海关特殊监管区域、保税物流中心（B型）与境外之间的进出境货物，境内目的地/境内货源地填报本海关特殊监管区域、保税物流中心（B型）所对应的国内地区名称及代码

D.出口货物须同时在"境内目的地代码"和"目的地代码"两个栏目录入相应的国内地区和县级行政区名称及代码；进口货物须同时在"境内货源地代码"和"产地代码"两个栏目录入相应的国内地区和县级行政区名称及代码

8.进口货物收货人以一般贸易方式申报进口属于《需要详细列名申报的汽车零部件清单》范围内的汽车生产件的，下列表述中正确的是（　　　）。

A.商品名称填报进口汽车零部件的详细中文商品名称和品牌

B.中文商品名称与品牌之间用"/"相隔

C.中文商品名称与品牌之间无须用"/"隔开

D.必要时加注英文商业名称

9.下列对于经停/指运港表述中正确的是（　　　）。

A.出口货物的最终目的港不可预知的，按尽可能预知的目的港作为指运港填报

B.经停港/指运港在《港口代码表》中无港口名称及代码的，可选择填报相应的国家名称及代码

C.实际进出境的货物，填报"中国境内"及代码"CHN000"

D.经停港按海关规定的《港口代码表》选择填报进口货物在运抵我国关境前的最后一个境外装运港

10.消费使用单位填报已知的进口货物在境内的最终消费、使用单位的名称，包括（　　　）。

A.自行进口货物的单位

B.委托进出口企业进口货物的单位

C.自行出口货物的单位

D.委托进出口企业出口货物的单位

三、判断题

1.某化工进出口公司下属某厂以进料加工贸易方式进口原料一批，经海运抵港后，进口报关单的"备案号"栏应填报为该货物的《进料加工登记手册》的编号。（　　）

2.同一张报关单上不允许填写不同海关统计商品编号的货物。（　　）

3.报关单上的"收货单位"应为进口货物在境内的最终消费、使用的单位名称，"发货单位"应为出口货物在境内的生产或销售的单位名称。（　　）

4.一份报关单可以允许填报多个许可证号。（　　）

5.经营单位编码的第6位数为"1"，则表示该企业的经济类型为"有进出口经营权的集体企业"。（　　）

6.申报地海关的关别代码后两位为"00"。（　　）

7.一份报关单只允许填报一个备案号，一份报关单只允许填报一种征免性质。（　　）

8.报关单毛重栏目不得为空，毛重应大于或等于1，不得为0。（　　）

9.保险费币制为美元，"保险费币制"栏应录入"USD"。（　　）

10.加工贸易内销征税报关单，"随附单证代码"栏填报"Y"。一般贸易进出口货物"随附单证代码"栏填报"C"。（　　）

应会考核

观念应用

【背景资料】

众所周知，海关有四大任务，即监管、征税、缉私和统计。王红对于前面三项任务都能理解，但对于"统计"这一任务却犯难了。海关是如何实行统计的呢？有人说，海关是利用H2000系统对电子录入报关单的栏目自动进行统计的，王红将信将疑。你能解答王红的疑惑吗？

■ 技能应用

北京煤炭进出口总公司对巴基斯坦签约出口"水洗炼焦煤"10万吨，由唐山煤炭分公司执行合同，组织货源，并安排出口。在这一情况下报关单"经营单位"栏目应填报为"北京煤炭进出口总公司"11091×××××（北京煤炭进出口总公司的编号）。该填报是否正确？为什么？

■ 案例分析

1.一报关员认为，进口货物报关单上的"收货单位"应为进口货物在境内的最终消费、使用的单位名称，出口货物报关单上的"发货单位"应为出口货物在境内的生产或销售的单位名称。这种想法是否正确？为什么？

2.某汽车进出口公司进口50辆德国生产小轿车，每辆车上附带一套法国生产的维修工具。进口报关时，维修工具的原产国应按小轿车填报德国。该处理是否正确？为什么？

项目实训

【实训项目】

关检融合报关单。

【实训情境】

通过本项目的实训，掌握和熟悉关检融合、单一窗口报关单的基本填制规范，能够独立地完成进出口报关单的实际操作。同时，能够结合商业发票（Commercial Invoice）、装箱单（Packing List）、提单（Bill of Lading，B/L）、装货单（Shipping Order，S/O）完成基本业务。

【实训要求】

请结合下列已经完成的一线（即从国外进口到保税港再从保税港出口到国外）、二线（国内出口到保税港，再从保税港进口到国内）业务报关单和相关单据，模拟演练报关单的实际操作技能，并注意填写事项，请先对英文单据进行解读并翻译成中文。

任务1：一线进口、一线出口（相关单证请扫描下方二维码）。

相关单证7-1

任务2：二线出口入区、二线进口出区（相关单证请扫描下方二维码）。

相关单证7-2

任务3：填制实训报告

"关检融合报关单"实训报告			
项目实训班级：		项目小组：	项目组成员：
实训时间： 年 月 日		实训地点：	实训成绩：
实训目的：			
实训步骤：			
实训结果：			
实训感言：			
不足与今后改进：			
项目组长评定签字： 项目指导教师评定签字：			

项目八

外贸单证审核

知识目标

理解：常见的单证不符点及其处理方法；

熟知：单证的审核内容和方法；

掌握：进出口单证审核的基本要领。

技能目标

能够具备审核外贸单证的实际应用能力、分析能力、实际动手能力。能够运用所学外贸单证审核知识解决相关案例，提高在特定业务情境中分析问题与解决问题的能力。

思政目标

能够正确地理解"不忘初心"的核心要义和精神实质；树立正确的世界观、人生观和价值观，做到学思用贯通、知信行统一；通过学习外贸单证审核知识，培养在单证实务工作中就就业业的态度，以减少差错，保护企业的利益，树立中国企业的优良形象，并树立勇于开拓、遵守信用的观念。

项目引例　　　　　　发票和汇票缮制错误致损案

大连某出口公司 A 与新西兰某中间商成交货物一批，贸易条件为 CFR5%，货值为 CNY52 500。国外开来 L/C，总金额为 49 875 元，并注明："议付时扣 5% 佣金额给某商号"，原文为 "When negotiating documents 5% commission to be deducted from amount negotiated and returned to ×× "。但 A 公司在制单中忽略了核对 L/C 金额，在缮制发票和汇票时均按照合同金额 52 500 元，议付时银行扣除 5%，实际金额 49 875 元借记开证行账户。开证行接单后来电拒付，理由是发票金额超过来证金额。多次与开证行及中间商交涉均无效，只好在 L/C 有效期内另赶制新发票和汇票，即金额改为 49 875 元，再扣去 5% 佣金，最终损失了 5% 的金额计 2 493.75 元。

引例评析：本案例中 A 公司的业务员因缺乏经验，并对缮制单据复核把关不严，忽视了审查 L/C 金额与合同金额是否相符，以致中了中间商设下的圈套，可谓有苦难言。

知识精讲

任务一　出口单证审核

一、单据审核的要求

（一）企业审单的要求
出口企业审核单据时的基本要求如下：

（1）及时性。它是指出口企业应及时对有关单据进行审核，如果发现单据上存在差错，可以及时发现并更正，以避免因单据审核不及时而导致各项工作陷入被动局面。

（2）全面性。它是指出口企业应当从安全收汇和全面履行合同的高度来重视单据的审核工作。一方面，应对照信用证和合同认真审核每一份单证，不放过任何一个不符点；另一方面，要善于处理所发现的问题，加强与各有关部门的联系和衔接，使发现的问题得到及时、妥善的处理。

（3）单单相符，单证相符。这是出口企业安全收汇的前提和基础。所提交单据中的任何不符，哪怕是细小的差错，都会造成难以挽回的损失。

（二）银行审单的要求
银行审单的要求包括：①遵照跟单信用证统一惯例的规定；②遵照信用证所规定的条件、条款；③结合银行的经营策略、操作规程；④遵循普遍联系的观点；⑤合情、合理、合法；⑥了解单据的功能及用途。

二、单据审核的方法

（一）企业审单的方法
企业审单的方法包括纵向审核法和横向审核法两种。

（1）纵向审核法。纵向审核法是指以信用证条款为基础，对规定的各项单据进行逐字逐句的审核，要求有关单据的内容严格符合信用证的规定，做到"单证相符"。在进行纵向审核时，应注意以下两点：①仔细分析信用证。信用证中每涉及一种单据，即按单据条款核对相对应的单据，以达到单证一致。如果发现与信用证不一致之处，应做好记录，以免遗漏。②按信用证审核完所有的单据后，剩下的则属于交单人交来的信用证未规定的单据，应选择退还交单人。

（2）横向审核法。横向审核法是在纵向审核法的基础上，以商业发票为中心审核其他规定的单据，使单据与单据之间所有的项目相互一致，做到"单单相符"。在进行横向审核时，要注意以发票为中心，将其他单据与发票的相同资料及有关项目予以核对。

（二）银行审单的方法

银行在收到信用证受益人提交的单据后，也要对这些单据进行全面、细致的审核。银行审单的方法主要有以下五种：①"先数字后文字"法；②"先简后繁"法；③按"装运日期"审单法；④分地区客户审单法；⑤先读后审法。

做中学8-1

我国某公司以信用证方式从国外某公司进口一批钢板，货物分两批装运，每批分别由中国银行开立一份信用证。第一批货物装运后，买方在有效期内向银行交单议付，议付行审单后，即向该行议付货款，随后中国银行对议付行作了偿付。我方在收到第二批货物后，发现货物品质不符合合同规定，因而要求开证行对第二份信用证项下的单据拒绝付款，但遭到开证行的拒绝。你认为开证行这样做是否有理？

精析：开证行拒绝有理。开证行在单证相符时必须付款，不管货物是否与合同相符。对于品质不符的情况，进口方应直接向出口方索赔。

三、单据不符的处理

（一）单据相符的重要性

信用证作为迄今为止最受世界各国进出口贸易商青睐、使用最广泛的国际结算工具，能够大大提高收汇的安全性。

（二）单据不符的概念及原因

所谓单据不符，是指出口商即信用证受益人向银行提交的单据包含有不符合信用证条款规定的内容，致使单证不符、单单不符或单据本身内容不完整。

发生单据不符的原因有很多，概括起来主要有以下几种：

（1）制单员的业务知识局限和操作疏忽。

（2）信用证本身的缺陷。信用证本身的缺陷往往会引起致命的不符点，包括以下三种情形：①信用证含有软条款；②信用证本身的含糊或自相矛盾；③信用证的修改；④信用证条款与实际操作有冲突。

（3）受益人在经营过程中的脱节，如公司经营失误、衔接不畅、产出不足等。

（4）过分信赖银行，如业务水平欠佳的银行经办员工工作失误等。

（三）单据不符的处理办法

（1）议付行对单据不符的处理有以下几种方法：①将单据退回受益人修改；②担保议付；③向开证行发电要求授权议付；④寄单行将单据寄开证行，款项收妥后再付给受益人；⑤照常议付。

（2）开证行对单据不符的处理。作为开证行，收到议付行（或付款行、承兑行）寄来的单据后也要进行审核，若有不符点，决定拒付时要注意以下几点：①开证行提出的不符点必须明确，且以单据为依据，没有提出具体不符点的拒付不能构成完整的拒付通知。②开证行提出的不符点必须是合理的，即开证行提出的不符点必须是实质性的不符点。③开证行必须以自身的名义提出不符点拒付，以开证申请人认为单证有不符点为由提出拒付。④开证行必须在合理的时间内提出拒付，即在收到单据次日起的5个银行工作日内提出拒付。⑤开证行必须一次性地提出所有不符点。⑥拒付电必须包含拒绝接受的字样，并声明代为保留单据听候处理。

（四）信用证遭拒付后的处理

受益人应按以下步骤进行处理：

（1）判断银行拒付是否成立，判断银行拒付的行为是否正当，判断银行拒付的理由是否成立。一般来说，银行拒付的理由可能会有以下几种：①与《UCP600》的相关规定有出入；②要求受益人提交信用证未要求提交的单据；③故意行为。

（2）银行拒付成立时的妥善处理。如果信用证遭拒付确实是由受益人提交的单据不符造成的，则出口商此时应视其具体情况进行适当的处理：①改正不符点并重新寄单；②说服进口商和开证行接受单据；③了解货物情况；④随证托收。

四、主要单据的审核方法

（一）商业发票的审核

（1）商业发票的审核要点。其包括：①确保商业发票的签发人是信用证的受益人。②除非信用证另有规定，否则应确保发票的抬头为信用证的申请人。③商品的描述必须完全符合信用证的要求。④不能冠名为"形式发票"或"临时发票"。⑤确保没有会对货物状况或价值引起怀疑的任何附加的、不利的描述。⑥未被信用证准许时，银行不接受发票上对货物的批注是"用过的""旧的""重新改造的""修整的"。⑦信用证中提及的货物、价格和条款等细节必须包含在发票中。⑧确保发票上提供的其他资料，如唛头、号码、运输资料等与其他单据相一致。⑨确保发票上的货币与信用证货币相一致。⑩发票的金额不得超出信用证的金额。⑪发票的金额必须与汇票金额相一致。⑫如不允许分批装运，确保发票必须包括信用证要求的整批装运货物价值。⑬确保信用证要求，发票已被签字、公证人证实、合法化、证明等。⑭提交正确的正本和副本份数。

（2）商业发票的常见不符点。其包括：①发票名称不符合信用证规定。②发票的开立人不是信用证的受益人。③发票的抬头人与信用证要求不符。④进口商名称与信用证上的开证申请人不同。⑤货物数量、发票金额及单价与信用证不一致或不在信用证允许的增减幅度之内。⑥发票对货物的描述与信用证对货物的描述不相符。⑦发票上的装运港或目的港与提单不一致。⑧发票上的贸易术语与信用证不一致。⑨发票上的佣金或折扣与信用证或合同的规定不一致。⑩遗漏信用证要求、表明和证明的内容，或缮制发票时照抄照搬来证中的证明词。⑪货物包装注有"用过""旧货""重新装配"等字样。⑫发票未按信用证规定签名盖章。

（二）汇票的审核

（1）汇票的审核要点。其包括：①确保汇票有正确的信用证参考号。②确保汇票有当前的日期。③汇票的出票人签字和/或名称应与受益人的名称一致。④确保汇票的付款人正确，不应以申请人作为汇票付款人。⑤汇票上金额的大小写必须一致。⑥付款期限要符合信用证或合同规定。⑦汇票金额不得超出信用证金额。⑧汇票金额应与发票金额相符。⑨确保收款人的名称已被验明。⑩确保已按需要正确地背书。⑪没有限制性背书。⑫确保汇票包含信用证要求所必需的条款。⑬除非信用证授权，否则不开立"无追索权"的汇票。

（2）汇票的常见不符点。其包括：①汇票的出票日期迟于有效期。②汇票的金额大于信用证金额。③汇票上金额的大小写不一致或汇票大写金额不准确，大写金额最后漏填"ONLY"。④货币名称与发票或信用证不一致。⑤汇票的付款期限与信用证规定不符，或未明确付款日期。⑥出票人未签字。⑦汇票提交的份数不正确。⑧未按规定列明"出票条款"。⑨漏列或错列了信用证号码。⑩汇票的内容被更改。

（三）运输单据的审核

（1）运输单据的审核要点。其包括：①确保提交全套的正本单据。②除非信用证另有规定，否则应确保它不是"租船合约"的运输单据。③应符合《UCP600》相关运输条款的一切其他条件。④运输单据的收货人名称必须符合信用证的要求。⑤在运输单据需要背书时正确背书。⑥确保运输单据上载明托运人或其代理人的名称。⑦确保当运输单据有通知人时，其名称与地址按信用证要求填写。⑧确保货物的描述与信用证上的内容总体一致；如果出现唛头、数量以及其他规格，则必须与其在其他单据上的内容相一致。⑨运输单据上的"运费预付"或"运费到付"要与信用证内容相符。⑩确保运输单据不出现使其成为"瑕疵"或"不清洁"单据的条款。

（2）运输单据的常见不符点。其包括：①运输单据提交的种类与信用证规定不符。②未提交全套有效的提单。③托运人的名称与信用证不一致。④收货人的名称与信用证不一致。⑤被通知人的名称与信用证规定不符。⑥未按信用证规定正确背书（如果需要的话）。⑦提交了"不清洁"的单据。⑧运输单据中所列货物的名称、包装、数量等信息与信用证的规定不符。⑨未按信用证的规定证明运费已付或运费到付。⑩未注明承运人的名称。

（四）保险单据的审核

（1）保险单据的审核要点。其包括：①确保按照信用证规定提交保险单、保险凭证和保险声明书。②提交全套正本保险单据。③确保保险单的签发人是保险公司、保险商或其代理人。④确保保险单的签发日期或保险责任生效日期最迟在已装船或已发运或接受监管之日。⑤确保货物投保金额符合信用证要求或符合《UCP600》第28条f款规定。⑥除非信用证另有要求，否则保险单据必须使用与信用证相同的货币表示。⑦确保保险单据上的货物描述与发票上的描述相一致。⑧承保的风险区间至少涵盖从信用证规定的货物接管地或发运地开始到卸货地或最终目的地为止。⑨已按信用证要求投保了规定的险别并有相应明确表示。⑩确保保险单据上对货物的描述与运输单据上的内容相一致。⑪若被保险人的名称不是保兑行、开证行或进口商，则应进行相应的背书。⑫保险单据上的所有其他资料与其他单据内容相符。⑬如果单据内容有修改，应被适当地证实。

（2）保险单据的常见不符点。其包括：①保险单的种类不符合信用证规定。②不是由规定的保险公司或保险商出具。③保险货币或金额与信用证规定不符。④保险单上对货物的描述与信用证不符。⑤保险金额的大小写不一致或大写金额不正确。⑥起运港或卸货港与信用证规定不符。⑦保险单的投保险别与信用证规定不符，如误把交货不到险当成偷窃、提货不着险。⑧未提供全套保险单据。⑨保险单未经背书或背书不正确。⑩保险日期迟于提单日期。

（五）其他单据的审核

其他单据的审核要点是：①所提交单据的种类不齐或份数不足。②单据的名称与信用证要求不符。③单据的出单日期与信用证或惯例不符。④单据未按《UCP600》的要求由授权人签字或盖章，未标有可以证实的符号等。⑤单据的内容不够详尽。⑥交单日期晚于信用证交单到期日，或晚于信用证规定的从装运日后必须提交单据的时间，或如无此时间规定，交单日期晚于装运日后21天，导致信用证逾期。

任务二　进口单证审核

进口货物单据的审核，是进口合同履行过程中的一个重要环节。货物单据不仅是进口人凭以付款的依据，也是进口人核对卖方所提供货物是否与合同相符的凭证，所以做好进口单据的审核工作尤为重要。审单的一般过程如下：

一、开证行审单

我国进口业务大多采用信用证付款方式，国外出口人将货物装运后，即将全套单据和汇票交出口地银行转我方进口地开证行或指定付款行收取货款。按照我国现行的做法，开证行收到国外寄来的全套单证以后，应根据信用证条款全面地、逐项地审核单据与信用证之间、单据与单据之间是否相符。为了减少不必要的风险，开证行的审核应严格进行，特别注意以

职场指南8-1

开证行审单

下问题：①所收单据的种类、份数与信用证要求的是否相符，与议付行寄单回函中所列的是否相符。②汇票、发票上的金额是否一致，与信用证规定的最高金额相比是否超额，与议付行寄单回函所列金额是否一致。③所有单据中对货名、规格、数量、包装等的描述是否与信用证要求相符。④货运单据的出单日及内容是否与信用证相符。⑤核对货运单据、保险单据等其他单据的背书是否有效。

二、进口企业审单

进口企业收到开证行交来的全套货物单据和汇票后，应根据合同和信用证的规定认真审核单据，首先应审核各种单据的内容是否符合信用证要求，单据的种类和份数是否齐全，即单证（单同）是否一致。同时，以商业发票为中心，将其他单据与之对照，审核单单是否一致。进口企业审单后，如没有提出异议，开证行即按即期汇票或远期汇票履行付款或承兑的义务。进口企业凭开证行的付款通知与收货单位结算。

三、主要单据的审单要点

审单原则：单证相符、单单相符。审核内容主要包括：①提单的审核。②汇票的审核。③发票的审核。④保险单据的审核。

四、不符点单据的处理

对于不符点单据，开证行和进口企业有权拒付。对于程度轻微的不符点，进口企业可以采取以下措施：①部分付款，部分拒付；②验货合格后付款（先报关提货后付货款）；③凭担保付款（卖方出具货物与合同一致的担保）；④更正单据后付款。

《UCP600》第16条"关于不符单据及不符点的放弃与通知"的内容包括：

a.当按照指定行事的被指定银行、保兑行（如有）或开证行确定提示不符时，可以拒绝兑付或议付。

b.当开证行确定提示不符时，可以依据其独立的判断联系申请人放弃有关不符点。然而，这并不因此延长14条（b）款中述及的期限。

c.当按照指定行事的被指定银行、保兑行（如有）或开证行决定拒绝兑付或议付时，必须一次性通知提示人。

通知必须声明：

i.银行拒绝兑付或议付；及

ii.银行凭以拒绝兑付或议付的各个不符点；及

iii.a）银行持有单据等候提示人进一步指示；或

b）开证行持有单据直至收到申请人通知弃权并同意接受该弃权，或在同意接受弃权前从提示人处收到进一步指示；或

c）银行退回单据；或

d）银行按照先前从提示人处收到的指示行事。

d.第十六条（c）款中要求的通知必须以电讯方式发出，或者，如果不可能以电讯方式通知时，则以其他快捷方式通知，但不得迟于提示单据日期翌日起第五个银行工作日终了。

e.按照指定行事的被指定银行、保兑行（如有）或开证行可以在提供第16条（c）款（iii）、（a）款或（b）款要求提供的通知后，于任何时间将单据退还提示人。

f.如果开证行或保兑行未能按照本条款的规定行事，则无权宣称单据未能构成相符提示。

g.当开证行拒绝兑付或保兑行拒绝兑付或议付，并已经按照本条款发出通知时，该银行将有权就已经履行的偿付索取退款及其利息。

进口单证审核如果没有问题，即可向银行付款赎单；如果有问题，应将审核出的问题汇总后及时反馈给银行，并协商妥善的解决办法。

关键术语

单据不符　纵向审核法　横向审核法

应知考核

一、单项选择题

随堂测8

1.申请开证前，要落实的事情是（　　）。

A.进口批准手续及外汇来源　　　　　B.货物入境通关手续

C.货物检验手续　　　　　　　　　　D.货物的保险手续

2.信用证开立后，应由一家通知行进行通知，确定通知行的做法是
（　　）。

A.由进口商和出口商商定　　　　　　B.由受益人选择

C.由开证行指定　　　　　　　　　　D.由开证申请人指定

3.没有归入进口到货单证类别中的单据是（　　）。

A.保险单据　　　　　　　　　　　　B.运输单据

C.入境货物通关单　　　　　　　　　D.进口货物报关单

4.填写开证申请书，应写明对信用证的各项要求，内容要明确、完整，无词意不清
的记载，与合同条款的具体规定（　　）。

A.必须严格一致　　　　　　　　　　B.可以略加修改

C.可以抛开　　　　　　　　　　　　D.可以超越

5.进口企业审单时，单证一致的同时还必须单单一致，在单据中处于中心地位的单
据是（　　）。

A.提单　　　　　　B.汇票　　　　　　C.商业发票　　　　　　D.保险单

6.信用证的开证时间，如果合同只规定最后装运期，那么买方应在合理的时间内开
证，这个时间是（　　）。

A.在发票日之前

B.装运期的最后一天

C.不晚于保险单日期

D.一般掌握在合同规定的交货期前半个月或一个月开到卖方

7.由于银行是凭单付款，不管货物质量如何，也不受买卖合同约束，因此为保障货
物质量符合合同规定，进口商可采取的措施是（　　）。

A.要求出口商在交单时附带样本

B.填写一份合同质量声明

C.买方可在合同中并相应地在信用证中要求卖方提供商品检验机构出立的装船前检
　验证明，并明确规定货物的规格品质，指定检验机构

D.委托议付行进行实地考察

8.在信用证支付方式下，只要单据表面与信用证条款相符合，开证行就必须按规定

外贸单证实务教程

付款，所以，进口人应尽量做到（　　　）。

A.在申请开证时，按合同有关规定转化成有关单据，具体规定在信用证中

B.只要在信用证申请书中详细阐明即可，不用列明应提交与之相应的单据

C.与出口人建立深厚的友谊

D.委托一个机构全权监督出口方的行为

9.不可撤销信用证开出后，对其中条款的修改，下列说法正确的是（　　　）。

A.不允许任何形式的修改

B.只能在一定范围内修改

C.在信用证有效期内，任何一方的修改都必须经买卖双方协商一致后，由申请人通过开证行修改

D.买卖双方都可直接要求开证行修改

10.进口货物单据的审核，是进口合同履行过程中的一个重要环节。如果用信用证支付，审核单据的单位一般是（　　　）。

A.只由开证行审核即可

B.只由进口企业审核即可

C.只由议付行审核即可

D.由开证行和进口企业共同对货物单据进行审核即可

二、多项选择题

1.保险单生效日期原则上不得迟于货物单据上的日期，这些日期是（　　　）。

A.装货日期　　　　　　　　　　B.发货（或在联合货运场）日期

C.承运日期　　　　　　　　　　D.检验日期

2.审核信用证和审核单据的依据是（　　　）。

A.开证申请书　　　　　　　　　B.合同及《UCP600》的规定

C.一整套单据　　　　　　　　　D.信用证

3.按照我国现行的做法，开证行收到国外寄来的全套单证以后，应根据信用证条款全面地、逐项地审核（　　　）。

A.单据与信用证之间是否相符　　B.单据与单据之间是否相符

C.单据是否符合信用证的实际情况　D.单据是否符合审证人的经验

4.关于审核单据的要求，下面说法正确的是（　　　）。

A.必须单单一致　　B.必须单证一致　　C.必须单同一致　　D.必须证同一致

5.单证的完整性包括（　　　）。

A.单证签署的完整　　　　　　　B.单证种类的完整

C.单证份数的完整　　　　　　　D.单证内容的完整

6.制单的依据包括（　　　）。

A.买卖合同和信用证　　　　　　B.有关商品的原始资料

C.相关国际惯例　　　　　　　　D.相关国内惯例

7.制单和审单依据的相关国际惯例主要有（　　　）。

266

A.《UCP600》　　　　　　　　　　B.《URR725》

C.《ISBP681》　　　　　　　　　　D.《URC522》

8.国际贸易单证员必须具备的素质和能力包括（　　　）。

A.良好的职业道德　　　　　　　　B.必要的专业知识和技能

C.扎实的外语基础　　　　　　　　D.丰富的实践经验

9.对于下列单据，（　　　）是银行有权拒受的。

A.迟于信用证规定的到期日提交的单据

B.迟于装运日期后15天提交的单据

C.内容与信用证内容不相符的单据

D.单据之间内容有差异的单据

10.审核L/C金额和货币时，需要审核的内容包括（　　　）。

A.L/C总金额的大小写必须一致

B.来证采用的货币与合同规定的货币必须一致

C.发票和/或汇票的金额不能超过L/C总金额

D.若合同订有溢短装条款，L/C金额应有相关的规定

三、判断题

1.单证缮制必须做到正确、完整、及时、简明、整洁，其中正确是单证工作的前提。　　　　　　　　　　　　　　　　　　　　　　　　　　　　　（　　　）

2.单证的签发日期应当符合逻辑性和国际惯例，通常提单日期是确定各种单证日期的关键。　　　　　　　　　　　　　　　　　　　　　　　　　　　　（　　　）

3.海关发票是根据某些进口国海关特定的格式，由出口人填制，供进口人凭以向进口海关报关时使用的一种特别发票。各国的海关发票可以相互替代。　　（　　　）

4.银行对信用证未规定的单据将不予审核。　　　　　　　　　　　（　　　）

5.对于单证不符的，开证行若要拒付，必须在5个工作日内拒付。　（　　　）

6.汇票在提示时，若付款人拒绝付款或承兑，或者付款人拒不见票、死亡、宣告破产，致使付款（承兑）成为不可能，通称拒付，又称退票。　　　　　　（　　　）

7.在航空运输中，收货人提货是凭航空公司的提货通知单。　　　　（　　　）

8.在进出口业务中，进口商收货后发现货物与合同规定不符，在任何时候都可向出口商提出索赔。　　　　　　　　　　　　　　　　　　　　　　　　　（　　　）

9.汇票金额大小写不一致时，为了维护出口商的利益，应以数字大的为准。（　　　）

10.开证行在得知开证申请人将要破产的消息后，仍需对符合其所开的不可撤销信用证的单据承担承兑、付款的责任。　　　　　　　　　　　　　　　　（　　　）

应会考核

观念应用

沈阳某进出口公司对外出口1 000吨大豆，国外开来信用证规定：不允许分批装运，装运港：天津/新港。我方公司在规定的期限内分别在大连、新港各装500吨于第

213航次的"北风"号轮，提单也注明了不同的装运地和不同的装船日期，但在向银行交单时遭拒付。问：银行是否有权拒付？

■ 技能应用

国内A公司与外商签订了一项进口钢材的合同，货物价值为504万美元，合同规定以信用证方式结算。A公司依约对外开出信用证后，在信用证装运期内，外商发来传真称货物已如期装运。不久开证行即收到议付行转来的全套单据，提单表明货物于东欧某港口装运，在西欧某港口转运至国内港口。单据经审核无不符点，开证行对外承兑。A公司坐等一个多月，货物依然未到，深感蹊跷，遂向伦敦海事局进行查询，反馈回来的消息是：在所述的装船日未有署名船只在装运港装运钢材。此时信用证项下单据已经开证行承兑，且据议付行反馈的信息，该行已买断票据，将融资款支付给了受益人。开证行被迫在承兑到期日对外付款，A公司损失惨重。

【考核要求】

请分析伪造单据进行的信用证诈骗带来的启示。

■ 案例分析

我国某出口公司G收到国外来证，其中在"DOCUMENT REQIRED"中要求如下："BENEFICIARY'S SIGNED DECLARATION STATING THAT：1/3 ORIGINAL MARINE B/L AND ONE SIGNED ORIGINAL OF EACH OTHER DOCUMENT PRESENTED AT THE BANK WERE SENT DIRECTLY TO BLL HAIFA BY SPECIAL COURIER （IF SHIPMENT EFFECTED BY SEA）OR PHOTOCOPY OF ORIGINAL CERTIFICATE OF ORIGIN AND ONE SIGNED ORIGINAL OF EACH DOCUMENT PRESENTED AT THE BANK WAS ATTACHED TO ATD ACCOMPANYING THE GOODS （IF SHIPMENT EFFECTED BY AIR）"（受益人签署的声明书证明：1/3正本提单和其他正本单据通过特别快件直接寄给BLL HAIFA（如果是通过海运），或原产地证书的副本和其他正本单据随货物出运（若通过空运））

G公司将全套单据（3份）正本提单及所要求的发票、装箱单及其他所需单据交给深圳通知行（中国银行）。中国银行复审无异后，将全套单据寄往国外开证银行承兑。

中国银行于到期日收到开证行通知："因所交单据与信用证要求不符，拒付货款。

不符之处为：信用证在所需单据第（7）款中要求，若为海运，1/3的正本单据需用特快专递直接寄往BLL HAIFA。

因此，G公司立即与客户联系，说明由于工作疏忽没有按信用证要求办理，请其尽快付款赎单。不日客户办理了付款赎单，终于顺利解决了此案。

【考核要求】

请问：此案给我们带来哪些启示？

项目实训

【实训项目】

外贸单证审核

【实训情境】

根据下列资料进行单据审核。

2022 年 4 月 23 日，浙江金苑进出口公司外贸单证员制作了信用证项下的单据后，请根据信用证及《UCP600》审核结汇单据。

1. 信用证

MT 700		ISSUE OF DOCUMENTARY CREDIT		
SENDER		EMIRATES BANK INTERNATIONAL, DUBAI		
RECEIVER		HANGZHOU CITY COMMERCIAL BANK, HANGZHOU, CHINA		
SEQUENCE OF TOTAL	*27:	1/1		
FORM OF DOC.CREDIT	*40A:	IRREVOCABLE		
DOC.CREDIT NUMBER	*20:	FFF07699		
DATE OF ISSUE	31C:	220225		
APPLICABLE RULES	40E:	UCP LATEST VERSION		
EXPIRY	*31D:	DATE 220510 PLACE CHINA		
APPLICANT	*50:	JAFZA BASED TRADING COMPANY 2ND FLOOR, No.128 NADD - AL - HAMAR ROAD, AL WAHA COMMUNITY CENTRE, UAE		
BENEFICIARY	*59:	HANGZHOU GARDEN ENTERPRISE 7/F, SANXIN MANSION, No.33-35, XINTANG ROAD, HANGZHOU, CHINA		
AMOUNT	*32B:	CURRENCY USD AMOUNT 54 000.00		
AVAILABLE WITH/BY	*41D:	ANY BANK IN CHINA, BY NEGOTIATION		
DRAFTS AT	42C:	30 DAYS AFTER SIGHT		
DRAWEE	42A:	EMIRATES BANK INTERNATIONAL, NEW YORK		
PARTIAL SHIPMTS.	43P:	PROHIBITED		
TRANSSHIPMENT	43T:	ALLOWED		
LOADING IN CHARGE	44A:	CHINA MAIN PORT		
FOR TRANSPORT TO...	44B:	DUBAI, UAE		
LATEST SHIPMENT	44C:	220425		
DESCRIPTION OF GOODS	45A:	4 500 PIECES OF LADIES JACKET, SHELL: WOVEN TWILL 100% COTTON, LINING: WOVEN 100% POLYESTER, ORDER No.SIK 768, AS PER S/C No.ZJJY0739		
		STYLE No.	QUANTITY	UNIT PRICE	AMOUNT
		L357	2 250 PCS	USD 12.00/PC	USD 27 000.00
		L358	2 268 PCS	USD 12.00/PC	USD 27 216.00

续表

		AT CIF DUBAI, UAE
DOCS. REQUIRED	46A:	+ COMMERCIAL INVOICE SIGNED IN TRIPLICATE
		+ PACKING LIST IN TRIPLICATE.
		+ FULL SET (3/3) OF CLEAN ON BOARD MARINE BILL OF LADING MADE OUT TO THE ORDER, MARKED FREIGHT PREPAID AND NOTIFY APPLICANT.
		+ CERTIFICATE OF CHINESE ORIGIN CERTIFIED BY CHAMBER OF COMMERCE OR CCPIT.
		+ INSURANCE POLICY / CERTIFICATE IN DUPLICATE ENDORSED IN BLANK FOR 110% INVOICE VALUE, COVERING ALL RISKS AND WAR RISKS OF CIC OF PICC (1/1/1981) INCL. WAREHOUSE TO WAREHOUSE AND I.O.P AND SHOWING THE CLAIMING CURRENCY IS THE SAME AS THE CURRENCY OF CREIT.
		+ SHIPPING ADVICE SHOWING THE NAME OF THE CARRYING VESSEL, DATE OF SHIPMENT, MARKS, QUANTITY, NET WEIGHT AND GROSS WEIGHT OF THE SHIPMENT TO APPLICANT WITHIN 3 DAYS AFTER THE DATE OF BILL OF LADING.
ADDITIONAL CONDITION	47A:	+ DOCUMENTS DATED PRIOR TO THE DATE OF THIS CREDIT ARE NOT ACCEPTABLE.
		+THE NUMBER AND THE DATE OF THIS CREDIT AND THE NAME OF ISSUING BANK MUST BE QUOTED ON ALL DOCUMENTS.
		+MORE OR LESS 5 PCT OF QUANTITY OF GOODS IS ALLOWED.
		+TRANSSHIPMENT ALLOWED AT HONGKONG ONLY.
		+SHORT FORM / CHARTER PARTY / THIRD PARTY BILL OF LADING ARE NOT ACCEPTABLE.
		+ SHIPMENT MUST BE EFFECTED BY 1×40' FULL CONTAINER LOAD.B/L TO SHOW EVIDENCE OF THIS EFFECT IS REQUIRED.
		+ THE GOODS SHIPPED ARE NEITHER ISRAELI ORIGIN NOR DO THEY CONTAIN ISRAELI MATERIALS NOR ARE THEY EXPORTED FROM ISRAEL, BENEFICIARY'S CERTIFICATE TO THIS EFFECT IS REQUIRED.
		+ ALL PRESENTATIONS CONTAINING DISCREPANCIES WILL ATTRACT A DISCREPANCY FEE OF USD 60.00 PLUS TELEX COSTS OR OTHER CURRENCY EQUIVALENT. THIS CHARGE WILL BE DEDUCTED FROM THE BILL AMOUNT WHETHER OR NOT WE ELECT TO CONSULT THE APPLICANT FOR A WAIVER.
DETAILS OF CHARGES	71B:	ALL CHARGES AND COMMISSIONS OUTSIDE UAE ARE FOR ACCOUNT OF BENEFICIARY EXCLUDING REIMBURSING FEE.
PRESENTATION PERIOD	48:	WITHIN 15 DAYS AFTER THE DATE OF SHIPMENT, BUT WITHIN THE VALIDITY OF THIS CREDIT.
CONFIRMATION	*49:	WITHOUT
INSTRUCTIONS	78:	ALL DOCUMENTS ARE TO BE REMITTED IN ONE LOT BY COURIER TO EMIRATES BANK INTERNATIONAL, TRADE SERVICES, DUBAI BRANCH, BUILDING BANIYAS STREET - DEIRA-UNITED ARAB EMIRATES DUBAI, UAE.

2.商业发票

COMMERCIAL INVOICE				
EXPORTER： HANGZHOU GARDEN ENTERPRISE 7/F，SANX-IN MANSION，No.33-35，XINTANG ROAD，HANG-ZHOU，CHINA		INVOICE No.：	JY20018	
		INVOICE DATE：	APR.11，2022	
		L/C No.：	FFF07699	
TO： JAFZA BASED TRADING COMPANY 2ND FLOOR，No. 128 NADD - AL - HAMAR ROAD，AL WAHA COMMUNITY CENTRE，UAE		L/C DATE：	FEB.25，2022	
		ISSUED BY：	EMIRATES BANK INTERNATIONAL，DUBAI	
		S/C No.：	ZJJY0739	
		S/C DATE：	FEB.15，2022	
TRANSPORT DETAILS：FROM SHANGHAI, CHINA TO DUBAI，UAE		TERMS OF PAYMENT：CIF DUBAI，UAE		
唛头 MARKS & NUMBERS	货名 DESCRIPTION OF GOODS	数量 QUANTITY	单价 UNIT PRICE	总值 AMOUNT
J.B. ZJJY0739 L357/ L358 DUBAI，UAE	LADIES JACKET			
	SHELL：WOVEN TWILL 100%			
	COTTON，LINING：WOVEN 100%			
	POLYESTER，ORDER No.SIK768			
	STYLE No.L357	2 250 PCS	USD 12.00/PC	USD 27 000.00
	STYLE No.L358	2 268 PCS	USD 12.00/PC	USD 27 216.00
	PACKED IN 9 PCS/CTN，TOTALLY			
	FIVE HUNDRED AND TWO			
	CARTONS ONLY			
	TOTAL：	4 518 PCS		USD 54 216.00
TOTAL AMOUNT IN WORDS：U.S.DOLLARS FIFTY FOUR THOUSAND TWO HUNDRED AND SIXTEEN ONLY				
HANGZHOU GARDEN ENTERPRISE 吴灵				

3.装箱单

PACKING LIST						
EXPORTER： HANGZHOU GARDEN ENTERPRISE 7/F, SANX-IN MANSION, No. 33-35, XINTANG ROAD, HANGZHOU, CHINA		INVOICE No.:		JY20018		
		INVOICE DATE：		APR.11, 2022		
		FROM： SHANGHAI, CHINA		TO： DUBAI, UAE		
		SHIPPED BY QING YUN HE VOY.No.132S				
TO： JAFZA BASED TRADING COMPANY 2ND FLOOR，No.128 NADD-AL-HAMAR ROAD，AL WAHA COMMUNITY CENTRE，UAE		SHIPPING MARK： J.B. ZJJY0739 L357/ L358 DUBAI, UAE C/No.： 1-502				
C/Nos.	No.AND KINDS OF PKGS.	GOODS & PACKING	QTY.	G.W.	N.W.	MEAS.
No.1-250	250 CTNS	LADIES JACKET				
No.251-502	252 CTNS	STYLE No.L357	2 250 PCS	2 500 KGS	2 250 KGS	29.363 M³
		STYLE No.L358	2 268 PCS	2 520 KGS	2 268 KGS	29.597 M³
		PACKED IN 9 PCS/CTN				
		SHIPPED IN 1×40' FCL.				
TOTAL：	502 CTNS		4 518 PCS	5 020 KGS	4 518 KGS	58.96 M³
TOTAL PACKAGES IN WORDS：FIVE HUNDRED AND TWO CARTONS ONLY						
HANGZHOU GARDEN ENTERPRISE						
吴 灵						

4.一般原产地证

1.Exporter（full name and address） HANGZHOU GARDEN ENTERPRISE 7/F，SANXIN MANSION，No.33-35，XINTANG ROAD，HANGZHOU，CHINA	Certificate No.CCPIT051921964 CERTIFICATE OF ORIGIN OF THE PEOPLE'S REPUBLIC OF CHINA		
2.Consignee（full name，address，country） JAFZA BASED TRADING COMPANY 2ND FLOOR，No.128 NADD-AL-HAMAR ROAD，AL WAHA COMMUNITY CENTRE，UAE			
3.Means of transport and route SHIPPED FROM SHANGHAI TO DUBAI，UAE BY SEA			
4.Country/ region of destination UAE	5.For certifying authority use only		
6.Marks and numbers of packages	7.Description of goods/Number and kind of packages	8.H.S.code	9.Quantity or weight	10.Number and date of invoices
J.B. ZJJY0739 L357/ L358 DUBAI，UAE C/No.：1-502	FIVE HUNDRED AND TWO （502） CARTONS OF LADIES JACKET AS PER L/C No.FFF07699 L/C DATE：FEB.25，2022 NAME OF ISSUING BANK： EMIRATES BANK INTERNATIONAL，DUBAI	6204320090	4 518 PCS	JY18018 APR.11，2022
11.Declaration by the exporter The undersigned hereby declares that the above details and statements are correct；that all the goods were produced in China and that they comply with the rules of origin of the People's Republic of China. 　　　　HANGZHOU GARDEN ENTERPRISE 　　　　　　　　林娜	12.Certification It is hereby certified，on the basis of control carried out，that the declaration by the exporter is correct. 　　　　　　杭州市海关 　　　　　　　张良		
HANGZHOU，APR.09，2022	HANGZHOU APR.09，2022		
Place and date，signature and stamp of authorized signatory	Place and date，signature and stamp of certifying authority		

5.海运提单

Shipper Insert Name, Address and Phone	B/L No.2651	
HANGZHOU GARDEN ENTERPRISE 7/F, SANXIN MANSION, No.33-35, XINTANG ROAD, HANGZHOU, CHINA	中远集装箱运输有限公司 COSCO CONTAINER LINES TLX: 33057 COSCO CN FAX: +86 (021) 6545 8984 ORIGINAL Port to Port or Combined Transport Bill of Lading	
Consignee Insert Name, Address and Phone TO ORDER		
Notify Party Insert Name, Address and Phone (it is agreed that no responsibility shall attach to the carrier or his agents for failure to notify) JAFZA BASED TRADING COMPANY 2ND FLOOR, No.128 NADD-AL-HAMAR ROAD, AL WAHA COMMUNITY CENTRE, UAE TEL: 971-50-4583807 FAX: 971-4-3618316	RECEIVED in external apparent good order and condition except as otherwise noted. The total number of packages or units stuffed in the container, the description of the goods and the weights shown in this bill of lading are furnished by the merchants, and which the carrier has no reasonable means of checking and is not a part of this bill of lading contract. The carrier has issued the number of bills of lading stated below, all of this tenor and date. One of the original bills of lading must be surrendered and endorsed or signed against the delivery of the shipment and whereupon any other original bills of lading shall be void. The merchants agree to be bound by the terms and conditions of this bill of lading as if each had personally signed this bill of lading.	
Combined Transport* Pre-carriage by	**Combined Transport*** Place of Receipt	
Ocean Vessel Voy. No. QING YUN HE, VOY.No.132S	Port of Loading SHANGHAI	See clause 4 on the back of this bill of lading (Terms continued on the back hereof, please read carefully). *Applicable only when document used as a combined transport bill of lading
Port of Discharge DUBAI, UAE	Combined Transport Place of Dilivery	

Marks & Nos. Container/Seal No.	No.of Containers or Packages	Description of Goods	Gross Weight	Measurement
J.B. ZJJY0739 L357/ L358 DUBAI, UAE C/No.: 1-502 CN: GATU8585677 SN: 3320999	502 CARTONS 1×40 'FCL	LADIES JACKET L/C No.: FFF07699 DATE: FEB.28, 2022 NAME OF ISSUING BANK: EMIRATES BANK INTERNATIONAL, DUBAI	4 518 KGS	58.96 M³
		Description of Contents for Shipper's Use only (Not Part of This B/L Contract)		

Total Number of Containers and/or Packages (in words) Subject to Clause 7 limitation	FIVE HUNDRED AND TWO CARTONS ONLY			

Freight & Charges Declared Value Charge FREIGHT COLLECT	Revenue Tons	Rate	Per	Prepaid	Collect

Ex.Rate:	Prepaid at SHANGHAI	Payable at	Place and Date of Issue SHANGHAI APR.17, 2022
	Total Prepaid	No. of Original B (s) /L THREE (3)	Signed for the Carrier COSCO CONTAINER LINES 李原
Laden on Board the Vessel Date		By	

6.保险单

中保财产保险股份有限公司

The People's Insurance（Property）Company of China，Ltd.

发票号码

Invoice No.JY19018

保险单号次

Policy No.NJ123456

海洋货物运输保险单

MARINE CARGO TRANSPORTATION INSURANCE POLICY

被保险人 Insured:	HANGZHOU GARDEN ENTERPRISE			
中保财产保险股份有限公司（以下简称本公司）根据被保险人的要求，及其所缴纳约定的保险费，按照本保险单承担的险别和背面所载条款与下列特别条款承保下列货物运输保险，特签发本保险单。				
This Policy of Insurance witnesses that the People'S Insurance（Property）Company of China，Ltd.，at the request of the insured and in consideration of the agreed premium paid by the insured，undertakes to insure the under mentioned goods in transportation subject to the conditions of Policy as per the clauses printed overleaf and other special clauses attached hereon.				

保险货物项目 Descriptions of Goods	包装 Packing	单位 Unit	数量 Quantity	保险金额 Amount Insured
LADIES JACKET THE DATE OF L/C: FEB. 25, 2022 THE NAME OF ISSUING BANK: EMIRATES BANK INTERNATIONAL, DUBAI	502 CTNS			USD 54 216.00

承保险别 Condition	货物标记 Marks of Goods
COVERING ALL RISKS OF CIC OF PICC（1/1/1981）INCL.WAREHOUSE TO WAREHOUSE AND I.O.P	J.B. ZJJY0739 L357/ L358 DUBAI, UAE C/No.: 1-502

总保险金额
Total amount insured: SAY U.S.DOLLARS FIFTY FOUR THOUSAND TWO HUNDRED AND SIXTEEN ONLY

保费	运输工具	开航日期
Premium as arranged　Per conveyance S.S QING YUN HE，VOY.No.132S Slg.on or abt　APR.17, 2022		

起运港	目的港
FROM　SHANGHAI　　TO　DUBAI, UAE	

所保货物，如发生本保险单项下可能引起索赔的损失或损坏，应立即通知本公司下述代理人勘察。如有索赔，应向本公司提交保险单正本（本保险单共有2份正本）及有关文件。如一份正本已用于索赔，其余正本则自动失效。
In the event of loss or damage which may result in a claim under this policy，immediate notice must be given to the company's agent as mentioned hereunder.Claims，if any，one of the original policy which has been issued in two original（s）together with the relevant documents shall be surrendered to the company，if one of the original policy has been accomplished，the others to be void.

赔款偿付地点 Claim payable at DUBAI IN USD 日期　　　　在 Date　　APR.19, 2022　　at　　SHANGHAI　　General Manager.	中保财产保险股份有限公司 The People's Insurance（Property）of China，Ltd. 蔡芳

7.装船通知

SHIPPING ADVICE

TO：JAFZA BASED TRADING COMPANY　　DATE：APR.21，2022 2ND FLOOR，　No.128 NADD-AL-HAMAR ROAD， AL WAHA COMMUNITY CENTRE，UAE	
RE：S/C No.ZJJY0739	
WE HEREBY INFORM YOU THAT THE GOODS UNDER THE ABOVE MENTIONED INVOICE HAVE BEEN SHIPPED.THE DETAILS OF THE SHIPMENT ARE AS FOLLOWS：	
INVOICE NUMBER：	JY20018
BILL OF LADING NUMBER：	2651
OCEAN VESSEL：	QING YUN HE，VOY.No.132S
PORT OF LOADING：	SHANGHAI
DATE OF SHIPMENT：	APR.17，2022
PORT OF DESTINATION：	DUBAI，UAE
ESTIMATED DATE OF ARRIVAL：	MAY 4，2022
CONTAINERS/SEALS NUMBER：	GATU8585677/3320999
DESCRIPTION OF GOODS：	LADIES JACKET
SHIPPING MARKS：	SIK
	ZJJY0739
	L357/L358
	DUBAI，UAE
	C/No.：1-502
QUANTITY：	4 518 PCS
GROSS WEIGHT：	5 020 KGS
NET WEIGHT：	4 518 KGS
TOTAL VALUE：	USD 54 216.00
L/C No.FFF07699	L/C DATE：FEB.25，2022
NAME OF ISSUING BANK：EMIRATES BANK INTERNATIONAL，DUBAI	
THANK YOU FOR YOUR PATRONAGE.WE LOOK FORWARD TO THE PLEASURE OF RECEIVING YOUR VALUABLE REPEAT ORDERS.SINCERELY YOURS，	
HANGZHOU GARDEN ENTERPRISE	
吴 灵	

8.受益人证明

BENEFICIARY'S CERTIFICATE

MESSERS:	DATE：APR.21，2022
WHOM IT MAY CONERN.	PLACE：HANGZHOU

RE：INVOICE No.JY20018

WE HEREBY CERTIFY THAT THE GOODS SHIPPED ARE NEITHER ISRAELI ORIGIN NOR DO THEY CONTAIN ISRAELI MATERIALS NOR ARE THEY EXPORTED FROM ISRAEL.

L/C No.FFF07699
L/C DATE：FEB.25，2022
NAME OF ISSUING BANK：EMIRATES BANK INTERNATIONAL，DUBAI.

HANGZHOU GARDEN ENTERPRISE

吴 灵

9.汇票

凭
Drawn under HSBC BANK PLC，DUBAI，UAE　　　　信用证
　　　　　　　　　　　　　　　　　L/C No.　　　FFF07699

日期
Dated　FEB.25，2022　　　　　按息付款
　　　　　　　　　Payable with interest @　　　　% per annum1

号码　　　　　汇票金额　　　　中国，南京　　　年　月　日
No：　JY20018　Exchange for USD 54 216.00 Nanjing，China　APR.21，2022
　　　　　　见票　　　　　　　日后（本汇票之副本未付）
　　　　At *** Sight of this FIRST of Exchange （Second of exchange being unpaid）
pay to the order of　HANGZHOU CITY COMMERCIAL BANK，HANGZHOU　或其指定人
付金额
The sum of U.S.DOLLARS FIFTY FOUR THOUSAND TWO HUNDRED AND SIXTEEN ONLY
To EMIRATES BANK INTERNATIONAL，DUBAI

HANGZHOU GARDEN ENTERPRISE

吴 灵

【实训要求】
1.结合所学知识，完成上述外贸单证的审核。
2.撰写"外贸单证审核"实训报告。

"外贸单证审核" 实训报告		
项目实训班级：	项目小组：	项目组成员：
实训时间：　　年　　月　　日	实训地点：	实训成绩：
实训目的：		
实训步骤：		
实训结果：		
实训感言：		
不足与今后改进：		
项目组长评定签字：　　　　　　　　　　项目指导教师评定签字：		

项目九

外贸单证业务中的计算

知识目标

理解：佣金、折扣的相关概念及计算；

熟知：出口总成本、出口外汇净收入、出口换汇成本；

掌握：费用核算、成本核算。

技能目标

能够正确掌握进出口业务成本核算方法，并在深入了解出口费用、运费及保险费计算方法的基础上，确定具有竞争力的进出口商品价格，适当地应用佣金和折扣，避免交易风险，保证和提高对外贸易的经济效益。

思政目标

能够正确地理解"不忘初心"的核心要义和精神实质；树立正确的世界观、人生观和价值观，做到学思用贯通、知信行统一；通过学习外贸单证业务中的计算知识，提高自身专业知识的综合应用能力，善于接受新挑战并具备不断激发自己上进的动力，打造良好的职业生涯。

项目引例　　　　　　　　计算失误——损失利润

我国某公司出口箱装货物一批，报价为每箱40美元，FOB大连。现英国商人要求改为CFR利物浦报价，已知该批货每箱尺码为45厘米×40厘米×25厘米，每箱毛重35千克，该商品的运费计费标准为W/M，每运费吨基本运费为150美元，各种附加费率合计为30%。我方工作人员误按商品的重量计算出每箱运费6.825美元，给对方的CFR利物浦报价为每箱46.83美元。英国商人当即同意，并签订了合同。而我方在办理运输业务时，却以每箱8.775美元支付运费，每箱损失利润1.95美元。

引例评析：通过此案例我们知道，在进出口业务中计算结果的准确与否直接影响利润。因此，我们必须要熟悉和掌握进出口业务中的相关计算方法，避免利润损失。

知识精讲

任务一　佣金和折扣计算

一、佣金

佣金（Commission）是买方或卖方支付给中间商的报酬。价格条款中包含佣金的价格称为"含佣价"，不含佣金的价格称为"净价"。

（一）佣金的表示方法

佣金的表示方法包括：①文字说明。如：This price is including 3 percent commission。②用贸易术语表示，如CFRC2% London。③绝对数表示，如Commission：USD25 Per Metric Ton。

（二）佣金的计算

在实际业务中，一般将成交额（发票金额）作为计算佣金的基数。其计算公式为：

佣金额=含佣价×佣金率

含佣价=净价+佣金额

含佣价=净价/（1-佣金率）

做中学9-1

某商品的CIF NEW YORK净价为USD 9.50，若客户要求改报CIFC5% NEW YORK，应如何报价，佣金额为多少？

精析：CIFC5% NEW YORK=9.50÷（1-5%）=USD 10.00

佣金额=含佣价×佣金率=10.00×5%=USD 0.50

二、折扣

职场指南9-1

累计佣金

折扣（Discount Rebate）是卖方按原价给予买方一定百分比的减让。其表示方法有两种：①用文字表示，如CIF NEW YORK原价为USD800，折扣3%。②用绝对数表示，如每吨500美元，折扣8美元。

折扣的计算公式如下：

折扣额=成交金额×折扣率

折实售价=原价×（1-折扣率）

做中学9-2

精析

做中学9-2

某商品的CIF NEW YORK原价为USD 8.00，若客户要求给予3%折扣，应如何报价？

任务二　运费计算

现代国际贸易中使用的运输方式多种多样，主要有海洋运输、内河运输、铁路运输、公路运输、航空运输、邮政运输和国际多式联运等。其中海洋运输具有运载量大、通行能力强、运费低廉等优点。当前，全球2/3以上国际贸易货物是通过海洋运输来完成的，海洋运输已成为目前国际贸易中最重要的运输方式。

海洋运输船舶的经营方式主要有两种：班轮运输和租船运输。租船运输只适宜于大宗商品的出口，应用范围较小，而且租船费用的高低受当时国际租船市场上的船、货供求情况影响，波动幅度较大。在实际工作中，租船费用往往由租船双方协商而定。班轮运价则比较固定，由班轮公司以运价表的形式公布。在此主要介绍班轮运费的计算方法。

（一）班轮运费的计收标准

职场指南9-2

班轮运输

班轮运费由基本运费和附加费构成。基本运费的计收标准如下：

（1）按重量吨（Weight Ton）计收。在运价表上用"W"表示，按货物毛重计算，适合价值不高、体积较小、重量较大的货物，如钢材、电焊条等。

（2）按尺码吨（Measurement Ton）计收。在运价表上用"M"表示，按货物体积计算，适合价值不高、重量较轻、体积较大的货物，如棉花、家具等。

重量吨和尺码吨统称为运费吨或计费吨。

（3）按货物的价格计收。在运价表上用"Ad.Val或A.V."表示，以货物价值作为运费计收标准，适用于黄金、手工艺品等贵重商品。

（4）按重量吨或尺码吨计收。在运价表上用"W/M"表示，这是最常见的一种选择性计费标准，班轮公司根据高收费的原则选择其中一种作为计收标准。

（5）按重量吨或尺码吨或从价运费计收。在运价表上用"W/M or A.V."表示，即班轮公司从三种计收标准中选择收费最高的一种计收。

（6）按重量吨或尺码吨中收费较高的作为计收标准，再加上一定百分比的从价运费。在运价表上用"W/M plus A.V."表示。

（7）按货物的件数计收，如卡车等。

（二）附加费

职场指南9-3

航空运费和
铁路运费

附加费是班轮公司在基本运费之外加收的费用，一般是班轮公司根据不同情况，为抵补运输中额外增加的费用开支或在遭受一定损失时收取的费用。常见的附加费主要有超重附加费、超长附加费、转船附加费、燃油附加费、直航附加费、港口附加费、港口拥挤费、绕航附加费、货币贬值附加费等。

（三）班轮运费的计算

单位基本运费=每重量吨运价×单位重量或每体积吨运价×单位体积

从价运费=货物 FOB 价×从价费率

总运费=基本运费×（1+附加费率）×计费数量

同步案例 9-1

分析提示

我国某外贸公司出口商品货号 H208 共 4 吨。该批货品每件毛重 40 千克，体积 0.03 立方米，海运运费按 W/M12 级计算，装中远公司班轮出口到卡拉奇，查看运价表，从中国口岸到卡拉奇，12 级货运费为每运费吨 60 美元，另加港口附加费 10%，燃油附加费 5%，请计算运费。

做中学 9-3

我国某公司装运 50 箱农业机械到汉堡港，每箱毛重 62 千克，体积为 120 厘米×45 厘米×32 厘米，运费计算标准为 W/M10 级，基本费率为 230 港元，另加燃油附加费 20%，港口拥挤费 15%，应付运费多少？

精析：62 千克=0.062（吨）；120 厘米×45 厘米×32 厘米=0.1728（立方米），应按 M 计收。

运费=230×（1+20%+15%）×0.1728×50=2 682.72（港元）

所以应付运费 2 682.72 港元。

任务三　保险费计算

保险费取决于保险金额和保险费率等因素。

一、保险金额的确定

保险金额是被保险人对保险标的的实际投保金额，是保险人依据保险合同所应承担的最高赔偿金额，也是计算保险费的基础。按照国际惯例，保险金额应按发票上的 CIF、CIP 价格的总值另加 10% 的预期利润计算，即保险金额=CIF（CIP）价×（1+10%）。如外商要求提高加成率，也可接受，但由此而增加的保险费原则上应由买方承担。

二、保险费的计算

保险费=保险金额×保险费率=CIF（CIP）价×（1+投保加成率）×保险费率

精析

做中学 9-4

某出口货物，发票总金额为 CIF20 000 美元，信用证规定按发票金额加 10% 投保一切险和战争险，费率分别为 0.5% 和 0.1%，试计算这批货物的保险费。

任务四　出口货物价格计算

一、出口商品的价格构成

了解价格的构成，掌握各部分的含义，对于正确核算出口价格是十分重要的。出口商品价格包括出口成本、运费、保险费、佣金和预期利润。

1. 出口成本

出口成本包括商品本身的成本和货物直至装运出口前的所有费用，即国内总费用。商品本身的成本，分为生产成本、加工成本和采购成本三种类型。对于从事贸易的出口商而言，商品本身的成本即为采购成本，是贸易商向供货厂商购买货物的支出。一般来讲，供货厂商所报的价格就是贸易商的采购成本。然而，供货厂商报出的价格一般包含增值税。许多国家

职场指南 9-4

出口退税

为降低出口商品的成本，增强其商品在国际市场上的竞争力，往往对出口商品增值税款全额或按一定比例退还。出口商在核算价格时，往往会将含税的采购成本中的出口退税部分予以扣除，从而得出实际购货成本。国内总费用包括国内运输费、包装费、仓储费、认证费、港区港杂费、商检费、捐税、贷款利息、业务费用、银行费用等。出口货物涉及的各种国内费用在报价时大部分还没有发生，因此该费用的核算实际上是一种估算。其方法有两种：一种是将货物装运前的各项费用根据以往的经验进行估算并叠加；另一种是采用定额费用率的做法，即对货物装运前发生的费用按公司年度支出规定一个百分比，一般为公司购货成本的 3%～10%。

2. 运费、保险费、佣金

运费是货物出口时支付的海运、陆运或空运费用。保险费是出口商向保险公司购买保险或信用保险所支付的费用。佣金是出口商向中间商支付的为介绍交易提供服务的酬金。

3. 预期利润

利润是交易的最终目的，是价格的重要组成部分，也是出口商最为关心的要素。

二、出口商品的价格计算

明确了价格构成，将各部分加以合理汇总即可得出报价。实际业务中，经常报 FOB、CFR 和 CIF 价，这三种价格的计算分别为：

FOB 价=实际购货成本+国内总费用+预期利润额

或：FOB 价=实际购货成本+国内总费用+预期利润额+佣金

CFR 价=实际购货成本+国内总费用+预期利润额+出口运费

或：CFR 价=实际购货成本+国内总费用+预期利润额+出口运费+佣金

CIF 价=实际购货成本+国内总费用+预期利润额+出口运费+出口保险费

或：CIF价=实际购货成本+国内总费用+预期利润额+出口运费+出口保险费+佣金

做中学 9-5

某出口公司欲出口一批商品，共计10吨，可装一个20英尺集装箱。该商品每吨的进货价格为人民币6 000元（含13%的增值税）；出口包装费每吨500元；该批货物国内运杂费1 200元；出口商检费300元；报关费100元；其他各种费用共计1 500元。该商品的出口退税率为2%；海洋运费从装运港大连至新加坡一个20英尺集装箱的费用是2 200美元，用户要求按成交价的110%投保，保险费率0.6%；买方要求在报价中包括2%的佣金。若该出口公司的预期利润是10%（以成交金额计算），人民币对美元汇率为6.36，试报出该商品每吨的FOB、CFR和CIF价格。

精析：实际购货成本=购货价格−出口退税额

$$=购货成本−净价×出口退税率$$
$$=6\,000−6\,000÷（1+13\%）×2\%$$
$$=6\,000−106.19$$
$$=5\,893.81（元人民币/吨）$$

费用：

国内总费用=500+（1 200+300+100+1 500）÷10=810（元人民币/吨）

客户佣金=报价×2%

出口运费=2 200÷10=220（美元）=220×6.36（元人民币）=1 399.2（元人民币）

出口保费=CIF价×110%×0.6%

利润=报价×10%

（1）FOB报价

FOBC2%=实际购货成本+国内总费用+佣金+预期利润额

$$=5\,893.81+810+报价×2\%+报价×10\%$$

FOBC2%=（5 893.81+810）÷（1−2%−10%）

$$≈7\,617.97（元人民币/吨）≈1\,197.79（美元/吨）$$

（2）CFR报价

CFRC2%=实际购货成本+国内总费用+佣金+预期利润额+出口运费

$$=5\,893.81+810+报价×2\%+报价×10\%+1\,399.2$$

CFRC2%=（5 893.81+810+1 399.2）÷（1−2%−10%）

$$≈9\,207.97（元人民币/吨）≈1\,447.79（美元/吨）$$

（3）CIF报价

CIFC2%=实际购货成本+国内总费用+佣金+预期利润额+出口运费+出口保险费

$$=5\,893.81+810+报价×2\%+报价×10\%+1\,399.2+报价×110\%×0.6\%$$

CIFC2%=（5 893.81+810+1 399.2）÷（1−2%−10%−110%×0.6%）

$$≈9\,277.55（元人民币/吨）≈1\,458.73（美元/吨）$$

职场指南 9-5

盈亏核算

任务五　常用贸易术语（FOB、CFR、CIF）间价格换算

在进出口业务中，往往根据成交的条件不同需要在不同的价格术语之间进行换算（主要是在FOB、CFR、CIF间）换算。

一、FOB价的换算

FOB=CFR-出口运费

FOB=CIF×［1-（1+投保加成）×保险费率］-出口运费

FOB=CIF-出口运费-保险费

二、CFR价的换算

CFR=FOB+出口运费

CFR=CIF×［1-（1+投保加成）×保险费率］

三、CIF价的换算

CIF=CFR+保险费

CIF=FOB+出口运费 + 保险费

CIF=CFR÷［1-（1+投保加成）×保险费率］

做中学9-6

一批出口货物CFR报价为250 000美元，现客户要求改报CIFC3%价。若投保海运一切险，投保加成为20%，保险费率为0.6%，我方应向客户报价多少？

做中学9-6

精析

做中学9-7

我方出口某商品，FOB价为38 600美元，该批货物的运费为4 580美元，投保一切险加战争险，两者保险费率合计为1.2%，加成10%投保。请分别计算CFR、CIF价格。

精析：CFR=FOB+出口运费

　　　　　=38 600+4 580=43 180（美元）

CIF=FOB+出口运费+保险费

　　=CFR÷［1-（1+投保加成）×保险费率］

　　=43 180÷（1-110%×1.2%）=43 757.60（美元）

关键术语

佣金　折扣　保险金额

应知考核

随堂测9

请在下列选项中选出一个正确答案写在括号内。

1.根据国际惯例，保险金额的计算公式为（　　）。

A.CIFC5%×110%　　　　　　　　B.FOB 价×110%

C.CIF 价×110%　　　　　　　　　D.CFR 价×110%

2.某合同以CIFC3%成交，总价为50 000美元，则佣金额为（　　）美元。

A.1 500　　　　　B.150　　　　　C.3 000　　　　　D.500

3.出口服装2 000箱，合计48立方米，目的港为日本神户，经查询，计费标准为M，基本运价为USD 18.60，则运费为（　　）。

A.USD 892.80　　　B.USD 89.28　　　C.CNY 892.80　　　D.CNY 89.28

4.出口某商品100吨，报价每吨USD 1 850 FOB上海，客户要求改报CFR伦敦价，已知该货为6级货，计费标准为W，每运费吨运费USD 70。若要保持外汇净收入不变，应对外报（　　）。

A.USD 1 920　　　B.USD 1 900　　　C.USD 1 850　　　D.USD 1 930

5.如果某商品出口价格为每吨1 000美元CIFC2%香港，折实售价为（　　）。

A.20美元　　　　B.200美元　　　　C.980美元　　　　D.98美元

6.进口某商品需用汇60 000美元，设购汇当日外汇牌价为USD1=RMB6.812 5/6.839 9，需用人民币（　　）元。

A.410 394　　　　B.408 750　　　　C.4 103 940　　　　D.4 087 500

7.某商品原报价每吨800英镑FOBC2%上海，现客户要求佣金增至5%，若不减少外汇收入，应改报为每吨（　　）英镑。

A.784　　　　　B.825　　　　　C.785　　　　　D.824

8.我方报价为CIF NEW YORK 2 500/MT，对方要求5%的佣金，改报后的含佣价为（　　）。

A.USD 2 361　　　B.USD 2 631　　　C.USD 2 613　　　D.USD 2 658

9.我方报价CIF安特卫普USD 2 000/MT，对方要求2%折扣，则折实价为（　　）。

A.USD 1 960　　　B.USD 1 690　　　C.USD 1 069　　　D.USD 40

10.海运出口货物1 500包，每包净重78千克，毛重80千克，体积60厘米×40厘米×50厘米，W/M，每运费吨基本运费USD 150，燃油附加费35%，则该批货物总运费为（　　）。

A.USD 36 450　　　　　　　　　B.USD 34 560

C.USD 35 460　　　　　　　　　D.USD 30 546

11.出口货物225箱，每箱毛重12千克，纸箱尺码45厘米×30厘米×25厘米，上海空运至香港，运价为每千克11.20（100千克起），则空运费为（　　）元。

A.30 420　　　　　　　　　　　B.32 040

C.30 240　　　　　　　　　　　D.34 020

12.某公司代表美商垫付 20 万日元运费,该商要求以美元结付。若银行每 10 万日元卖出人民币 8 588 元,每 100 美元买入价为人民币 867 元,则该商应付(   )。

A.USD 1 918.08   B.USD 1 980.18

C.USD 1 988.08   D.USD 1 981.08

13.出口货物总值 10 万美元,对方要求远期 180 天付款,并愿意承担远期利息,若年利率为 6%,则利息为(   )。

A.USD 2 859.8   B.USD 2 589.9   C.USD 2 958.9   D.USD 2 985.8

14.以下出口单价只有(   )是正确的。

A.250 美元/桶   B.250 美元/桶 CIF 纽约

C.250 美元/桶 CIF 广州   D.250 美元/桶 CFR 德国

15.(   )是含佣价。

A.FOBS   B.FOBT

C.FOBC   D.FOB net

应会考核

1.某公司对外报价 CIF HAMBURG USD 100/DOZ.,对方回复要求改报 CIFC5% 价。在保证我方原收入不变的前提下应报价多少?

2.我方与外商以 CIF 价成交,成交金额为 2 000 美元,含 3% 的佣金。现在外商要求改报 CIF 净价,并要求相应降低价格。在保持我方净收入不变的前提下,应如何报价?

3.我方对外出口某商品,CIFC2% 价为 5 000 美元,现在外商要求改报 CIFC5% 价。在保持我方净收入不变的情况下,应如何报价?

4.某商品的原对外报价是 FOB 360 美元/吨,共计 30 吨,协商后给予客户 2% 的折扣,折后价为多少?

5.一批棉织品,毛重 3.6 吨,尺码 3.04 立方米,目的港为一基本港,基本费率为每运费吨 480 元人民币,计费标准为 W/M,燃油附加费为每运费吨 18 元人民币,港口附加费按基本运费的 10% 收取,该批货的运费是多少?

6.一批货物出口价为 CFR 1 980 美元,现客户来电要求按 CIF 价加 10% 投保海上一切险,我方照办。如保险费率为 1%,我方应向客户补收多少保险费?

7.我国某外贸公司出口卡拉奇小五金 100 箱,每箱净重 25 千克,毛重 28 千克,体积 0.026 立方米,出口成本每箱 700.00 元人民币,外销价每箱 120.00 美元 CFR 卡拉奇。海运费按照 W/M 计算,基本运费每运费吨 80.00 美元,外加燃油附加费 15%。若收汇当天人民币对美元的银行换汇牌价为 630:100,试计算该商品出口销售换汇成本及盈亏率(计算过程保留四位小数,答案保留两位小数)。

8.某公司对外报价每箱 330 美元 FOB 天津新港,后外国商人要求改报 CIF 伦敦价。假设运费每箱 40 美元,投保加成为 10%,保险费率为 0.6%,试计算我方应报的 CIF 伦敦价。

9.合同规定由我方供应某商品 60 000 打,每打的 CIF 西欧某港价为 1.8 美元,自装运港至目的港的运费总计为 5 000 美元,投保金额为发票金额的 110%,保险险别为水渍险和战争险。该商品至该港口的水渍险费率为0.3%，战争险费率为0.4%，问我方净收入多少美元（FOB价）？

10.我国某公司出口一批货物，CIF发票金额为45 500英镑，按合同规定加一成投保，险别为水渍险，保险费率0.5%。现客户要求改报CFR价，如我方同意，为不影响收汇，应报CFR价为多少？

■ 项目实训

【实训项目】

外贸单证业务中的计算

【实训情境】

我国某进出口公司向国外某公司出口一批探测器，具体资料见表9-1。

表9-1   探测器的出口资料

名称	货号	只/纸箱	每个纸箱毛重（千克）	国内费用合计（元）
探测器	WK-566	6	20	6 000
纸箱尺码（厘米）	含税价格（元/只）	增值税率	退税率	银行买入价
36×40×50	60	13%	9%	1美元=6.38元人民币
订货数量	一切险费率	投保加成率	DALIAN到达DUBAI运费	毛利润率
380箱，可装1个20英尺集装箱	1%	10%	1个20英尺集装箱为USD1 500.00	15%

■ 实训要求

1.根据实训情境，结合本项目内容，计算FOB DALIAN、CFR DUBAI、CIF DUBAI价格。

2.撰写"外贸单证业务中的计算"实训报告。

附录

信用证英语
知识大全

"外贸单证业务中的计算"实训报告		
项目实训班级：	项目小组：	项目组成员：
实训时间： 年 月 日	实训地点：	实训成绩：
实训目的：		
实训步骤：		
实训结果：		
实训感言：		
不足与今后改进：		
项目组长评定签字： 项目指导教师评定签字：		

主要参考文献及网站

［1］全国国际商务单证专业培训考试办公室. 国际商务单证理论与实务［M］. 北京：中国商务出版社，2018.

［2］李晓. 外贸单证实务［M］. 3版. 上海：上海财经大学出版社，2019.

［3］赵昂. 报检与报关实务［M］. 3版. 上海：上海财经大学出版社，2019.

［4］沈俊. 报检实务［M］. 上海：上海财经大学出版社，2016.

［5］姚磊，李贺. 报关实务［M］. 2版. 上海：上海财经大学出版社，2019.

［6］程颖慧. 外贸单证实务［M］. 大连：东北财经大学出版社，2011.

［7］宋振龙，陈丽燕，王庄严. 国际贸易单证岗位就业实训教材［M］. 北京：中国计量出版社，2010.

［8］李贺，刘东，张燕. 国际贸易理论与实务［M］. 上海：上海财经大学出版社，2017.

［9］薛刚，阮坚.国际贸易合同操作实务［M］. 广州：广东经济出版社，2009.

［10］中国商业企业管理协会. 国际商务单证教程［M］. 北京：科学技术文献出版社，2007.

［11］崔玮. 国际贸易实务操作教程［M］. 北京：清华大学出版社，2006.

［12］余世明. 国际商务单证实务［M］. 广州：暨南大学出版社，2007.

［13］范明华. 外贸单证实务［M］. 北京：电子工业出版社，2011.

［14］唐卫红. 新编外贸单证实务［M］. 北京：电子工业出版社，2011.

［15］李贺. 外贸英语函电［M］. 上海：上海财经大学出版社2019.

［16］中华人民共和国海关总署官方网站，http://www.customs.gov.cn/.